Os Trabalhistas: da Discriminação à Ascensão e a Contribuição da ABRAT

BENIZETE RAMOS DE MEDEIROS

Advogada Trabalhista; Doutora em Direito e Sociologia pela UFF; Mestre em Direito Público; especialista em Direito e Processo do Trabalho; professora de Direito individual, coletivo e de Processo do Trabalho; sócia titular do escritório — Benizete Ramos de Medeiros & advogados Associados; presidente da delegação brasileira da Associação Luso Brasileira de Juristas do Trabalho JUTRA — biênio 2014/2016; Diretora da revista e de Imprensa da ABRAT — Associação Brasileira de Advogados Trabalhista — biênios 2012/2014 e 2014/2016; membro do Conselho Consultivo Técnico da ABRAT — biênio 2014/2016 e diretora nos biênios anteriores da ABRA; membro e secretária da Comissão de Direito do Trabalho do IAB — biênio 2016/2018; membro da ACAT — Associação Carioca de advogados Trabalhistas; autora do Livro Trabalho com Dignidade — Educação e qualificação é um caminho? LTr Editora, 2008; coautora e coordenadora do Livro a Emenda Constitucional n. 45 — Uma Visão Crítica pelos Advogados Trabalhistas, LTr Editora; coautora e coordenadora do Livro Justiça do Trabalho, Passado, presente e futuro — Estudos em Homenagem aos 50 anos da ACAT; coordenadora e presidente do conselho editorial da Revista Científica da Associação Brasileira de Advogados Trabalhistas — ABRAT; autora de vários artigos científicos, conferencista.

Os Trabalhistas: da Discriminação à Ascensão e a Contribuição da ABRAT

LTr
EDITORA LTDA.

© Todos os direitos reservados

Rua Jaguaribe, 571
CEP 01224-003
São Paulo, SP — Brasil
Fone (11) 2167-1101
www.ltr.com.br
Agosto, 2016

Produção Gráfica e Editoração Eletrônica: R. P. TIEZZI
Projeto de capa: ARARUAMA GRÁFICA — "CONSTRUÇÃO" óleo s/tela. 40x40 autoria: Benizete Ramos
Impressão: BARTIRA

Versão impressa — LTr 5619.0 — ISBN 978-85-361-8958-1
Versão digital — LTr 9002.1 — ISBN 978-85-361-8954-3

Dados Internacionais de Catalogação na Publicação (CIP)
(Câmara Brasileira do Livro, SP, Brasil)

Medeiros, Benizete Ramos de

Os trabalhistas : da discriminação à ascensão e a contribuição da ABRAT / Benizete Ramos de Medeiros. — São Paulo : LTr, 2016.

Bibliografia.

1. ABRAT — Associação Brasileira de Advogados Trabalhistas 2. Direito do trabalho — Brasil 3. Justiça do trabalho — Brasil I. Título.

16-05113   CDU-347.965.8(81)

Índice para catálogo sistemático:

1. Associação Brasileira de Advogados Trabalhistas : História 347.965.8(81)

Agradecimentos

Agradecer às pessoas que contribuíram para a realização de um projeto é muito difícil pelo risco de escapar alguém, já que todos têm importância, quando, de forma direta ou indiretamente, se envolvem e contribuem para o resultado final. Opto por fazê-lo de forma generalizada, mas, nem por isso, com sentimento menor. A quem, nesses três anos e meio de pesquisa sobre a história dos advogados trabalhistas pela lente da ABRAT viu gestos ou ouviu de mim palavras de reclamações, entusiasmo, cobranças, apatia, ânimo e desânimo; aos que me viram pouco ou não me viram; aos que me incentivaram ou a quem eu cansei com longas ou poucas divagações, minha gratidão sincera. Como esse livro decorre das pesquisas feitas para compor o projeto e a minha tese de doutorado, tenho um agradecimento especial àquele que me aceitou orientar desde o meu ingresso no programa de Pós-Graduação em Sociologia e Direito — PPGSD, da Universidade Federal Fluminense — UFF, o Prof. Ivan da Costa Alemão, com quem compartilhei as agruras de uma pesquisa científica. Aos ex-presidentes da ABRAT e alguns fundadores que, gentilmente, cederam as informações e documentos para recomposição da história.

À minha família que incentivou e apoiou os estudos. Ao meu companheiro Ricardo Fernandes que ombreou comigo nas intermináveis horas de pesquisa e refúgio para estudo e escrita.

Por fim, dedico este livro à Letícia que acaba de chegar (janeiro de 2016) como presente e coroamento, trazendo alegria e leveza à vida.

Mais Uma Vez

Mas é claro que o sol vai voltar amanhã
Mais uma vez, eu sei
Escuridão já vi pior, de endoidecer gente sã
Espera que o sol já vem

Tem gente que está do mesmo lado que você
Mas deveria estar do lado de lá
Tem gente que machuca os outros
Tem gente que não sabe amar
Tem gente enganando a gente
Veja a nossa vida como está
Mas eu sei que um dia a gente aprende
Se você quiser alguém em quem confiar
Confie em si mesmo
Quem acredita sempre alcança!

Mas é claro que o sol vai voltar amanhã
Mais uma vez, eu sei
Escuridão já vi pior, de endoidecer gente sã
Espera que o sol já vem

Nunca deixe que lhe digam que não vale a
pena acreditar no sonho que se tem
Ou que seus planos nunca vão dar certo
Ou que você nunca vai ser alguém
Tem gente que machuca os outros
Tem gente que não sabe amar
Mas eu sei que um dia a gente aprende
Se você quiser alguém em quem confiar
Confie em si mesmo
Quem acredita sempre alcança!

(Renato Russo e Flávio Venturini)

SUMÁRIO

Lista de Abreviaturas e Siglas 13

Prefácio 17

Introdução 21

Capítulo 1. O Surgimento do Grupo Profissional de Advogados 29
1.1. A origem da profissão dos advogados e o surgimento do IOAB 29
1.2. O surgimento da OAB e seu papel 36
    1.2.1. A natureza e o papel da OAB 39
    1.2.2. O papel autorregulador da OAB 41
    1.2.3. A forma de filiação e contribuição obrigatória 44
    1.2.4. A luta pela reserva de mercado e a desjudicialização 46
1.3. Os grupos de advogados por especialização 48

Capítulo 2. Os Trabalhistas — A Discriminação 53
2.1. O surgimento da Justiça do Trabalho 53
    2.1.1. A quarta fase da Justiça do Trabalho e as grandes mudanças estruturais 58
2.2. Os advogados trabalhistas — possíveis razões da organização 61
    2.2.1. Confirmando... a discriminação e a exclusão existiam 63

Capítulo 3. A Organização dos Advogados Trabalhistas em Patamar Nacional — a Criação da ABRAT 76
3.1. As primeiras ideias de uma associação nacional de advogados trabalhistas 77

3.2. O marco de sua criação 79

    3.2.1. A celeuma em torno da escolha da primeira diretoria....................81

3.3. Os objetivos da associação 85

3.4. A forma de sobrevivência financeira da associação 90

3.5. Os primeiros anos e o muito a que se fazer 91

3.6. Primeira reeleição. Segunda e terceira diretorias (1981 a 1983 e 1983 a 1985)..94

3.7. Mudança de Nome da Associação para ABRAT 95

    3.7.1. A luta pelo reconhecimento e afirmação se reaquecia...................97

3.8. A contribuição da ABRAT na Assembleia Nacional Constituinte 99

3.9. As parcerias com outras entidades nacionais e internacionais..............104

Capítulo 4. Eleições Diretas no País e na ABRAT em Tempos de Globalização 110

4.1. As Eleições diretas para presidente da República e o *impeachment* do Presidente Collor..111

4.2. Eleições diretas na ABRAT — A disputa 113

4.3. Tempos de globalização, grandes desafios 115

4.4. A fase desvitalizada da ABRAT 120

4.5. Os advogados trabalhistas reatam a organização nacional 122

4.6. A reaproximação com os advogados da América Latina e a (re)criação da ALAL..125

4.7. A tentativa de extinção da Justiça do Trabalho 128

    4.7.1. A ampliação da competência da Justiça do Trabalho....................131

    4.7.2. Os advogados trabalhistas discutem a nova competência em livro ...136

Capítulo 5. O Ápice do Neoliberalismo: a Ameaça aos Direitos Sociais se Agravam..141

5.1. Breves considerações sobre o neoliberalismo 141

    5.1.1. Correntes defensoras do neoliberalismo 148

5.2. Os primeiros projetos neoliberais e a reação dos advogados trabalhistas 150

    5.2.1. Projeto do negociado *versus* legislado 152

    5.2.2. Tentativas de desafogamento do judiciário trabalhista com formas alternativas de solução de conflitos — ambiente das fraudes 163

5.3. O incêndio no fórum Arnaldo Süssekind 169

5.4. Um período de ampliação dos espaços políticos 171

    5.4.1. A criação do colégio de presidentes 173

    5.4.2. A fundação da JUTRA 174

    5.4.3. A participação na OIT 177

5.5. Foco na saúde do trabalhador — segunda reeleição na ABRAT 180

5.6. PL n. 1.987/2007 — Projeto Vaccarezza ou reforma da CLT 184

5.7. Outros projetos do período — aprovados ou não — com interferência direta no contrato individual de trabalho 193

Capítulo 6. Muitos Avanços e Novos Desafios 199

6.1. A ABRAT percorrendo o Brasil — mudança de paradigma 200

6.2. O PJe e o caos inicial 202

    6.2.1. A ABRAT integra comitê criado pelo TST 203

6.3. Honorários de sucumbência na Justiça do Trabalho — a epopeia 207

6.4. Novas formas de comunicação e integração da advocacia trabalhista ... 211

    6.4.1. Os informativos e boletins eletrônicos 212

    6.4.2. O restabelecimento das revistas científicas e criação do concurso universitário 213

6.5. A criação do dia dos advogados trabalhistas 217

6.6. As chamadas férias dos advogados 218

6.7. Participação no CONATRAE 219

6.8. Apoio a problemas pontuais nas Associações 220

6.9. Painel na XII conferência da OAB 220

6.10. O retorno da tentativa da ampla terceirização 222

6.11. As mudanças no país — grandes desafios para os advogados trabalhistas e o posicionamento da ABRAT nos anos de 2014 a 2016 — breve recorte 227

    6.11.1. Breve retrospectiva da economia e política no ano de 2015 e início 2016 228

    6.11.2. O pedido de *impeachment* da presidente Dilma Rousseff 230

6.12. Corte no orçamento da Justiça do Trabalho 237

6.13. Outros projetos atuais visando o Direito do Trabalho e o trabalhador ... 240

Capítulo 7. A Valorização dos Trabalhistas e a Importância da ABRAT se Confirmam 245

7.1. Os CONAT e sua importância 245

7.2. A valorização dos advogados trabalhistas — os depoimentos 253

    7.2.1. Sobre a ABRAT 253

    7.2.2. A contribuição para a valorização dos advogados trabalhistas 256

Considerações Finais 261

Referências Bibliográficas 269

Lista de Abreviaturas e Siglas

AATDF	—	Associação de Advogados Trabalhistas do Distrito Federal
AATP	—	Associação de Advogados Trabalhistas do Paraná
AATSP	—	Associação de Advogados Trabalhistas de São Paulo
ABA	—	Associação Brasileira de Advogados
ABAA	—	Associação Brasileira de Advogados Ambientalistas
ABAEC	—	Associação Brasileira de Advogados de Empresa e Consórcio
ABAMI	—	Associação Brasileira dos Advogados de Direito Imobiliário
ABAT	—	Associação Brasileira de Advogados Tributaristas
ABRACRIM	—	Associação Brasileira de Advogados Criminalistas
ABRAE	—	Associação Brasileira dos Advogados Eleitorais
ABRAFAM	—	Associação Brasileira de Advogados de Família
ABRAP	—	Associação Brasileira dos Advogados Públicos
ABRAPO	—	Associação Brasileira de Advogados do Povo
ABRAT	—	Associação Brasileira de Advogados Trabalhistas
ABREA	—	Associação Brasileira dos Expostos a Amianto
ACAT	—	Associação Carioca de Advogados Trabalhistas
ACE	—	Acordo Coletivo Especial ou com Propósito Específico
ADCIVEL	—	Associação Brasileira de Advogados Civilistas
ADIN	—	Ação Direita de Inconstitucionalidades
AESAT	—	Associação Espírito Santense de Advogados Trabalhistas
AFAT	—	Associação Fluminense de Advogados Trabalhistas
AGETRA	—	Associação Gaúcha de Advogados Trabalhistas
ALAL	—	Associação Latino-Americana de Advogados Laboralistas

ALCA	—	Área de Livre Comércio das Américas
AMB	—	Associação dos Magistrados Brasileiros
AMAT	—	Associação Mineira de Advogados Trabalhistas
AMATRA	—	Associação dos Magistrados Trabalhistas
AMATRA 1	—	Associação dos Magistrados Trabalhistas do Rio de Janeiro
ANAMATRA	—	Associação Nacional dos Magistrados Trabalhistas
ANAT	—	Associação Nacional de Advogados Trabalhistas
ANPT	—	Associação Nacional dos Procuradores do Trabalho
ATERGS	—	Associação Trabalhista de Empresa Trabalhista Rio Grande do Sul
CC	—	Código Civil
CCJ	—	Comissão de Constituição e Justiça
CCP	—	Comissões de Conciliação Prévia
CFB	—	Constituição Federal do Brasil
CFOAB	—	Conselho Federal da Ordem dos Advogados do Brasil
CGTB	—	Central Geral dos Trabalhadores
CIPA	—	Comissão Interna de Prevenção de Acidente de Trabalho
CLAT	—	Central Latino-Americana dos Trabalhadores
CLT	—	Consolidação das Leis do Trabalho
CNA	—	Confederação Nacional de Agricultura e Pecuária
CNDS	—	Comissão Nacional de Direitos Sociais
CNF	—	Confederação Nacional de Setor Financeiro
CNI	—	Confederação Nacional de Indústria
CNJ	—	Conselho Nacional de Justiça
CNPJ	—	Cadastro Nacional de Pessoas Jurídicas
CNS	—	Confederação Nacional de Saúde
CONAT	—	Congresso Nacional de Advogados Trabalhistas
CONATRAE	—	Comissão Nacional de Combate ao Trabalho Escravo
CONATS	—	Congresso Nacional de Advogados Trabalhistas
CONLUTAS	—	Coordenação Nacional de Lutas

CPC	—	Código de Processo Civil
CPI	—	Comissão Parlamentar de Inquérito
CRFB	—	Constituição da República Federativa do Brasil
CSN	—	Companhia Siderúrgica Nacional
CTB	—	Confederação Brasileira dos Trabalhadores
CUT	—	Central Única dos Trabalhadores
DIAP	—	Departamento Intersindical de Assessoria Parlamentar
DJU	—	Diária da Justiça da União
DRT	—	Delegacia Regional do Trabalho
ENAT	—	Encontro Nacional dos Advogados Trabalhistas
ENLAT	—	Encontro Latino-Americano de Advogados Trabalhistas
FGTS	—	Fundo de Garantia do Tempo de Serviço
FHC	—	Fernando Henrique Cardoso
FMI	—	Fundo Monetário Internacional
IAB	—	Instituto dos Advogados Brasileiros
IASP	—	Instituto dos Advogados de São Paulo
IOAB	—	Instituto da Ordem dos Advogados Brasileiros
JCJ	—	Juntas de Conciliação de Julgamento
JT	—	Justiça do Trabalho
JUTRA	—	Associação Luso-Brasileira de Juristas do Trabalho
MTE	—	Ministério do Trabalho e Emprego
MDA	—	Movimento de Defesa da Advocacia
MEC	—	Ministério da Educação e Cultura
MP	—	Ministério Público
MPF	—	Ministério Público Federal
MPT	—	Ministério Público do Trabalho
NAFTA	—	*North American Free Trade Agreement* (Tratado Norte-Americano de Livre Comércio)
NCST	—	Nova Central Sindical dos Trabalhadores
OAB	—	Ordem dos Advogados do Brasil

OIT	—	Organização Internacional do Trabalho
OMC	—	Organização Mundial do Comércio
PCA	—	Programa de Capacitação para Aperfeiçoamento
PEC	—	Proposta de Emenda Constitucional
PJe	—	Processo Judicial eletrônico
PL	—	Projeto de Lei
PNAD	—	Pesquisa Nacional por Amostra de Domicílios
PROER	—	Programa de Estímulo à Reestruturação e ao Fortalecimento do Sistema Financeiro Nacional
PUC	—	Pontifícia Universidade Católica do Rio de Janeiro
PUSH	—	Serviço de Acompanhamento Automático de Processos
RSR	—	Repouso Semanal Remunerado
SATEGS	—	Associação dos Advogados Trabalhistas de Empresas do Rio Grande do Sul
SINAIT	—	Sindicato Nacional dos Auditores e Inspetores do Trabalho
STF	—	Supremo Tribunal Federal
STJ	—	Superior Tribunal de Justiça
TAC	—	Termo de Ajustamento de Conduta
TCU	—	Tribunal de Constas da União
TFR	—	Tribunal Federal de Recursos
TRF	—	Poder Judiciário — Tribunal Regional Federal da 1ª Região
TRT	—	Tribunal Regional do Trabalho
TST	—	Tribunal Superior do Trabalho
UFMG	—	Universidade Federal de Minas Geral
UGT	—	União Geral dos Trabalhadores
USP	—	Universidade de São Paulo

Prefácio

A construção de uma tese acadêmica em geral enfrenta uma espécie de quebra-cabeça, como um joguinho de encaixes que, a princípio, parece que nunca será concluído. A certa altura, o pesquisador, não raramente, passa por uma fase de desânimo por falta de informações, por dificuldade em nível teórico ou até, quem sabe, por algum problema pessoal/familiar. Mas eis que a luz no fim do túnel aparece e vai aumentando de intensidade, a ponto de vir a iluminar um pedacinho da sociedade que antes só era vista por meio de microscópio.

A pesquisa da Doutora Benizete Ramos de Medeiros enfrentou grandes desafios práticos e intelectuais. Porém, nunca percebi qualquer desânimo por parte dela. Pelo contrário, a cada dia sua perseverança aumentava e surgiam novas descobertas. Assim, os desafios se transformavam rapidamente em estímulos.

Desafios? Como situar o *advogado trabalhista* no mundo do trabalho? Se essa pergunta já é difícil de responder, imaginem a que evoca a sua *associação de classe*. Classe? Luta de classes? Luta pela classe? Vamos parar por aqui... *por enquanto*.

Vou tentar colocar a questão por outro ângulo. Para ajudar a entender melhor uma pesquisa científica na área da sociologia e do direito, devemos procurar identificar a motivação do pesquisador. Por que ele escolheu determinado tema? O que o levou a dar "aquele" pontapé inicial? Uma experiência pessoal? Curiosidade por um problema alheio? Um meio para atingir um fim profissional preestabelecido? Ou apenas acolheu uma sugestão? Tenho acompanhado pesquisas com alto grau de relevância que surgiram de indagação pessoal vivenciada pelo pesquisador. É como o desempregado pesquisar o desemprego. E, nesse momento, podemos enfrentar a questão acadêmica do sujeito/objeto: qual o nível de envolvimento do pesquisador com o objeto de sua pesquisa? Até onde ele pode ser fiel à realidade e usar métodos imparciais em prol da ciência? Temos discutido muito isso em nosso Programa de Pós-Graduação de Direito e Sociologia da Universidade Federal Fluminense.

Não posso deixar de destacar que ser orientador da Doutora Benizete foi muito agradável. Sua capacidade intelectual, seja para escrever, seja para trabalhar pela coletividade, combinada a um alto grau de dedicação e alegria, me impressionou. Sua atuação é contagiante, o que faz dela não apenas uma *advogada trabalhista militante*, mas também uma *militante trabalhista advogada*. Cuidar de um escritório de advocacia, de filhos, da associação e de seus congressos, de estudos e escritos, a torna uma líder natural exemplar, algo raro em nosso país.

Acho que minha atuação em sua pesquisa foi bem mais no sentido de direcionar a sua espontaneidade. Fazer entrevistas e colher material, o que geralmente é difícil para alguns pesquisadores, para a Doutora Benizete era como abrir um cofre na própria casa. A cada dia eu recebia uma entrevista feita com algum nome famoso, ao qual eu não conseguiria ter acesso.

O método científico exige paciência, sucessivos e cansativos testes até se comprovar a verdade. Não é possível acusar para depois provar, como no método forense. Mas o que é a verdade? Um conhecido seriado de ficção científica da década de 1990, *Arquivo X*, tinha como mote a frase *"A verdade está lá fora"*, sugerindo que esta ia além de nosso parco conhecimento planetário. Está a verdade tão fora de nosso ralo senso comum? No direito, falamos muito nos princípios da *primazia da realidade*, na *verdade real* e em tudo aquilo que os advogados procuram apresentar como prova ao defender seus clientes. Seria de menor monta essa verdade revelada pelo próprio interessado? Para o direito, parece algo normal.

Tenho chegado à conclusão de que o fato é como uma pedra de cristal, dura e fria, mas com várias facetas que permitem refletir diversas cores. Para além do que a verdade possui em si mesma, ela também sofre a interpretação por parte de quem a vê. A verdade pode, assim, resultar de uma linha de raciocínio e de conclusão que liga dois pontos: um, que reside na faceta do fato vista pelo intérprete; outro, que reside na pessoa do próprio intérprete. Por isso a verdade nem sempre está dentro do fato, às vezes está no ângulo pelo qual o fato é visto. Quando só existem dois pontos na linha, podemos dizer que existe consenso. Quando há três, há divergência. Quando existem muitos pontos, há consenso de que existe controvérsia.

A controvérsia, para o advogado, é como a floresta para o lenhador: é a matéria-prima para a construção da estrutura do direito, formada por vigas sólidas, mas aptas a passar por reformas. A tentativa de transformar o direito em ciência sempre correu o risco da vulgaridade. Mesmo quando essa tentativa partiu de um gênio como Kelsen, suas ideias não encontraram consenso no meio forense. Já os métodos sociológicos, quando aplicados a tema jurídicos, abrem espaço para a ciência encantar a rigidez da legislação. E o direito acaba ficando mais confortável acolhido como objeto.

Bem, voltando à questão posta no início, a da associação de classe. Esse foi o objeto escolhido pela Doutora Benizete. Mas qual a motivação para seu estudo?

A possível existência de um subcampo do direito, o *trabalhista*. Entretanto, no caso do direito do trabalho, há um ingrediente psicológico traumático. Desde os bancos da faculdade os interessados pelo direito do trabalho ouvem dizer que esse ramo do direito é menos importante.

A primeira questão é confirmar se existe de fato essa discriminação. Para isso, naturalmente, é preciso deixar claro quem seria o discriminado e quem seria o discriminador, o que não é fácil de definir, como pode parecer à primeira vista. Uma coisa é o senso comum de que existe um segmento social denominado *trabalhista*. Outra é identificar e conceituar o *advogado trabalhista*.

Ao identificarmos esse segmento de advogados, que pode ser um subgrupo dentro do conhecido grupo profissional de advogados formados em torno da Ordem dos Advogados do Brasil, surge a questão da legitimidade de uma associação própria para eles, das associações de advogados regionais organizadas em nível nacional pela Associação Brasileira de Advogados Trabalhistas (Abrat) — este, sim, o núcleo do objeto de estudo da Doutora Benizete. Esse subgrupo pode ir se deteriorando com o tempo, até acabar, ou se fortalecer até ameaçar o grupo original, criando em seu seio um conflito de interesses.

No âmbito da especulação, há indícios de que o segmento do direito denominado *trabalhista* vem crescendo, em sentido geral. Surgido no século XX como um ramo intermediário entre o direito público e o privado, é marcado fortemente por tratar de conflitos insuperáveis entre capital e trabalho. É o criador do direito coletivo, que feriu o individualismo tradicional do direito civil e a bilateralidade dos contratos então formulados em cartórios.

Além de ferir algumas tradições, posicionando-se de forma "entrista" (entre o público e o privado, entre o capital e o trabalho etc.), o *trabalhista* sempre atuou em um espaço forense diverso. No início, ainda dentro do Poder Executivo, com as antigas juntas de conciliação e julgamento; depois, dentro de um Poder Judiciário próprio, localizado mais nas capitais do país. Sempre existiu a prática da conciliação na Justiça do Trabalho, e nem era necessário ser advogado para trabalhar nesse fórum — "Fazer acordo é fácil, nem precisa de advogado", rezava a tradição.

Mas não é que, com o tempo, principalmente a partir da década de 1980, as coisas foram mudando? Se para melhor ou pior, é algo a avaliar. A conciliação ganhou *status* de política nacional, com a criação do Conselho Nacional da Justiça. O processo do trabalho adotou diversas regras do processo civil, e este, cada vez mais, incorpora métodos do antigo processo do trabalho. E os juizados especiais cíveis retomaram diversas regras trabalhistas, algumas até abandonadas pelos próprios *trabalhistas*, como a da absorção de leigos da administração da justiça e a dispensa do advogado.

O campo trabalhista vem se equiparando, e isso tem refletido até mesmo na escolha dos líderes para os cargos da OAB. Mas o Judiciário trabalhista continua distinto, com militância própria, o que ajuda a identificação do subgrupo dos advogados.

Até esse ponto tudo parece bem claro, ao menos para mim. Mas e a Abrat? Aqui começa o quebra-cabeça. O que ela significa? Seria ela uma organização de luta contra a suposta discriminação a um subgrupo? Essa discriminação, porém, não estaria acabando? Ou seria a Abrat uma entidade que defende a proteção dos trabalhadores, finalidade típica do associativismo da década de 1980? A questão é que a Abrat possui advogados que defendem empregadores, muitos deles reconhecidos nacionalmente como referência no campo do direito e ocupando cargos importantes em seu seio. Seria então a Abrat uma associação de defesa dos próprios advogados trabalhistas, o que pode transparecer na campanha por honorários advocatícios de sucumbência na justiça do trabalho?

Como resolver esse encaixe? Esse é o desafio que se impôs a Doutora Benizete, que, neste livro, além de responder a todas essas indagações, ainda nos brinda com excelente trabalho de reconstituição histórica sobre uma entidade de enorme importância social e ainda muito pouco estudada.

Os *trabalhistas* podem comemorar, porque agora passaram a ser objeto de estudo. Graças à doutora Benizete!

Ivan Alemão, 16 de abril de 2016

Introdução

Esta obra tem como base a pesquisa de tese de doutorado apresentada em banca à Universidade Federal Fluminense em dezembro de 2015 cujo objeto de estudo é o grupo de advogados trabalhistas a partir da Associação Brasileira de Advogados Trabalhistas — ABRAT, instituição nacional que congrega esse segmento da advocacia no Brasil. Tem numa estrutura federativa, por meio da vinculação opcional dos advogados em associações estaduais. Atuando com espírito crítico no cenário brasileiro, de forma intensa em certos momentos da história e, em outros, de forma tímida ou inexistente, foi criada em 1978, cujo marco se estabeleceu aqui com base em seu primeiro ato oficial, ou seja, o I Encontro Nacional dos Advogados Trabalhistas.

Não há estudos ou pesquisas a seu respeito, fato que instigou esta proposta em razão da visível expressão e representação que têm atualmente, os advogados trabalhistas no cenário nacional, além desta pesquisadora fazer parte do grupo, para tanto, recupera sua trajetória desde as primeiras ideias de criação, os fatos motivadores, objetivos e análise de sua movimentação até os dias atuais (início do ano de 2016) junto aos poderes legislativo, executivo e judiciário, além do seio do próprio grupo nos diversos estados da federação brasileira.

Para tal análise, remonta-se, como sustentação teórica, a origem da profissão de advogado no Brasil, a primeira ordem profissional, a existência de outros grupos de advogados organizados no patamar nacional. Com isso, analisam-se as razões de seu surgimento, a atuação nas diversas épocas, a proximidade e diferenças existentes com a OAB, assim como a origem da Justiça do Trabalho.

O grupo dos advogados no Brasil tem sua origem no contexto pós-independência. Nesse período, foram criadas as faculdades de Direito de São Paulo e de Olinda, em 1827, e após a Regência, em 1843 a fundação do Instituto da Ordem dos Advogados Brasileiros — IOAB — por um pequeno grupo da elite dos bacharéis formado por brasileiros que estudaram na faculdade de Coimbra e nas do Brasil.

O ponto de partida da inserção da primeira Ordem Profissional no Brasil, portanto, foi a criação dos cursos superiores e a fundação do IOAB, por um grupo de intelectuais, chamado de "grupo de elite". Estava centrada no ideal de serviços, na proposta de auxiliar e influenciar o Estado nas questões técnico-jurídicas mediante o conhecimento e *expertise* do grupo.

Já a OAB (oriunda do IOAB) nasce na década de 1930 com o papel regenerador da profissão; poderes disciplinares limitados a seus membros; adesão obrigatória; regulamentação nacional e intenção de reserva de mercado. Haviam sustentáveis teorias de se tratar de um serviço público federal. Na sua generalidade, alberga, de forma obrigatória, todos os que pretendem exercer a profissão de advogados e os estagiários, independente de especialização, não adotando, quando da inscrição em seus quadros, o critério de divisão por área de atuação. Tal fato retira o controle acerca do número de advogados com atuação em cada área do direito.

Quanto à origem da Justiça do Trabalho, se deu com a criação de um órgão julgador especializado, ainda não judicial, nos anos de 1934 a 1937. Em 1939, foi reconhecida a função jurisdicional, como Justiça do Trabalho, organizada e instalada em 1941, mas somente passando a integrar como órgão do Poder Judiciário em 9.9.1946 pelo Decreto-Lei n. 9.777. Surgia, assim, um ambiente próprio para dirimir conflitos diversos dos demais, com um Direito especial que são os Direitos Trabalhistas, consolidado em 1º de maio de 1943 (CLT) com base nas legislações esparsas já existentes.

Nesse contexto, os advogados, por sua vez, começavam, de forma tímida, a desvendar e entender esse novo ramo do Direito, sem abandonar a militância nas outras áreas nesse primeiro momento, assim o Direito Civil, o Direito Penal, o Direito Processual o Direto Tributário etc. Das pesquisas perpetradas, observou-se que esse grupo especializado de advogados, por lidar com direitos relacionados ao trabalho, ao operariado, era visto como advogados de segunda categoria e desqualificados. O mesmo fenômeno ocorria com a própria Justiça do Trabalho, em relação às demais, quer seja por essa Justiça especial ter pertencido ao Poder Executivo, em seu nascimento e durante algum tempo, quer seja por ser uma Justiça precipuamente conciliadora. Dessa forma, imaginava-se que, para advogar nesse ramo, dispensavam-se conhecimentos técnicos mais aprofundados — teoria contrariada como se verá —, ou por ter tido, em sua composição até o ano de 1999, juízes leigos, ou pela existência do *jus postulandi* desde sua criação, ou ainda por todos esses fatores.

A convicção ideológica da própria OAB não estava estruturada para dar maior atenção e importância ao novo Direito e à nova Justiça nas décadas que se seguiram à sua criação. Esses fatores faziam com que aqueles advogados que escolhessem militar, com maior atuação ou exclusividade, nessa área, ficassem do ponto de vista institucional e político, relegados a um segundo plano, tanto que, somente no início do século XXI, se teve à frente do Conselho Federal da OAB o primeiro advogado trabalhista, ou seja, cerca de 70 anos depois de sua criação.

Algumas décadas depois ao surgimento da Justiça do Trabalho e do Direito do Trabalho, no ano de 1977, acena-se a primeira ideia de criação de uma instituição de âmbito nacional, com intuito inicial de organização do segmento da advocacia trabalhista com objetivos de resgate, valorização e organização do grupo em patamar nacional, além do desenvolvimento de uma ideologia crítica em face das políticas de retrocesso dos direitos sociais, por arduamente conquistados, bem como das instituições, pois era tempo de regime político de exceção com o golpe militar de1964.

Já existiam movimentos organizados em poucos estados do Brasil e o estado do Rio Grande do Sul foi o ambiente profícuo para pensar a organização dos advogados trabalhistas em patamar nacional, então por ocasião do encontro da Associação de Advogados Trabalhistas daquele estado — AGETRA. Essa ideia se consolidou no ano de 1978, quando então, realizou-se o I Encontro Científico da nascente Associação Nacional de Advogados Trabalhistas, estabelecendo-se, para esta pesquisa, como sendo esse o marco de sua criação.

No ano de 1979, quando do segundo Encontro Nacional de Advogados Trabalhistas — II ENAT — como eram chamados os atuais CONAT, ocorrido no período de 15 a 19 de julho, na cidade do Rio de Janeiro, foi instituída legalmente e eleita a primeira diretoria nacional quando também criados a primeira carta de intenções e os estatutos. A instituição nasceu com o nome de ANAT — Associação Nacional dos Advogados Trabalhistas, alterado posteriormente para ABRAT.

O que esse grupo idealizou foi a organização dos advogados trabalhistas, em âmbito nacional, que tivessem atuação precípua ou exclusiva na Justiça do Trabalho, independentemente de defender o capital ou trabalho. Era percebida a necessidade de institucionalização e organização para discussões das principais questões que envolvessem a militância e o estudo das matérias específicas propiciadoras da dignificação e valorização desse segmento da advocacia. Além disso, objetivava manter e avançar nas conquistas dos Direitos Sociais do Trabalho e da preservação e melhoria da Justiça do Trabalho, estabelecendo um pensamento e postura crítica quanto às formas de mitigação e redução dos direitos conquistados, uma vez que, para a OAB, essa não era — e não é ainda — uma preocupação central e específica do ponto de vista institucional. Nessa perspectiva, a ABRAT já acenava com a intenção de interferir na reconstrução e ampliação dos direitos sociais, o que, de fato, viria a ocorrer com a participação na Assembleia Nacional Constituinte, na subcomissão de Direito e Justiça.

Nesse patamar, estabeleceu-se que a identificação e o estudo desse grupo de advogados organizados nacionalmente se faz importante para desvendar essa atuação e efetiva participação nos movimentos, até mesmo em razão de não se ter encontrado qualquer estudo feito. Para tanto, toma-se como fio condutor a instituição obrigatória da profissão de advogados, ou seja, a Ordem dos Advogados do Brasil.

O estudo e pesquisa do grupo vai desde a fundação da ABRAT até a última diretoria (2016), com foco no período neoliberal — década de 1990 do século XX e a primeira década do século XXI, no Brasil —, como principal período delimitado para identificação de sua atuação junto a manutenção e luta contra o retrocesso dos direitos trabalhistas conquistados. Tal escolha se justifica em razão de ter sido um período de grandes transformações no cenário político, jurídico e social, provocadas pelo processo de globalização, iniciado na década anterior com fortes tentativas de alterações na legislação trabalhista para implantação da supremacia do capital.

Nesse viés, considerando tratar-se de um período que revelou um campo fértil para agitação das diversas instituições, mormente aquelas ligadas aos direitos sociais trabalhistas no Brasil e nessa perspectiva, avaliar e aferir a real importância, atuação e necessidade da existência de um subgrupo profissional de advogados especializados, que tem em seus princípios fundantes a militância a favor da manutenção dos direitos sociais e contra o retrocesso legislativo e social trabalhista.

Todavia, como outros períodos, como o atual, novas ondas de tentativa de desmonte dos direitos sociais se apresentam, a análise avança, embora de maneira menos aprofundada. A análise se dá com o levantamento dos principais projetos e de lei e súmulas de todo o período, confrontando-os com entrevistas feitas aos ex-presidentes da ABRAT e documentos localizados. Além de terem sido consultadas notícias, informações, publicações em jornais, informativos, anais e outros meios possíveis e encontrados na pesquisa de campo.

Já quanto ao objetivo de resgate e valorização dos advogados trabalhistas, o estudo se deu desde o início até os dias atuais, passando por todas as diretorias.

O objetivo geral, portanto, é investigar se o grupo de advogados trabalhistas pode ser determinado como subgrupo profissional de advogados. Já os específicos são: identificar as razões pelas quais a ABRAT foi constituída; verificar suas finalidades e analisar se vem cumprindo com essas finalidades.

As hipóteses são: (i) que a ABRAT se constitui um subgrupo especializado no Direito do Trabalho e militância na Justiça do Trabalho; (ii) foi criada em razão de uma discriminação havida aos advogados trabalhistas; (iii) apresenta como finalidade a valorização dos advogados com militância exclusiva ou precípua na Justiça do Trabalho; (iv) tem o propósito de desenvolver um espírito crítico para luta pela ampliação dos direitos sociais trabalhistas contra o retrocesso desses direitos.

As fontes primárias são as entrevistas aos ex-presidentes da ABRAT e alguns diretores fundadores, bem como a análise dos documentos, consubstanciados em estatutos, atas, revistas, cartas, panfletos de Congressos, notas, publicações, boletins da ABRAT, Congressos Nacionais (CONAT), matérias em *sites* de outras instituições e demais anotações domésticas encontradas para o confronto. Como fontes secundárias, utilizaram-se obras, como livros, publicações jurídicas, periódicos, informativos físicos ou virtuais.[1]

Para o estudo da ordem profissional — OAB —, foram adotadas como principais referenciais teóricos as obras dos professores Ivan Alemão, *OAB e Sindicatos — Importância da filiação corporativa no mercado*, e Maria da Gloria Bonelli, *O Instituto da Ordem dos Advogados Brasileiros e o Estado: a profissionalização no Brasil e os limites dos modelos centrados no mercado*.

No estudo da Justiça do Trabalho, apoiou-se, primordialmente, nas obras dos autores Regina Lucia M. Morel e Elina G. da Fonte Pessanha, *A Justiça do Trabalho*; Amauri Mascaro Nascimento, *Curso de Direito Processual do Trabalho*, e Arnaldo Süssekind, *História e Perspectivas da Justiça do Trabalho*, além de alguns artigos publicados na revista especial editada pelo TST para comemoração dos 70 anos da Justiça do Trabalho.

Para dar suporte aos conceitos de neoliberalismo, trabalhou-se, entre outros autores, com Armando Boito Junior, "O neoliberalismo e o corporativismo do Estado no Brasil" no livro *Do corporativismo ao Neoliberalismo — Estado e trabalhadores no Brasil e na Inglaterra*, e com Eric Hobsbawm em sua obra *Era dos Extremos — O breve século XX — 1914-1991*.

Para reconstruir e compilar a história da ABRAT, desde as primeiras ideias de criação, no ano de 1977 até os dias atuais (2016), estabeleceu-se como premissa a pesquisa de campo consubstanciada em entrevistas e exame de documentos. Considerando haver uma gama de diretores ao longo do tempo e outros possíveis conhecedores da história (37 anos), optou-se por entrevistar somente os

---

(1) Na transcrição das fontes primárias e secundárias, optou-se pelo registro fidedigno dos textos, sem revisão de inadequações de natureza gramatical despercebidas nos originais ou relativas às alterações do Acordo Ortográfico de 2009.

ex-presidentes; ex-diretores fundadores da ABRAT, entre eles, o precursor na militância na Justiça do Trabalho, Benedito Calheiros Bomfim; além do primeiro advogado trabalhista que ocupou a presidência do Conselho Federal da OAB e do primeiro procurador geral do Trabalho que, após o jubilamento, se tornou um membro da ABRAT — esses dois últimos com a intenção de diversificar o olhar sobre o objeto da pesquisa na perspectiva de outra instituição.

Anota-se que, dos dezesseis ex-presidentes e um em exercício — ao todo 17 quando se finaliza esta pesquisa —, foram entrevistados treze; dois são falecidos; um acometido de doença cognitiva e o outro, por ter tido um mandato provisório de sete meses, optou-se por não fazer a entrevista. A ausência, porém, dessas participações na reconstrução da história foi suprida, em parte, por informações encontradas em documentos.

Quanto aos documentos, buscou-se localizar temas centrais dos Congressos Nacionais de Advogados Trabalhistas — CONAT; boletins informativos; propostas formuladas; as revistas físicas produzidas para determinados eventos; boletins eletrônicos; atas, cartas oriundas dos congressos, anais, publicações, *e-mails*, anotações internas, anotações domésticas e demais registros que revelem a movimentação da associação. Buscaram-se, ainda, documentos no Conselho Federal da OAB, no TRT da 1ª Região, no TST, no Congresso Nacional e na Câmara dos Deputados.

Anota-se, por oportuno, que os documentos não se encontram reunidos em local físico específico ou na sede da instituição, em Brasília, DF. Isso demandou viagens, entrevistas e acurada análise de todo e qualquer elemento físico que expressasse o centro de interesse para a reconstrução. Nenhum material, inclusive panfleto de chamada para congressos, encontros, reuniões, ficou dispensado de exame.

Antecipo que esta obra não é de história, não é de sociologia, não é de direito, é um misto, é fruto de uma pesquisa ensaiada em premissas, em hipóteses, iniciada no segundo semestre de 2012 e, portanto, teve que se fazer várias escolhas, tomar alguns caminhos em detrimento de outros, o que atrairá críticas, por certo esperadas. Está estruturada em oito capítulos, seguintes: capítulo 1 com o título: O surgimento do grupo profissional de advogados, tratando do estudo da formação dos advogados em geral; a origem da Ordem dos Advogados do Brasil e sua estrutura, à guisa de pálida comparação com a ABRAT; no capítulo 2, com o título: Os trabalhistas — a discriminação, cuida de levantar a origem da Justiça do Trabalho e a existência da discriminação e desvalorização dos advogados trabalhistas e da própria Justiça; no capítulo 3, com o título: A organização dos advogados trabalhistas em patamar nacional — a criação da ABRAT, compila a história da associação, analisa a origem, trajetória; primeira carta de intenções;

estatutos; recompondo as diretorias da primeira fase com as primeiras ideias em 1977, o primeiro encontro em1978 e a oficialização em1979 até 1989 e a participação na Assembleia Nacional Constituinte; capítulo 4, com o título: Eleições diretas no país e na ABRAT em tempos de globalização onde estuda pela lente da globalização a movimentação do grupo em sua segunda fase (1989/2000) a redemocratização do país e o primeiro *impeachment*.

No capítulo 5, com título: O ápice do neoliberalismo e a ameaça aos direitos sociais se agravam, investigam-se, a terceira fase (2000/2010) da Associação, o período neoliberal e principais temas relacionados aos mais importantes projetos e ações governamentais na perspectiva da ameaça aos direitos sociais conquistados. Foram identificados os seguintes: Projeto n. 1.987/07 — Projeto Vacarezza; extinção da Justiça do Trabalho; Projeto do negociado *versus* Legislado; Comissões de Conciliação Prévia — Lei n. 9.958/200 e Lei de Arbitragem; campanha contra o nepotismo; contrato a tempo parcial; contrato temporário — Lei n. 9.601/98; banco de horas ou compensação de jornada; Lei de greve; PL n. 1.445/1999 acerca do parcelamento das férias; instituição do rito sumaríssimo na JT; extinção dos juízes classistas e mudança na estrutura; Projeto da ampla terceirização n. 4.330/2004 e o substituto, com breves análises das repercussões atualmente, embora os desdobramentos extrapolem o limite temporal fixado, desdobrando-se alguns deles na fase seguinte; Já o capítulo 6, com o título: Muitos avanços e novos desafios, que solidifica a quarta e última fase (2010/2016) da Associação, pesquisam-se o PJe, as férias dos advogados ou recesso forense com suspensão de prazos e audiências; a interiorização da ABRAT, os desafios do novo CPC e do retorno do Projeto n. 4.330/2004; o Capítulo 7, com o título: A valorização dos *trabalhistas* e a importância da ABRAT se confirmam, recupera os temários dos congressos nacionais e o estado em que foram realizados, bem como transcreve trechos dos depoimentos acerca identificando o papel da ABRAT na valorização e dignificação dos advogados trabalhistas e por fim, o capítulo das considerações finais.

Capítulo 1

O SURGIMENTO DO GRUPO PROFISSIONAL DE ADVOGADOS

"O que me preocupa não é nem o grito dos corruptos, dos violentos, dos desonestos, dos sem caráter, dos sem ética... O que me preocupa é o silêncio dos bons."
(Martin Luther King)

1.1. A origem da profissão dos advogados e o surgimento do IOAB

Ao iniciar as pesquisas sobre a saga dos advogados trabalhistas pela história da ABRAT, percebeu-se a necessidade de implementar estudos sobre a origem dos advogados no Brasil, sobre a primeira Ordem profissional, sua organização, afim de entender as razões de se criar e organizar um subgrupo de advogados especializados em patamar nacional e que chega aos dias atuais com grande expressão política e social, estabelecendo-se, com isso uma pálida comparação entre ambos, bem como identificando a existência de outras Associações nacionais. É o que se desenvolveu nesse capítulo, tomando como fio condutor obras específicas.

O surgimento da profissão de advogados no Brasil se dá com a criação das duas primeiras faculdades de Direito, em São Paulo e em Olinda — Pernambuco —, no ano de 1827. Oriunda também daqueles brasileiros que deixavam o país, especificamente para estudar e se diplomar em Coimbra — Portugal — e retornavam, formando uma pequena elite do saber jurídico. Esse grupo de bacharéis, após a Regência, em 7 de agosto de 1843, fundou o Instituto da Ordem dos Advogados Brasileiros — IOAB.

Em 1823, iniciaram-se os debates sobre a instalação de cursos jurídicos no Brasil. José Feliciano Fernandes Pinheiro, futuro Visconde de São Leopoldo, apresentou, em sessão de 14 de junho de 1823, quando da Assembleia Constituinte, a proposta de instalação de uma universidade no Império do Brasil. Na sessão de 19 de agosto de 1823, a indicação se transformava no primeiro Projeto de Lei que fundava e organizava uma universidade no Brasil.[2]

Isso ocorreu, todavia, após algumas celeumas em razão do desejo inicial de que o primeiro curso jurídico fosse instalado no Rio de Janeiro, o que não veio a acontecer. O certo é que os mesmos estatutos elaborados pelo Visconde da Cachoeira regulariam, então, os cursos de Olinda e São Paulo. Com isso, o Curso de Ciências Jurídicas e Sociais da Academia de São Paulo começou efetivamente a funcionar em 1º de março de 1828 e o de Olinda, inaugurado em 15 de maio de 1828.

Desse modo, a formação da cultura jurídica no Brasil, que proporcionou o incremento do sistema jurídico, se deu com a primeira Carta Magna brasileira, outorgada em 1824. Como mote, houve dois fatores principais: a criação dos primeiros cursos jurídicos em 1827 — de importância crucial para a consolidação da vida política e intelectual — e a fundação do IOAB em 1843.[3]

Com o surgimento da profissão de advogados, um aspecto que suscitou estudos por autores da sociologia das profissões foi acerca do controle da atividade, ou seja, se seria, à época, uma atividade controlada pelo Estado ou independente e até mesmo com influência sobre o próprio Estado. Para Bonelli[4], os bacharéis, considerados segmentos sociais de elite e com o conhecimento jurídico, se posicionavam para assessorar o Estado num processo de quase indispensabilidade, além de prestação de serviços especializados.

O IOAB foi a primeira corporação do grupo de advogados, mas não apresentava a intenção inicial de controlar o mercado de trabalho, e sim assessorar o Estado nos assuntos técnico-jurídicos, ombreando e disputando certo espaço de convivência. Quanto a esse aspecto, reconhece a autora que "as lideranças dessa associação disputaram jurisdições para obter o monopólio do credenciamento

---

(2) OAB. Conselho Federal. *A Constituinte de 1823 e os cursos jurídicos*. Disponível em: <http://www.oab.org.br/historiaoab/antecedentes.htm#cursos_juridicos>. Acesso em: 5.1.2015.
(3) OAB. Conselho Federal. *A Constituinte de 1823 e os cursos jurídicos*. Disponível em: <http://www.oab.org.br/historiaoab/antecedentes.htm#cursos_juridicos>. Acesso em: 5.1.2015.
(4) BONELLI, Maria da Gloria. O instituto da ordem dos advogados brasileiros e o estado: a profissionalização no Brasil e os limites dos modelos centrados no mercado. *RBCS*, v. 14, n. 39, fev. 1999.

profissional e a fiscalização do mercado de trabalho", pretensão que durou 90 anos até se efetivar com a criação da OAB.[5]

A regulação ocupacional, sugerida também como profissão por Coelho[6] ao se referir a Wanderley Guilherme Santos (em sua obra prefaciada por este), parece ter início com a ruptura política na sociedade brasileira com o movimento revolucionário dos anos 30, que deu margem à chamada Nova República. Os reveses que se iniciaram anteriormente (1843) foram pontos de partida e de amadurecimento para a regulação futura, por decreto. Sendo assim, não se pode diminuir a importância da existência desse grupo, que se organizou ainda no período imperial. Ivan Alemão traça, de um modo geral, a distinção de dois tipos de favorecimento de grupos ocupacionais no mercado:

> É importante distinguir dois tipos de favorecimento de grupos ocupacionais no mercado. Um decorre de mera lei de "reserva de mercado", segundo a qual apenas pessoas credenciadas podem exercer o ofício, mesmo que não haja uma Ordem profissional correspondente que cuide da autofiscalização e da autorregulamentação. Foi o caso dos leiloeiros. A regulação precoce dos leiloeiros, feita por um dos primeiros decretos profissionais do governo provisório implantado em 1930 (Decreto n. 21.981, de 19.10.1932), é um exemplo do "direito de trabalhar" já que concede um título que permite o exercício da atividade sem a exigência de certificado de curso[7].

E segue a análise:

> O outro grupo de reserva de mercado ocorre quando se permite o exercício da atividade a grupos profissionais diplomados, com grande capacidade de conhecimento. Era o que se dava com os médicos antes da criação da sua Ordem Profissional. Os médicos entre as diversas profissões que exigiam cursos superiores, foram os que mais valorizaram o "diploma", mais que a própria criação de uma Ordem Profissional.[8]

Dessa forma, a legislação regulatória do pós-1930 organizou as profissões, fora da estrutura sindical típica das demais ocupações. Com isso, criaram-se

---

(5) BONELLI, Maria da Gloria. O instituto da ordem dos advogados brasileiros e o estado: a profissionalização no Brasil e os limites dos modelos centrados no mercado. *RBCS*, v. 14, n. 39, fev. 1999.
(6) COELHO, Edmundo Campos. *As profissões imperiais, medicina, engenharia e advocacia no Rio de Janeiro 1822-1930*. Rio de Janeiro: Record, 1999.
(7) ALEMÃO, Ivan. *OAB e sindicatos* — importância da filiação corporativa no mercado. São Paulo: LTr, 2000. p. 115.
(8) *Ibidem*, p. 116.

conselhos nacionais e regionais para fiscalização do exercício profissional. Com essa estrutura na legislação brasileira, os órgãos fiscalizadores e reguladores são estabelecidos por lei, e, sem esses conselhos, uma profissão ainda não estaria regulamentada.[9]

O Instituto da Ordem dos Advogados Brasileiros — IOAB —, em seu nascedouro não tinha interesse de controlar o mercado como veio a ocorrer em décadas posteriores com a criação da OAB quando da efetiva regulação profissional. Na realidade, isso se deu como decorrência da integração e do auxílio ao governo imperial nas questões de estudos de jurisprudências, de pareceres e proposições de projetos, em razão da garantida *expertise*. Por essa formação original, foi solidificada a integração com os poderes públicos, permanecendo mesmo após a independência, quando da construção da primeira República. Tal fato revelou a influência da Associação perante o poder, que, de certo modo, contribuiu para que o Estado não avocasse para si — ou não conseguisse caso desejasse — a regulação profissional.[10]

A auto-organização do grupo profissional, então, iniciou-se no período do IOAB, ou seja, ainda no período imperial. Nele — diga-se — os advogados exploraram um amplo leque de possibilidades para influenciar o Estado, tornando-se independentes deste, mesmo em períodos em que se apontava uma linha mais estreita com os interesses das elites econômicos e políticas.[11]

Na gênese da organização da chamada "profissão moderna", o IOAB tinha, em seus primórdios, objetivo estatutário único, que era o saber jurídico, o proveito da ciência da jurisprudência, para legitimação do grupo. Para Bonelli: "Os fundadores do IOAB precisavam distinguir-se por seus méritos e qualificações profissionais, já que outras instituições também podiam ocupar este lugar".[12]

A despeito da busca de destaque com suporte na qualificação e *expertise* do grupo, isso não afastava, por outro lado, a influência política, que, inclusive, permitia a indicação a cargos públicos de relevância. Tal conjuntura se revelava no fato de muitos de seus membros terem vindo de elevados cargos do governo.

Se essa influência política e proximidade com o Estado era intencional ou consequência natural do papel exercido, o certo é que não perdurou em toda a história da corporação, mitigando-se em gestões mais à frente (1857-1861 e 1861-

---

(9) BONELLI, Maria da Gloria. O instituto da ordem dos advogados brasileiros e o estado: a profissionalização no Brasil e os limites dos modelos centrados no mercado. *RBCS*, v. 14, n. 39, p. 28-29, fev. 1999.
(10) BONELLI, Maria da Gloria. O instituto da ordem dos advogados brasileiros e o estado: a profissionalização no Brasil e os limites dos modelos centrados no mercado. *RBCS*, v. 14, n. 39, p. 64, fev. 1999.
(11) *Ibidem*, p. 64-65.
(12) *Ibidem*, p. 65.

1866). Em algumas outras, foi retomada, mas, nem sempre, com o mesmo peso. Veja-se também que, no *site* da OAB, sobre sua origem, encontra-se o seguinte:

> O IAB, no período imperial se tratava de um órgão governamental, consultado pelo Imperador e seus auxiliares diretos, como também pelos Tribunais, para auxiliar com seus pareceres, as mais importantes decisões judiciais. Além disso, colaborava por intermédio de seus integrantes na elaboração de leis que governariam o País.
>
> Na própria nascente República, o IAB praticamente cessou suas atividades internas para redigir a primeira Constituição republicana (1891). Por conseguinte, até meados do século XX, grande parte do sistema normativo, bem como o melhor pensamento jurídico pátrio transitaram pelo IAB, além de organizar os advogados como entidade de classe.[13]

A fundação do antigo IOAB teve como membros 26 bacharéis formados em Direito, com os estatutos e regimentos aprovados por Dom Pedro II[14], para o que foi necessária a intermediação do então ministro do STJ Francisco Alberto Teixeira. Portanto a primeira geração do IOAB era composta por aqueles bacharelados em Coimbra e pelas primeiras turmas das faculdades brasileiras de Olinda e São Paulo. Dessa maneira, surgiu o primeiro grupo de advogados no Brasil, fundando a primeira instituição de classe — IOAB — que viria a dar origem ao Conselho Profissional regulador da profissão: a OAB.

Se certos requisitos para ingressar nos quadros da OAB ou em associações por especializações como ABRAT, não se faziam necessários, diferentemente ocorria em relação ao IOAB, que, até os dias atuais (hoje denominada IAB), mantém as exigências iniciais de que os candidatos devem ser advogados com grau acadêmico, ter cidadania brasileira, possuir probidade, ter conhecimentos profissionais e bons costumes. Além disso, há uma fundamental diferença, o fato de ser indicado por padrinhos mediante propostas, com assinatura de três membros do Conselho diretor para aprovação em sessão, além de fazer juramento em assembleia, assim como pagar a anuidade (no ensejo da fundação era uma joia de 20 mil réis, mais a mensalidade), como elementos dignificadores dos membros, já que disputavam a *expertise* com juízes e deputados.[15]

---

(13) OAB. Conselho Federal. *A Constituinte de 1823 e os cursos jurídicos*. Disponível em: <http://www.oab.org.br/historiaoab/antecedentes.htm#cursos_juridicos>. Acesso em: 5.1.2015.
(14) Há, na sede do instituto, uma galeria de ex-presidentes, tendo, inclusive, uma foto de D. Pedro II, bem como uma cadeira cativa, a ele reservada, que não é ocupada nas cerimônias ali realizadas.
(15) BONELLI, Maria da Gloria. O instituto da ordem dos advogados brasileiros e o estado: a profissionalização no Brasil e os limites dos modelos centrados no mercado. *RBCS*, v. 14, n. 39, p. 66, fev. 1999.

Nota-se, com esses requisitos, que o IAB era (e é) uma organização de elite dos advogados destinada a estudos, não com o inicial interesse de arrecadação como forma de automanutenção, mas, sim, com critérios de ingresso estabelecidos, como é a própria OAB hoje, porém com requisitos diversos. A intenção, pois, era fiscalizar, regular e moralizar a Justiça. Não era dotada de nenhum poder regulatório ou punitivo aos bacharéis que não pertencessem aos quadros associativos.[16]

Deve-se fazer um registro, embora distante do foco desta pesquisa, que foram os discursos e os trabalhos técnico-jurídicos do IOAB que influenciaram nas legislações e deram início à completa abolição da escravatura no Brasil. Isso pôde ser observado quando, em calorosas discussões e vencido na votação em matéria relacionada ao tema, Teixeira de Freitas renunciou ao cargo de presidente do Instituto, após três meses de início de seu mandato. Disso, resultou seu esquecimento durante algum tempo.[17]

A participação nas discussões sobre os cativos brasileiros, de alguma forma, faz refletir que, embora ligados às elites intelectuais e políticas da época, os advogados não se distanciaram das questões sociais, políticas e econômicas do país. Afinal, eles guardaram certa sensibilidade que foi intensamente reacendida em vários momentos da história. Também, por outro lado, não passaram ao largo das campanhas pela indenização dos senhores de escravos, por parte do Estado, com a abolição, já que os escravos eram considerados coisas, propriedades suas.

Ainda importa expressar que esse grupo "de elite" organizado contribuiu para a primeira onda de direitos — direito à liberdade — com os discursos proferidos, mediante críticas ao governo brasileiro e ao sistema escravocrata, intensos nesse período. Tal acontecimento pode justificar a distância que começou a surgir com o Estado, com os poderes constituídos, em período posterior à sua formação e certa autonomia quanto aos pensamentos e posicionamentos num viés mais social. De certa forma, entretanto, não era unânime no próprio grupo, já que alguns tinham receio de desagradar "a vontade augusta", tanto que provocou a renúncia de Perdigão Malheiros.[18]

Se na história do IOAB, houve renúncias por discordâncias de ideias — a primeira de Teixeira de Freitas e a segunda de Perdigão Malheiros —, existiram

---

(16) A sede do IAB encontra-se, até os dias atuais, na Av. Marechal Câmara, n. 210, Castelo, Rio de Janeiro, com as cadeiras cativas com os nomes dos primeiros presidentes.
(17) MEDEIROS, Benizete Ramos. O IAB e a questão da escravidão no Brasil Imperial — o entrevero jurídico — breve histórico. *Revista LTr*, v. 74, jul. 2010, p. 821-823.
(18) COELHO, Edmundo Campos. *As profissões imperiais, medicina, engenharia e advocacia no Rio de Janeiro: 1822-1930*. Rio de Janeiro: Record, 1999. p. 68.

também, em outro momento, gestões de 19 anos ininterruptos, como a que ocorreu com o oitavo presidente, Saldanha Marinho, eleito em 1873. Esse momento foi marcado por menos direcionamento técnico-jurídico ao Estado e mais voltado para participação de grandes mudanças do país como a abolição da escravatura, fim do Império, primeiros anos da República, a separação entre Igreja e Estado.

Ademais, registra-se outro dado importante do ponto de vista da isenção técnica e política: o IOAB oficializa, após a gestão de Saldanha Marinho, por meio de reforma estatutária ocorrida em 1895, a proibição a pronunciamentos em questões políticas. Os debates ocorridos e as teses apresentadas ao governo, mesmo em assuntos políticos e sociais, deveriam guardar o cunho estritamente científico, com neutralidade. Afinal, estavam adstritos ao auxílio técnico-científico e não tinham intenção de influir nas decisões.[19]

Bonelli[20] não está convencida dessa tentativa de se tentar desligar do governo, uma vez que suas pesquisas revelam que "o apoliticismo não se consolida como um valor que dê identidade ao grupo". Essa impressão é extraída, pela autora, com base no exame dos discursos de homenagens aos sócios anteriores e falecidos, dos quais se depreende que "as paixões pela política continuam bem vivas".

A alternância entre proximidade e distanciamento de certos grupos profissionais organizados com o governo, em momentos de sua história, parece ser comum, pois se verificou isso nas pesquisas feitas acerca da ABRAT, como também com o antigo IOAB e a própria OAB. Esses dados serão retomados nos capítulos seguinte, no resgate histórico da associação pesquisada.

Quanto à mudança de nome de IOAB para IAB, encontrou-se informação nos estatutos do IAB de 1950, que, em nota de rodapé, na primeira página, faz referência à essa alteração: "Essa denominação, que era a primitiva, foi depois alterada para Instituto da Ordem dos Advogados Brasileiros e afinal restabelecida com a aprovação da presente reforma dos Estatutos". Ou seja, o IOAB era denominado IAB, o que, provavelmente, foi bem no início, pois, somente nesse documento, foi possível obter essa informação. Essa denominação originária é encontrada no primeiro Estatuto da Instituição, cujo trecho se extrai do discurso de Montezuma[21]:

> Art. 1º Haverá na capital do Império um Instituto com o título — Instituto dos Advogados Brasileiro — do qual serão membros todos os

---

(19) BONELLI. *Op. cit.*, p. 70.
(20) *Idem*.
(21) Documento disponível no IAB, 1977.

bacharéis de direito que se matricularem dentro do prazo marcado no regimento interno, onde igualmente se determinarão o número e qualificação dos membros efetivos, honorários e supranumerários residentes na Corte e nas províncias.

Art. 2º O fim do Instituto é organizar a Ordem dos Advogados, em proveito geral da ciência e da jurisprudência.[22]

O IAB continua a existir como instituição técnica de consultoria, com elaboração de projetos de lei, pesquisas, pareceres. Sua atuação, inclusive, se dá com viés político de combater certos projetos entendidos como nocivos pela comissão específica relacionada ao tema ou à área.

Noventa anos após o surgimento da primeira associação do primeiro grupo profissional de advogados, nasce a OAB com objetivos de organização dos advogados, com filiação obrigatória e massiva, de reserva do mercado e com uma estrutura punitiva. Não era mais espaço exclusivo do grupo de profissionais liberais de elite, de auxílio técnico ao governo e à Justiça. Todos aqueles que se bacharelassem em Direito que fossem exercer a profissão deveriam ser obrigatoriamente inscritos e, portanto, vinculados à OAB.

1.2. O surgimento da OAB e seu papel

A regulação profissional de advogado pela OAB é feita de forma independente, consoante ensino de Coelho: "o traço importante e que distingue as profissões em sua dimensão corporativa seria, em primeiro lugar, a capacidade de auto regulação coletiva", associado a regulação do mercado de prestação de serviços que é oferecido e vista como um "monopólio".[23]

A autorregulação e o controle de mercado de serviços ocorreram com a eliminação de práticas e praticantes concorrentes e não qualificados por meio de alguma modalidade de treinamento formal. No caso da advocacia, os aprendizes e solicitadores que vieram a ser extintos e, em alguns países, como na Inglaterra, o próprio magistrado controlava o exercício da advocacia na sua jurisdição.[24]

Em 18 de novembro de 1930, foi criada a Ordem dos Advogados do Brasil, por meio do Decreto n. 19.408. Seu primeiro regulamento e o Conselho Fede-

---

(22) VENÂNCIO FILHO, Alberto. Notícias Históricas da Ordem dos Advogados do Brasil, 1930/1980 (Trabalho de pesquisa produzido para sessão comemorativa dos 50 anos da OAB). Impresso na Oficina folha carioca, 1982. p. 14.
(23) COELHO. Op. cit., p 25.
(24) Ibidem, p. 37-38.

ral foram criados em 14 de dezembro de 1931 pelo Decreto n. 20.784, e, em 12 de outubro de 1933, pelo Decreto n. 23.196, respectivamente. A origem, no entanto, está no seio do IOAB, pelo qual, desde o ano de 1857, o então presidente Caetano Soares e, posteriormente, Perdigão Malheiros solicitaram a outorga da regulamentação da criação da Ordem dos Advogados e insistiram nela. Tal projeto, na época, foi aprovado pelo Senado, mas obstaculizado pela Câmara dos Deputados.[25]

Porque a IOAB não tinha papel punitivo tampouco regulador da profissão de advogados em geral, era necessário, para esse grupo de advogados, o estabelecimento de uma associação com fins estatutários específicos. Para isso, dependia de aprovação por lei, embora, nos estatutos, a principal missão do IOAB fosse organizar a ordem dos advogados, com o que discordava alguns de seus dirigentes como Saldanha Marinho, que, inclusive por essa razão, desejou alterar os estatutos, sem êxito.

O certo é que, durante várias décadas, se tentou criar a Ordem dos Advogados, e inúmeros foram os obstáculos, dentre eles o receio de um poder paralelo por parte do governo. Mesmo durante a primeira República, o Congresso Nacional considerou a proposta incompatível com o sistema constitucional vigente, dada sua ênfase na liberdade, na autonomia dos Estados e na descentralização, ou seja, a Ordem se apresentava uma ameaça dos poderes constituídos.[26]

Com as primeiras tentativas sem êxito, foi criado, em 1917, um Conselho da Ordem, com papel regenerador da profissão, com poderes disciplinares limitados aos sócios. Com isso, buscava-se o fortalecimento dos Institutos Estaduais, existentes no ano de 1919 nos estados do Rio Grande do Sul, Minas Gerais, São Paulo, Espírito Santo, Pernambuco, Bahia, Sergipe e Maranhão.

Dessa forma, é bom notar que o grupo de advogados vinha tentando, por várias décadas, a constituição de uma Ordem para autorregulação e reserva de mercado, com intenção de oferecer algum tipo de proteção aos seus membros. A criação não partiu da vontade governamental simplesmente ou de uma política corporativa do governo getulista, e sim do grupo de advogados, que somente logrou êxito quase 90 anos depois. "Foi nesse contexto, e em sintonia com as aspirações de renovação e modernização do País, que se deu a criação da Ordem dos Advogados do Brasil, tendo como personagem central a figura do então procurador-geral do Distrito Federal, André de Faria Pereira".[27]

---

(25) BONELLI. *Op. cit.*, p. 67.
(26) BONELLI. *Op. cit.*, p. 68-71.
(27) OAB Conselho Federal. *A Constituinte de 1823 e os cursos jurídicos*. Disponível em: <http://www.oab.org.br/historiaoab/antecedentes.htm#cursos_juridicos>. Acesso em: 5.1.2015.

Em Bonelli, essa informação se confirma:

> Como a OAB é criada, em 1930, por Getúlio Vargas, ela acaba sendo tratada na bibliografia apenas como uma iniciativa da política corporativa de seu governo, e não como uma proposta de profissionais que, finalmente, obtém sucesso na estratégia que vinham implementando por várias décadas.[28]

Encontra-se ainda nas informações da história da OAB, no *site* do Conselho, que, em virtude das dificuldades encontradas para implantar a Ordem em todo o território nacional, o Decreto n. 22.266, de 28 de dezembro de 1932, adiou para 31 de março de 1933 a execução do Regulamento, inicialmente prevista para 1º de maio de 1932. O Decreto n. 22.478, de 20 de fevereiro de 1933, aprovou e mandou consolidar, com as modificações posteriores introduzidas pelos Decretos n. 21.592, de 1º de julho de 1932 e n. 22.039, de 1º de novembro de 1932, os dispositivos regulamentares da OAB.[29]

Segundo a mesma autora[30], em 1910 o Instituto aumentou as exigências para ingresso em seus quadros, passando de dois para quatro anos o tempo de exercício profissional. Na época em que, finalmente, foi criada a OAB, "o contingente de filiados em 1930, já era um grupo maior, com 328 membros efetivos, 61 avulsos, 135 correspondentes (82 nacionais e 53 estrangeiros) e 69 sócios honorários". O que dificultava, entretanto, a aprovação do projeto de criação da OAB era, para essa autora, "o fato de ela vir atuar num campo onde o Legislativo e o Judiciário já ocupavam espaços, com forte resistência a ceder sua jurisdição". Se já podendo fazer uma pálida comparação com o objeto desta pesquisa, o subgrupo de advogados não encontrou obstáculos externos à criação da instituição, embora tivesse havido as controvérsias estabelecidas à formação da primeira diretoria e regularização da associação, como se verá mais à frente.

Buscando estabelecer o que seja ordem profissional e Conselhos Profissionais no Brasil para efeitos de reserva de mercado e autorregulação, Ivan Alemão[31] traça uma distinção, adotando, inclusive alguns termos. AdvKerte, com isso, a intenção de melhor trabalhar esses conceitos, assumindo que: "Decidimos, também, chamar os Conselhos profissionais brasileiros de *Ordens Profissionais*, que é um nome mais global, enquanto Conselho é uma designação mais identificada com cúpula administrativa". Para ele, então, a Ordem possui um Conselho, que possui os Conselhos estaduais, chamados de seccionais.

---

(28) BONELLI. *Op. cit.*, p. 71.
(29) OAB. Conselho Federal. *A Constituinte de 1823 e os cursos jurídicos*. Site citado.
(30) BONELLI. *Op. cit.*, p. 72.
(31) *Ibidem*, p. 138.

No caso da ABRAT, entidade nacional, é formada pelas Associações Estaduais como por exemplo, no Rio de Janeiro, a Associação Carioca de Advogados Trabalhistas — ACAT e, em São Paulo, Associação de Advogados Trabalhistas de São Paulo — AATSP, nas quais se filiam os advogados. A filiação individual do advogado às associações estaduais é opcional, mas, uma vez feita é devida a contribuição, também chamada de anuidade, que estabelece a condição de membro. É bem verdade que há associações estaduais, como no caso da Associação Fluminense de Advogados Trabalhistas — AFAT — que não tem contribuição obrigatória.

O IOAB que mais tarde (informação de 1950), teve sua denominação alterada para Instituto dos Advogados Brasileiros — IAB, não perdeu a característica de grupo de profissionais ocupados com a contribuição técnico-jurídico do estado, na criação de ideias e pareceres, no auxílio à jurisprudência, embora também um grupo com aspecto político. Segundo Bonelli[32] (em 1999), o IAB ainda vem guardando a condição originária de assessorar o Estado, com uma "visão de esquerda, que prega a democracia econômica e critica o Estado neoliberal".

1.2.1. A natureza e o papel da OAB

A Constituição Federal de 1988, se, por um lado, aclarou a condição dos sindicatos, afastando a intervenção estatal, não o fez em relação aos Conselhos profissionais, mas a OAB obteve sua independência perante o Congresso nacional. De forma mais objetiva, essa condição ficou clara, quando dos estatutos em 1994 (Lei n. 8.906/1994), que mantiveram sua independência, salvo quanto ao controle pelo TCU. Precisamente quanto à sua natureza, extrai-se, da Portaria n. 1.874, de 2005 do MEC e o do TCU, que a OAB é considerada autarquia especial, independente do Estado. Assim, tendo nascida como serviço público federal pelo Decreto de 1931, passando, posteriormente, em 1961, para "prestação de serviços públicos".

Quanto ao seu papel, é reguladora da profissão de advogados, com a função de serviço público federal, por ser autarquia com *status* especial", que preserva seu autogoverno. A despeito disso, sofreu ameaça de intervenção do Estado, em duas oportunidades. A primeira em 1955, com o governo Dutra, quando, por meio do Tribunal de Contas, tentou-se submetê-la à fiscalização por entender que a OAB era um serviço público federal. Posteriormente, no período do regime militar, em 1968, foi proposto que a OAB fosse controlada pelo Ministério

---

(32)   BONELLI. *Op. cit.*, p. 74.

do Trabalho. Ambas as disputas não tiveram êxito na Justiça, mantendo-se a autonomia e independência.[33]

Voltando a Alemão, que faz indicativo de que o STF posicionou-se acerca da natureza da OAB:

> A Lei n. 9.649/1998, em seu art. 58, afirma que "os serviços de fiscalização de profissões regulamentadas serão exercidos em caráter privado, por delegação do Poder Público, mediante autorização legislativa", ficando a OAB expressamente excluída dessa definição (§ 9º do mesmo artigo). Ao comentarmos esse artigo no tópico 3.3 argumentamos que a OAB fez uma enorme ginástica jurídica para qualificar os conselhos profissionais e, em especial, ela própria. Recentemente, na fundamentação de uma ação direta de inconstitucionalidade (ADIn n. 3.026, de junho de 2006, relator Eros Grau) em que se discutia se os empregados da OAB deveriam seguir o regime da CLT (o que foi confirmado), o STF posicionou-se pela autonomia da OAB.[34]

Seguindo, o autor transcreve parte do voto, do qual se extrai o item 3: "A OAB não é uma entidade da Administração Indireta da União. A Ordem é um serviço público independente, categoria ímpar no elenco das personalidades jurídicas existentes no Direito brasileiro".[35]

A OAB é estruturada com o Conselho Federal (âmbito nacional), as seccionais da OAB (âmbito estadual) e as subseções (âmbito municipal), estas últimas sem independência financeira. Cada seccional tem seu conselho próprio e independência financeira, além de comissões específicas por área.

Quanto aos Conselhos, Sindicatos e Associações, Coelho e Ivan fazem uma distinção que se faz mister trazer à colação, qual seja, de que os Conselhos fiscalizam o exercício profissional, os Sindicatos encaminham reivindicações de natureza trabalhista, e as Associações destinam-se a atender aspectos mais normativos e associativos. Cabendo, aos Conselhos profissionais, regulamentar no âmbito das atividades e funções privativas das profissões, com filiações compulsórias. No caso da OAB, atualmente, fazem-se necessárias a submissão e a aprovação ao exame da OAB, o qual, durante certo tempo, não era exigido, condicionando-se o ingresso aos quadros ao tempo de estágio de prática forense durante o curso.

---

(33) BONELLI. *Op. cit.*, p. 73.
(34) ALEMAO. *Op. cit.*, p. 147-148.
(35) *Ibidem*, p. 148.

O Conselho Federal organizou e criou, em 1934, o primeiro Código de Ética. O precursor dos estatutos de 27 de abril de 1963 — Lei n. 4.215 — foi o Decreto n. 22.478, de 20 de fevereiro de 1933, criador da Consolidação das Normas. Integra ainda a estrutura da OAB a Caixa de Assistência ao advogado, com recursos próprios, criada por lei (Dec.-Lei n. 4.563, de 11 de agosto de 1942 e regulamento Dec. n. 11.051, de 8 de dezembro de 1942)[36]. Atualmente, o Estatuto da OAB é regido pela Lei n. 8.906, de 4 de junho de 1994, cujo Regulamento geral foi criado em 1995, quando também nasceu o Código de Ética.

A ABRAT, instituição nacional do subgrupo profissional de advogados especializados no Direito do Trabalho e militância precípua na Justiça do Trabalho, não possui a estrutura da OAB quanto à assistência aos advogados, ao controle de mercado, como também não foi criada por lei, o que melhor se detalhará mais à frente.

Alemão[37] reconhece que como ordem profissional, a OAB é uma das maiores instituições brasileiras sem estar vinculada administrativa e politicamente ao Estado, possuindo instrumentos coercitivos de punições e tributações, bem como ligação estreita com os poderes Judiciário e Executivo. No Judiciário, faz parte das bancas de concursos (art. 93, I, da CF/88), indica, pela via da reserva de vaga, chamada quinto constitucional, membros para integrar os Tribunais, bem como é responsável pela indicação de dois membros para integrar o Conselho Nacional de Justiça — CNJ. Além disso, pode ajuizar ação de inconstitucionalidade, o que gera efeitos a todos os cidadãos, ou seja, no dizer de Alemão, "os advogados não fazem parte da justiça, mas ajudam a fazê-la".[38]

1.2.2. O papel autorregulador da OAB

A importância de se filiar às associações surge no século XIX, quando as corporações começaram a ser permitidas como opção, convivendo com as liberdades individuais da época. Segundo Alemão[39], fazem parte da sociedade tal como o Estado, com os aspectos positivos e negativos.

Para rastrear a importância da filiação corporativa, retrocedemos no tempo, procurando traçar um paralelo histórico entre os Sindicatos e as Ordens profissio-

---

(36) ALEMAO. *Op. cit.*, p. 136-137.
(37) *Ibidem*, p. 139.
(38) *Ibidem*, p. 143.
(39) *Ibidem*, p. 19-22.

nais. Esses dois tipos de corporações tiveram caminhos próprios, embora ambos, de algum modo, tenham vivido experiências de filiação com preocupações de defesa de grupos profissionais.[40]

Realça, ainda, que, do estudo específico sobre a OAB e sua relação com o mercado de trabalho, como associação de relevante importância no cenário jurídico, não foi encontrado outro exemplo na história do Brasil em que uma corporação tenha utilizado tão bem a filiação, mas com o intuito de controlar a oferta de advogados no mercado, a despeito do número de faculdades privadas que produzem profissionais. Com isso, surgiu um outro setor: os "desfiliados".[41]

Para Coelho, se a autorregulação oferece algum tipo de proteção aos seus membros, é, por outro lado, um sistema sujeito a inúmeras críticas em razão da obrigatoriedade da reserva de mercado, tendo em vista a submissão dos ingressantes a um exame técnico, além da exigência do diploma de bacharel em Direito.[42]

No diálogo com Alemão, é fundamental que o Conselho seja instituído por lei:

> A diferença entre um conselho instituído por lei e aquele apenas registrado é que, neste último caso, não há qualquer obrigação de o profissional se filiar para o exercício da profissão. Não basta a existência de uma lei regulando a profissão para que o credenciamento possa ser exigido, é necessário que o conselho seja instituído por lei, quando então passa a ter natureza de autarquia especial, diferentemente das demais associações.[43]

Aproveita-se aqui, nessa discussão de reserva de mercado, para falar de três figuras que existiam nos quadros da OAB: os "provisionados", tendo sido extintos gradativamente e já não mais existentes quando do Estatuto de 1994; os solicitadores, extintos em 1963 e os estagiários com permissão para postularem na Justiça do Trabalho (possibilidade extinta no final da década de 1980). Veja-se que essa luta pela reserva e regulação do mercado não é da estrutura da ABRAT. É certo, todavia, que postulou a participação dos advogados trabalhistas nas CCP, nos Tribunais Arbitrais (estes quando ainda tratavam de lides trabalhistas) e se movimenta pela extinção do *jus postulandi*, o que não afasta de vez o interesse no mercado.

Convém esclarecer, sobretudo aos advogados mais novos, que solicitadores eram os que detinham licença para exercer funções quase iguais às de advogado,

---

(40) ALEMAO. *Op. cit.*, p. 20.
(41) *Ibidem*, p. 135.
(42) COELHO. *Op. cit.*, p. 25.
(43) ALEMÃO. *Op. cit.*, p. 129.

com limite de instância, sem ser diplomados para tanto. Normalmente, as licenças eram concedidas em regiões com nenhum ou poucos advogados. Havia muitos tipos de solicitadores, conforme a época. Em 1963, com o Estatuto da OAB, limitou-se para só aqueles que já tinham essa autorização, os quais puderam continuar, mas, com restrição pelo Provimento n. 25, de 1966, continuavam somente com as atribuições dos estagiários, atualmente extintos.

Já os Provisionados também não eram portadores de diplomas, mas eram inscritos com essa condição na OAB, mediante autorização do Conselho, pelo período de quatro anos, renováveis, segundo critério do próprio Conselho. Podiam atuar somente em três comarcas e, em cada uma delas, só podiam ter três provisionados praticando atos de advogados, sempre limitados aos juízos da primeira instância.[44]

E os estagiários, por sua vez, perderam a possibilidade de postularem na Justiça do Trabalho, sem estarem acompanhados de advogado.

Essas informações aproximam-se da advocacia trabalhista, uma vez que tanto os provisionados como os solicitadores tinham previsão na própria CLT no parágrafo primeiro do art. 791: "Nos dissídios individuais os empregados e empregadores poderão fazer-se representar por intermédio do sindicato, advogado, solicitador, ou provisionado, inscrito na Ordem dos Advogados do Brasil".

A extinção dessas possibilidades de atuação na Justiça sem ter a condição de advogado, revela a capacidade de proteção do mercado de trabalho, aliada à tentativa de resgate do "grupo de elite", pela Ordem profissional, sobretudo visando uma maior qualificação e *expertise*.

Na Justiça do Trabalho, há a figura do *jus postulandi* presente ainda na sua estrutura e expressa nos arts. 791 e 839[45] da CLT, reafirmado recentemente a existência do instituto pela Súmula n. 424 do TST, segundo a qual "é a capacidade conferida por lei às partes, como sujeitos da relação de emprego, para postulares diretamente em juízo, sem necessidade de serem representadas por advogado". Há grandes discussões sobre esse instituto, notadamente, depois da CF/88, que estabeleceu no art. 133 que o advogado é indispensável à Justiça.

A ABRAT tem posicionamentos a favor da extinção do *jus postulandi*, com os argumentos de que atualmente os direitos discutidos nessa Justiça especializada

---

(44) ALEMÃO. *Op. cit.*, p. 149.
(45) Art. 791. Os empregados e os empregadores poderão reclamar pessoalmente perante a Justiça do Trabalho e acompanhar as suas reclamações até o final.

Art. 839. A reclamação poderá ser apresentada: a) pelos empregados e empregadores, pessoalmente, ou por seus representantes, e pelos sindicatos de classe.

são muito complexos, bem como pela assistência, de forma gratuita, por meio dos sindicatos de classe. Essa discussão, porém, será retomada mais à frente.

1.2.3. A forma de filiação e contribuição obrigatória

Além da filiação obrigatória para o exercício da profissão de advogado, da exigência de diploma, da submissão ao exame mediante provas, os advogados estão também adstritos ao pagamento da chamada anuidade, estabelecida de forma compulsória por autorregulação. Há, ainda, o recebimento destinado à Caixa de Assistência aos Advogados, oriundo de percentual das custas pagas ao Estado, por todo aquele cidadão, sem gratuidade de Justiça, que postula no Judiciário Estadual. Esses valores arrecadados sofrem controle do TCU, o que não ocorre com as anuidades, por não se tratar de dinheiro público. O controle é defendido pelo Ministério Público, sob o argumento de que a OAB é uma autarquia como outra qualquer.

A questão da obrigatoriedade, além da imposição de multas e taxas pelos serviços prestados pelas atribuições legais dos Conselhos, tem suscitado inúmeras críticas. Alemão, inclusive, alerta que a advocacia sempre defendeu interesses particulares e que (como já foi citado) não há nenhum outro exemplo na história do Brasil de que uma corporação tenha utilizado tão bem a filiação, como forma de controle de mercado.

A crítica avança a partir do momento em que alguns bacharéis não auferem a condição de ingresso nos quadros da Ordem e integram um novo grupo que Alemão chamou de "desfiliados" ou "trabalhadores marginalizados", isto é, os bacharéis em Direito, diplomados, que não foram aprovados no chamado exame da Ordem. Esse contingente aumenta à medida que ampliam, no Brasil, os cursos jurídicos em instituições privadas, mesmo com o controle do MEC e da própria OAB. Algumas instituições, mais preocupadas com o número de alunos do que com a qualidade, passam por sérios e intensos reconhecimentos do curso.[46]

O exame de ordem é o ingresso para se regular e permitir o exercício da profissão de advogado. Existem no país, atualmente, mais de 1.500 cursos de Direito. Assim, há um desequilíbrio e uma conta que não fecha. É certo, porém, que um grande número dos que cursam Direito têm seu interesse voltado para concursos ou para o avanço vertical no serviço público do qual já fazem parte. Disso, resulta em todo país, em estudos de 2007 que estão inscritos na OAB,

---

(46) ALEMÃO. *Op. cit.*, p. 135.

um quantitativo de 600 mil advogados e estima-se que 1,9 milhão de pessoas que se diplomaram não se inscreveram na Ordem, por motivos diversos. Logo 68,43% de bacharéis não são filiados e 31,57% estão inscritos.[47]

Desse modo, a exigência advinda com o estatuto em 1963, com a Lei n. 4.215 (Estatuto), era o exame da OAB (realizado nas subseções) ou o estágio forense. Atualmente, exigem-se ambos, e o número dos que não logram êxito nos exames é muito grande, chegando mesmo em algumas universidades ao patamar de menos que 10% dos inscritos, conforme quadros demonstrativos na obra de Alemão, que observa: "Os filiados lutam desesperadamente para não se precarizarem e nessa luta acabam precarizando seus pares".[48]

Não se entrará nos pormenores dessa discussão, mas o certo é que, para evitar essa perda de identidade de elite e reduzir a massificação, já se iniciavam na década de 60 durante a X Conferência Nacional da OAB, propostas de especialização e classificação por área, projeto que não resultou em êxito. Se há um grande número de bacharéis sem poder exercer a profissão e se viola o Código de Ética (art. 34, I) a utilização pelo advogado, desses "profissionais", o resultado é uma desfiliação compulsória. A perda da condição de estagiário e surgimento de um estado socioprofissional chamado de "limbo" vem crescendo na medida em que a OAB aumenta o grau de dificuldade do exame e as instituições fazem captação de alunos nos cursos superiores, com diversas ofertas, optando uma boa parte, para cursos de Direito. De qualquer forma é bom lembrar que, diferentemente do passado, quando o bacharel tinha até dois anos para ser aprovado no exame da OAB, atualmente pode se submeter a tantos quantos concursos desejarem no intento de ingressarem nos quadros da OAB e poderem efetivamente exercer a advocacia.

Como controle de mercado, uma outra modalidade de autorregulação é a exigência do parecer da OAB na criação de novos cursos jurídicos. Com isso, é a única corporação no país que ostenta esse *status* de interferir na ampliação e criação de novos cursos. Por adotar o papel regenerador da profissão, com poderes disciplinares limitados a seus membros, com adesão obrigatória e regulamentação nacional, chegou, por isso, a ser compreendida com a função de um serviço público federal a todos os que pretendem exercer a advocacia, independente da especialização.

Assim sendo, a OAB, diferentemente da ABRAT restringe o número de filiados para garantir o seu prestígio social mediante o exame de habilitação

---

(47) ALEMÃO. *Op. cit.*, p. 196.
(48) *Idem.*

profissional — como já se viu — e a criação de regulamentos e provimentos para atingir os filiados, com a utilização de penalidades em processos disciplinares, o que no dizer de Alemão, que se dispôs a analisar profundamente a instituição, observou que: "A OAB costuma deixar os advogados competirem livremente dentro do mercado, mas quando a situação põe em risco a normalidade dessa liberdade vigiada ela intervém, ainda que limitada ao argumento ético legal"[49]. Além disso, para aquele intento, busca a ocupação de espaços governamentais, em nome de representação da classe, na participação em apoio a projetos de lei, com sugestão, inclusive, de propositura de CPI.

1.2.4. A luta pela reserva de mercado e a desjudicialização

Com algumas mudanças que advieram notadamente na década de 1990, sobretudo no campo político, social e econômico assistia-se a uma grande campanha para desjudicialização, que consiste na retirada do judiciário, de forma opcional ou obrigatória, das decisões de litígios. Se do ponto de vista social e jurídico, ela pode ter vieses bem positivos, com a solução rápida e menos onerosa na solução de um litígio e a maior eficácia na pacificação social, por outro lado causou à advocacia uma redução do mercado de trabalho, por isso reagiu. Isso decorre do fato de, se uma das intenções da desjudicialização é tornar menos oneroso para a sociedade a recomposição dos conflitos, a presença obrigatória do advogado contraria essa lógica. Com isso, a luta pela reserva de mercado se acirrou.

Com a prescindibilidade dos advogados em juizados especiais e espaços extrajudiciais, como formas alternativas de solução de conflitos, a exemplo dos Tribunais Arbitrais, das Comissões de Conciliação Prévia (essa na Justiça do Trabalho), nos divórcios consensuais, nos inventários e partilhas (esses dois últimos atualmente feitos diretamente nos cartórios extrajudiciais, por força da Lei n. 11.441/2007 que alterou o Código de Processo Civil), a reação do grupo profissional agitou o cenário político. Algumas dessas formas e soluções apresentadas para desafogar o judiciário e trazer economia mantiveram a necessidade da participação do advogado como o divórcio consensual e o inventário, o que não ocorreu em outros, como a solução do litígio nas CCP e nos Tribunais Arbitrais.

Alemão[50], referindo-se à experiência da desjudicialização no Brasil, comparando com a experiência de Portugal, ensina que "surgiu aqui na onda liberalizante,

---

(49) ALEMÃO. *Op. cit.*, p. 161.
(50) *Ibidem*, p. 158-159.

na qual a redução dos custos e o afastamento do Estado dos negócios são vistos como a grande solução dos problemas do país, embora na verdade, não haja tanta preocupação com os direitos sociais". De fato, as Comissões de Conciliação Prévia — CCP — Lei n. 9.958/00 e os Tribunais Arbitrais, Lei n. 9.307/96, que ganharão reflexão maior mais à frente revelaram, ao longo do tempo, ao menos na esfera dos direitos trabalhistas, inúmeras fraudes, desmandos com reflexo na renúncia dos direitos do trabalhador que, desavisado ou enganado acreditava muitas vezes estar diante do Sindicato de Classe; do Ministério do Trabalho ou mesmo da própria Justiça do Trabalho.

O autor ainda esclarece que uma das primeiras normas, senão a primeira desse processo de retirada da participação do Estado nos conflitos foi quando se alterou a ação de consignação em pagamento — Lei n. 8.951/1994, que mudou o Código Civil — utilizada quando o credor, por algum motivo se nega a receber, comum nos conflitos que envolvem locador e locatário de bens imóveis, passando com a alteração, a permitir que o devedor efetuasse o depósito em estabelecimento bancário, dispensando o ajuizamento da ação e do advogado.

Não podendo deixar de mencionar ainda, mesmo que de forma breve, uma outra forma de interferência no mercado de trabalho do advogado partindo, porém do STF, que foi a Súmula Vinculante n. 5, de 2008, segundo a qual: "a falta de defesa técnica por advogado no processo administrativo disciplinar não ofende a Constituição". Isso tornou, portanto, desnecessária a participação do advogado nos processos administrativos. Houve reação por esse quadro de profissionais, com fundamento no já referido art. 133 da Constituição Federal de 1988 que expressa a indispensabilidade do advogado à administração da Justiça.

Sem esmorecer, contudo, ainda que com perdas nessa ocupação de espaço e reserva, a conquista advinda com o Estatuto da OAB de 1994, quanto aos honorários sucumbenciais, foi um grande avanço nesse particular. Com ele, passou-se a ser devido ao advogado que trabalhou na causa, e não à parte, como previsto no Código de Processo Civil de 1973. Tal direito não é estendido na Justiça do Trabalho, salvo quando houver assistência sindical, por força do entendimento consolidado na jurisprudência do TST, por meio da Súmula n. 329, segundo a qual: "Mesmo após a promulgação da CF/1988, permanece válido o entendimento consubstanciado na Súmula n. 219 do Tribunal Superior do Trabalho".[51]

Quanto a esse tópico, tratado aqui aparentemente sem nenhuma correspondência com o suporte teórico ao objeto da pesquisa, converge, entretanto,

---

(51) BRASIL. TST, *Livro de súmulas*. Disponível em: <http://www.tst.jus.br/documents/10157/63003/Livro-internet.pdf>. Acesso em: 20.4.2014.

para dois pontos que serão tratados posteriormente que é a grande participação da ABRAT no período neoliberal. As CCP e os Tribunais arbitrais serão tratados com especial atenção por representarem umas formas de perda de mercado do grupo especializado e por apontar para redução de direito trabalhistas. Isso já se confirma aqui com o autor paradigma para quem "a desjudicialização, como dissemos, tende a tornar os atos menos seguros juridicamente, ainda que os torne mais célere e, raramente mais barato. Talvez nem seja mais barato o célere para as partes ou clientes".[52]

1.3. Os grupos de advogados por especialização

Não se viu nos autores pesquisados a informação de inscrição nos quadros da OAB por especialização, por escolha da área de atuação no Direito do Trabalho, no Direito Civil, no Direito Penal, no Direito Tributário, no Direito Público, no Direito do Consumidor, Direito de Família ou outros ramos. A própria OAB não estabelece essa divisão em sua estrutura e não tem registro dos advogados especializados ou das Associações, uma vez que não é obrigatório qualquer informação ou mesmo autorização da ordem profissional para criação.

A ampliação dos direitos e as mudanças sociais do século passado, no entanto, imprimiram uma sociedade diversificada e, consequentemente, conflituosa, que vem avançando nas diversas áreas. Com isso, fez surgir a necessidade de especialização e aprofundamento técnico em determinados ramos do Direito, além de busca por condições de trabalho na Justiça respectiva, algumas desdobradas como os juizados cíveis e criminais, as varas da Infância e da Juventude. A própria justiça estadual, em quase todas as cidades, não é mais única entrância.

Para estabelecer um ponto de comparação com o objeto da pesquisa e seguindo essa linha de pensamento da especialização, buscou-se localizar — e com certa dificuldade —, partindo de busca virtual, a existência das seguintes associações de advogados regularmente constituídas em âmbito nacional: (i) Associação Brasileira dos Advogados Públicos — ABRAP, fundada em 6 de dezembro de 2007; (ii) Associação Brasileira de Advogados Criminalistas — ABRACRIM, fundada em 17 de setembro de 1993; (iii) Associação Brasileira de Advogados Civilistas — ADCIVEL (não foi encontrado no site data de fundação); (iv) Associação Brasileira de Advogados de Família — ABRAFAM, fundada no ano de 2009; (v) Associação Brasileira de Advogados Tributarias — ABAT (não há data de fundação no site); (vi) Associação Brasileira de Advogados Ambientalistas —

---

(52) ALEMÃO. *Op. cit.*, p. 162.

ABAA, fundada em 1993; (vii) Associação Brasileira de Advogados de Empresa e Consorcio — ABAEC, fundada em 22 de abril de 1987 (ligada à área consorcial); (viii) Associação Brasileira dos Advogados de Direito Imobiliário — ABAMI, fundada em 1989; (ix) Associação Brasileira dos Advogados Eleitorais — ABRAE, fundada em 11 de agosto de 2009; (x) Associação Brasileira de Advogados do Povo — ABRAPO (sem informação quanto à data de fundação); e (xi) Associação Brasileira de Advogados — ABA, fundada em 2002 (não há especialização nem a data específica no *site*).

Algumas delas são apresentadas, com mais informações. Veja-se:

> Foi criada para a defesa e desenvolvimento da advocacia pública exercida pelos integrantes de carreiras jurídicas típicas de estado. Seu surgimento veio para a representação dos interesses profissionais dos advogados públicos integrantes de carreiras jurídicas estaduais, principalmente no âmbito das autarquias e fundações estaduais, municipais e, também, dos advogados que exercem suas atividades junto aos Poderes Legislativos em suas três esferas, inclusive, Tribunais de Contas, embora não exclua a possibilidade de participação de qualquer espécie de advogado público que eventualmente esteja representado por outra entidade nacional.[53]

ABRACRIM foi fundada por ocasião I Encontro que ocorreu no dia 17 de setembro de 1993. Do *site*, exsurge que o atual presidente do IAB faz parte do comitê gestor, juntamente com outros importantes juristas, e se encontra a seguinte informação:

> Nasceu a ABRACRIM da deliberação dos presidentes de 8 Associações Estaduais: — Associação Paranaense dos Advogados Criminalistas — Presidente: Elias Mattar Assad (entidade que sediou o evento); — Associação dos Criminalistas de São Paulo — Presidente: Luís Flávio Borges D'Urso; — Associação dos Advogados Criminalistas de Sergipe — Presidente: Emanuel Messias de Oliveira Cacho; — Associação dos Advogados Criminalistas de Santa Catarina; — Presidente: Evaldo Sebastião Teixeira; — Associação dos Advogados Criminalistas do Piauí — Presidente: Flávio Teixeira de Abreu; — Associação dos Advogados Criminalistas do Espírito Santo — Presidente: José Américo Petroneto; — Associação dos Advogados Criminalistas do Pará — Presidente: Osvaldo de Jesus Serrão de Aquino; — Associação dos Advogados Criminalistas do Rio Grande do Sul — Presidente: Antonio Bento Maia da Silva.[54]

---

(53) ABRAP. Disponível em: <http://abrap.org.br/>. Acesso em: 20.4.2015.
(54) ABRACRIM. Disponível em: <http://www.abracrim.adv.br/>. Acesso em: 20.4.2015.

ADCIVEL, atualmente, está sem funcionamento, ao menos é o que se pode constatar com base na seguinte informação encontrada: "Nome fantasia — ADCIVEL — Razão Social ASSOCIAÇÃO BRASILEIRA DE ADVOGADOS CIVILISTAS ADCIVEL CNPJ 31.606.023/0001-78; Data da abertura — 20.8.1987 — *Status* da empresa Baixada; Motivo da situação cadastral — INAPTIDÃO (Lei n. 11.941/2009, art. 54). Data de ocorrência: 31.12.2008. Natureza jurídica 399-9 — Associação Privada".[55]

No que diz respeito à ABRAFAM: "Finalidade e Objetivos: Objetiva a integração, troca de experiências e ampliação da rede de contato entre seus associados. Além disso, a ABRAFAM objetiva ser a referência para propor melhorias e inovações que auxiliem no trabalho do Advogado de Família".[56]

Quanto à ABAT, verificaram-se os seguintes objetivos estatutários:

> Finalidade e objetivos: Reunir profissionais que atuam na área tributária a fim de criar um espaço para promover o estudo e o debate do direito tributário sob uma ótica pragmática e de acordo com a vivência intensa de profissionais que atuam na área e estão à frente de operações em seus escritórios, empresas e carreiras públicas;
>
> Fomentar o estudo do direito tributário aliado a outros temas relevantes para o exercício da advocacia tributária, ajudando na formação e adaptação dos profissionais aos desafios de mercado [...]
>
> Capacitar os profissionais, complementando a sua formação para que saibam lidar com as exigências de um mercado competitivo [...]
>
> Estimular e manter uma parceria entre acadêmicos e executivos de organizações ligados direta ou indiretamente à advocacia tributária [...]
>
> Promover a publicação de estudos jurídicos tributários sobre temas atuais e relevantes para o exercício da advocacia tributária, bem como sobre os demais temas afins.[57]

Já a ABAA tem entre seus principais objetivos:

> A difusão das normas jurídicas de Direito Ambiental e seu estudo científico junto aos diversos segmentos da sociedade, através da realização de congressos, debates, conferências, reuniões, cursos, publicações, pareceres, dentre outros meios hábeis. Busca promover

---

(55) *Empresas do Brasil*. Disponível em: <http://empresasdobrasil.com/empresa/adcivel-31606023000178>. Acesso em: 20.4.2015.
(56) ABRAFAM. Disponível em: <http://abrafam.com.br/blog/>. Acesso em: 20.4.2015.
(57) ABAT. Disponível em: <http://www.abat.adv.br>. Acesso em: 20.4.2015.

o desenvolvimento da advocacia ambiental, lutando pela integração e organização dos profissionais da área, visando o aperfeiçoamento e melhoria do mercado de trabalho. Procura, ainda, colaborar com as autoridades governamentais e lideranças empresariais no sentido de aperfeiçoar o ordenamento jurídico ambiental.[58]

Quanto à ABAEC, constituem sua finalidade e seus objetivos: "unir a categoria na discussão de temas do Direito aplicado ao Consórcio".[59]

A ABAMI tem por finalidade e objetivos: "Fiel ao objetivo de incentivar o estudo do Direito e criar espaços de interação entre os advogados, atendendo às suas expectativas, disponibiliza aos seus Associados, uma série de serviços. Objetivo de prestar serviço em prol do mercado".[60] Em seu *site*, há a seguinte informação:

> Fundada em 1989 por um grupo de advogados, que constataram a necessidade de que existisse entidade para reunir permanentemente os advogados militantes no mercado imobiliário [...]. Com 25 anos de existência, a ABAMI conquistou projeção nacional, apoio da sociedade e credibilidade junto aos Poderes Executivo, Legislativo e Judiciário.
>
> A ABAMI, está instalada em sede própria, situada à Avenida Rio Branco 135, grupo 504, com área de 250m², no Centro Financeiro da Cidade do Rio de Janeiro.
>
> Hoje, a ABAMI conta com aproximadamente 450 Associados [...] Fiel ao objetivo de incentivar o estudo do Direito e criar espaços de interação entre os advogados, atendendo às suas expectativas, a ABAMI disponibiliza aos seus Associados, uma série de serviços. [...] com o objetivo de prestar serviço em prol do mercado imobiliário.[61]

Em relação à ABRAE, seu principal objetivo é assim indicado:

> Promover o estudo de assuntos relacionados com o direito eleitoral, mediante a realização de cursos, conferências, reuniões, palestras, congressos e a busca de informações no direito comparado para aperfeiçoamento do modelo brasileiro e participar ativamente dos temas relacionados à democracia brasileira.

---

(58) ABAA. Disponível em: <http://www.cadetu.com.br/abaa.org.br>. Acesso em: 20.4.2015.
(59) ABAEC. Disponível em: <http://www.abaec.com.br/>. Acesso em: 20.4.2015.
(60) ABAMI. Disponível em: <http://abami.org.br/>. Acesso em: 20.4.2015.
(61) *Idem.*

Além disso, visa também a apoiar os advogados eleitorais no exercício de sua profissão, criar mecanismos de cooperação entre os advogados eleitorais das 27 unidades da Federação, promover e estimular o convívio entre os associados, construir uma rede de interação desses entre si e oferecer serviços que facilitem o exercício da profissão.[62]

Já a ABRAPO não tem uma especialização, como também não se identifica a real natureza. Sua finalidade e objetivo é reunir para estudos os advogados do país "comprometidos com a luta do povo brasileiro pelos seus direitos, unidos aos povos do mundo que lutam contra as ações e guerras imperialistas da forma mais intensa".[63]

O mesmo ocorre com a ABA, que não indica especialidade. Segundo informação extraída de seu *site*, a associação "existe com o propósito de servir o advogado".[64]

É possível observar, dessa forma, que a maioria delas tem objetivos no aperfeiçoamento da área de atuação e proteção do grupo. Algumas permitem associação direta de seus membros; outras, como a ABRAP e a ABA, não têm especialidade. Nesse conjunto, a mais antiga delas é a ABRAEC, fundada em 1987.

Quer, contudo, deixar claro que é provável que existam outras Associações sem maiores destaques ou sem informações acessíveis pelos meios eletrônicos, de onde foram extraídos esses dados, tendo em vista que as buscas foram feitas por nomes e por áreas.

Passar-se-á no próximo capítulo a análise do ambiente de atuação dos advogados trabalhistas; a origem da discriminação ao grupo de advogados para entender e justificar a organização em patamar nacional, para no capítulo três contar a história da criação da ABRAT, sua forma de organização e militância na primeira fase.

---

(62) ABRAR. Disponível em: <http://abraeadv.blogspot.com.br/>. Acesso em: 20.4.2015.
(63) ABRAPO. Disponível em: <http://abrapo.org.br/>. Acesso em: 20.4.2015.
(64) ABA. Disponível em: <http://www.aba.adv.br/>. Acesso em: 20.4.2015.

Capítulo 2

OS TRABALHISTAS — A DISCRIMINAÇÃO

> *"Se queremos progredir, não devemos repetir a história, mas fazer uma história nova."*
> (Mahatma Gandhi)

Antes de adentrar à análise dos depoimentos que deram suporte a este capítulo, revelando as prováveis causas da criação da Associação Brasileira de Advogados Trabalhistas — ABRAT, necessário se fazer uma breve análise do ambiente no qual transitam o grupo de advogados trabalhistas, qual seja a Justiça do Trabalho, notadamente sua origem, estrutura e a especialização que tem íntima ligação com a discriminação verificada por décadas aos advogados trabalhistas e à própria Justiça do Trabalho.

2.1. O surgimento da Justiça do Trabalho

A Justiça do Trabalho, é considerada a casa do trabalhador, o espaço onde se solucionam os conflitos das relações entre o capital e o trabalho. É uma Justiça Federal, mas, nem por isso ficou indene aos ataques tanto oriundos dos poderes constituídos quanto de advogados e pessoas comuns da sociedade brasileira, com pechas reducionistas e de desvalorização.

O fato de que essa Justiça especial vinha de origem administrativa, tornava-a sem importância em seu nascedouro e nas primeiras décadas seguintes por vários fatores estruturais.[65] Para Maurício Godinho Delgado e Gabriela

---

(65) BOMFIM, Benedito C. Gênese do direito do trabalho e a criação da justiça do trabalho no Brasil. In: MEDEIROS, B. R. de (org.). *Refletindo sobre a justiça do trabalho. Passado, presente e futuro*: estudos em homenagem aos 50 anos da ACAT. São Paulo: LTr, 2013. p. 51-62.

Delgado⁽⁶⁶⁾, era "enigmática no sentido afirmativo de instituição direcionada à justiça social na estrutura da sociedade civil e Estados Brasileiros", mas que, em seu início, era um experimento das políticas sociais das décadas de 1930 e 1940 — a Justiça do Trabalho foi instituída por meio do Decreto-Lei n. 1.237, de 1º de maio de 1939, mas entrou em funcionamento em todo o país em 1º de maio de 1941. Posteriormente, no período democrático de 1945 a 1964, afirmou sua identidade e seu papel social, econômico e jurídico, impondo-se na "regressão autoritária de 1964 a 1985".

Em 1946, com a promulgação da novel Constituição, a Justiça do Trabalho se inseriu como órgão do Poder Judiciário, inclusive com as clássicas garantias asseguradas à magistratura, deixando, de forma definitiva, o âmbito do poder executivo. Isso, contudo, não lhe retirava o ranço de ser uma justiça considerada inferior, estigmatizada, que cuidava de uma relação com classe operária, ou seja, "do trabalho vivo" então desprendido da terra para servir, para vender sua força de trabalho. Tampouco outorgava àqueles que ali militavam a condição e o *status* semelhantes aos demais advogados. A causa disso era o fato de que aqueles que defendiam o trabalho o faziam para os que ostentavam a condição histórica de recém-saídos do regime de escravidão, da terra, cuja força de trabalho era mercadoria, que apenas tinha a serventia de estar a serviço do capital. Este, sim, era importante para a sociedade da época, tanto que o trabalhador rural não fazia parte do catálogo celetista. Ao contrário, era excluído por força do art. 7º, alínea *b*, revogado tacitamente com o Estatuto do Trabalhador Rural — Lei n. 4.214/1963.

A raiz do capitalismo se implantava, e a supremacia deste sobre o trabalho era consequência lógica. Nas décadas de 1930 e 1940, o rápido avanço dos parques industriais e o incremento das atividades comerciais transformavam o país em curto tempo, motivando alterações na ordem legislativa. Portanto, haveria de ter respaldo legislativo que suportasse os conflitos nascentes e anunciados.⁽⁶⁷⁾

Veja-se, em resumo, com Amauri Mascaro Nascimento⁽⁶⁸⁾, as fases que se seguiram e a estrutura da Justiça do Trabalho:

> A primeira fase inicia-se em 1907 com o Conselho arbitragem, editado o Decreto Legislativo n. 1.637, de 5 de janeiro de 1907, que criou os

---

(66) DELGADO, Mauricio Godinho; DELGADO, Gabriela Neves. Sete décadas da justiça do trabalho nos 70 anos da CLT. In: AASP — ASSOCIAÇÃO DOS ADVOGADOS DE SÃO PAULO. *Revista do Advogado*, ano XXXIII, n. 212, p. 216, nov. 2013.
(67) DELGADO; DELGADO. *Op cit.*, p. 5.
(68) NASCIMENTO, Amauri Mascaro. *Curso de direito processual do trabalho*. 27 ed. São Paulo: Saraiva, 2012. p. 77-87.

Conselhos Permanentes de Conciliação e Arbitragem, os quais não chegaram a ser implementados, por isso não houve resultado prático. Em 1911, foi criado, em São Paulo, o Patronato Agrícola, que teve o mesmo fim que os Conselhos Permanentes de Conciliação e Arbitragem; em 1922, a Lei n. 1.869 cria os Tribunais Rurais, presididos por um juiz de Direito e tinham composição paritária (um representante dos colonos e, outro, dos fazendeiros). A partir de 1930, com o Governo Provisório, várias normas trabalhistas passaram a ser editadas. Em 1932, o Decreto-Lei n. 21.396, de 12 de maio de 1932, criou as Comissões Mistas de Conciliação, destinadas a tentar compor conflitos coletivos de trabalho.[69]

Em 1932, por intermédio do Decreto-Lei n. 22.132, de 25 de novembro de 1932, foram criadas as Juntas de Conciliação e Julgamento, com competência para julgar os conflitos individuais de trabalho, mas sem poder executar suas próprias decisões. Todavia as Juntas só se reuniam por solicitação dos litigantes; só atendiam aos sindicalizados (os demais tinham que ir para Justiça Comum); os pronunciamentos não eram definitivos e não tinham caráter jurisdicional, pois eram órgãos administrativos; as decisões poderiam ser revisadas pelo Ministro do Trabalho, por meio de avocatórias.

Confirma Süssekind[70] que tais Juntas de Conciliação e Julgamento proferiam decisões que "valiam apenas como títulos susceptíveis de execução na Justiça Comum, cujas instâncias reexaminava, geralmente, os fundamentos da condenação". Nessa fase ainda, acresce esse autor[71], que, pelo Decreto n. 16.027, de 1923, foi criado o Conselho Nacional do Trabalho, como órgão consultivo, e transformado em 1934, pelo Regulamento aprovado pelo Decreto n. 24.748, em Instância Recursal da Previdência social e julgadora dos inquéritos instaurados contra empregados estáveis de empresas concessionárias de serviços públicos.

A segunda fase medeia entre 1934 a 1937, numa concepção ainda administrativa e que não se confundia com uma Justiça do Trabalho, como integrante do Poder Judiciário. Já se sinalizava, na Constituição Federal de 1934, a criação da Justiça do Trabalho, no art. 122 do capítulo da Ordem Econômica e Social, mas não a reconhecia como órgão do Judiciário, com competência para decidir questões entre empregados e empregadores. A Constituição Federal de 1937

---

(69) NASCIMENTO, Amauri Mascaro. *Curso de direito processual do trabalho*. 27 ed. São Paulo: Saraiva, 2012. p. 77-87.
(70) SÜSSEKIND, Arnaldo. História e perspectivas da justiça do trabalho. *Revista LTr*, São Paulo, v. 66, n. 2, p. 135, 2002.
(71) SÜSSEKIND. *Op. cit.*, p. 135.

manteve o texto e estabeleceu que a Justiça do Trabalho deveria ser regulada por lei, o que ocorreu em 1939, com o Decreto-Lei n. 1.237, de 2 de maio de 1939.

Essa fase vale trazer as considerações feitas por Süssekind[72] — que foi um dos construtores do Direito do Trabalho, já que participou da elaboração da CLT, e, até julho de 2012, quando veio a falecer, foi um dos grandes defensores dos direitos sociais — da consolidação e da regulamentação própria Justiça do Trabalho foi precedida por grandes debates e celeumas, capitaneados por Oliveira Vianna, Agamenon Magalhães, Geraldo Bezerra de Menezes e Waldemar Ferreira. O debate inicial a esse projeto tinha como argumento contrário e predominante a "expressa inserção de seus órgãos no capítulo da ordem econômica e social tanto na lei básica de 1934, como na de 1937". Posteriormente, no projeto elaborado por Agamenon Magalhães e Oliveira Vianna, submetido ao congresso Nacional em dezembro de 1935, era em razão do Poder normativo conferido à Justiça do Trabalho.[73] Por ser um aspecto histórico e peculiar dessa justiça especializada, visto que única a criar leis, vale a transcrição do argumento do idealizador:

> A Justiça do Trabalho, no regime constitucional brasileiro, tem a só e única função de dirimir questões entre empregadores e empregador regidas pela legislação social. Resolve ela casos concretos. Resolvendo-os firma os precedentes judiciários, a outros casos aplicáveis, por via da analogia. Por essa forma, e nesse sentido, ela pode criar normas jurídicas, de caso em caso, como a justiça ordinária. Fora isso, não.[74]

O debate é rico, merece ser lido, no entanto foge ao fundo desta pesquisa, razão pela qual deixa ao leitor a pista do retorno a esse texto citado, no particular da discussão do poder normativo. Ainda assim, instiga incluir mais um trecho curioso que estabelece um paralelo com a política getulista da época e a criação da Justiça do Trabalho, qual seja: "E na mensagem dirigida à Nação, para justificar a nova ordem jurídico-política e o fechamento do Congresso, foi mencionada a resistência do Legislativo à aprovação do projeto de lei referente à justiça do Trabalho".[75]

Ainda em 1937, após a Constituição Federal, o Governo Federal expediu Decreto-Lei n. 39, de 3 de dezembro, assegurando a intangibilidade das decisões das JCJ, com restrição, portanto, pelo juízo cível. Quando da execução, à defesa seriam restritas questões relacionadas a nulidades, prescrição ou pagamento da dívida.

---

(72) SÜSSEKIND. *Op. cit.*, p. 135.
(73) *Idem.*
(74) *Idem.*
(75) *Ibidem*, p. 136.

Somente na chamada terceira fase, a Justiça do Trabalho foi efetivamente organizada, em função do Decreto-Lei n. 1.237, de 1º de maio de 1939. Entrou, porém, em funcionamento em todo o país apenas em 1º de maio de 1941 de forma escalonada, integrada pelas Juntas de Conciliação e Julgamento, pelos Conselhos Regionais do Trabalho (hoje TRT) e pelo Conselho Superior do Trabalho (hoje TST).

Houve uma comissão para preparar a instalação dos órgãos da Justiça do Trabalho, que teve, como presidente do Conselho Nacional do Trabalho, Francisco Barboza de Rezende e a efetiva coordenação do procurador Geraldo Faria Baptista. Com isso, em 1º de maio de 1941, o Presidente da República declarou instalada essa Justiça e, no dia seguinte, os oito conselhos regionais e as trinta e seis juntas iniciaram o funcionamento. Como elucida Süssekind, "como Procurador Regional do Trabalho, coube-me, na companhia do então delegado regional do Trabalho Luiz Mezzavila, preparar a instalação do Conselho Regional do Trabalho da 2ª Região com sede em São Paulo — solenidade que não assisti, por ter sido designado, pouco antes, para funcionar junto ao Conselho Nacional do Trabalho".[76]

Em 1943, o Decreto-Lei n. 5.452, de 1º de maio de 1943, consolidou todas as leis trabalhistas em um único diploma. Enfim, a Justiça do Trabalho foi integrada ao Poder Judiciário, embora já houvesse legislações anteriores que estendessem aos juízes do trabalho as garantias de magistratura (DL n. 8737, de 19.1.1946 e DL n. 9767, de 9.9.1946). Nessa época, o STF já reconhecia caráter jurisdicional à Justiça do Trabalho, pela possibilidade de executar suas próprias decisões.

Somente em 1946, pelo Decreto-Lei n. 9.777, de 9 de setembro de 1946, foi definitivamente integrada ao Poder Judiciário, alterando a Carta Política desse mesmo ano, que seria promulgada dias depois (art. 94).[77] Süssekind, no entanto, faz referência a esse documento como Decreto-Lei n. 9.797, de 9 de setembro de 1946, completando que o projeto foi elaborado por Délio Maranhão e Geraldo Bezerra de Menezes. A Constituição Federal de 1967 manteve o poder normativo e a composição paritária, além de outras.

A Justiça do Trabalho, diferentemente das demais, tinha uma composição diferenciada. Integravam-se à sua estrutura os chamados juízes leigos ou classistas, que eram representantes dos empregados e dos empregadores e oriundos dos sindicatos de classe que os indicavam e elegiam para mandatos temporários e renováveis, ostentando o *status* de juiz do trabalho e com salários remunerados pelo Governo Federal, como o juiz togado.

---

(76) SÜSSEKIND. *Op. cit.*, p. 136.
(77) NASCIMENTO. *Op. cit.*, p. 77-87.

2.1.1. A quarta fase da Justiça do Trabalho e as grandes mudanças estruturais

É, pois, na quarta fase que se encontram as profundas alterações ocorridas na Justiça do Trabalho e no processo do trabalho como ponto de convergência. Isso começou com a Carta política de 1988, que trouxe a ampliação tímida da competência; em 1999 houve a extinção dos Juízes Classistas, por meio da Emenda Constitucional n. 24 (de 1999); a Instituição do rito sumaríssimo, com a Lei n. 9.957/2000; a instituição das Comissões de Conciliação prévia, como forma alternativa de solução de conflitos, pela Lei n. 9.958/2000; em 2004 uma grande alteração na estrutura com a Emenda Constitucional n. 45/2004, ampliando-se a competência da Justiça do Trabalho, para julgar, além das relações entre empregado e empregador, as de trabalho e outras competências.

A extinção dos juízes classistas ou juízes leigos da estrutura do judiciário trabalhista em 1999 e a ampliação de sua competência para ações além das relações de trabalho em 2004, foram os pontos mais marcantes dessa chamada quarta fase, tendo na ampliação da competência uma interferência na atuação da advocacia trabalhista.

A justiça do Trabalho, por julgar direitos relacionados ao Capital e ao Trabalho, atualmente mais ampliado para relações autônomas e outras, é um forte instrumento de justiça social e não por outra razão que em certas épocas, notadamente o período neoliberal, foi alvo de intensas críticas e ataques.

Aqui, anota-se parte do artigo de Mauricio Delgado e Gabriela Delgado, em reflexão sobre os 70 anos da Justiça do Trabalho:

> Portanto a Constituição de 1988 também fortalece o sentido axiológico atribuído a Justiça do Trabalho, fundado e ancorado no valor da justiça social, e que deve vincular a interpretação e aplicação do Direito, no marco do Estado Democrático de Direito. Ou seja, a Justiça do Trabalho é considerada um dos mais sólidos e democráticos instrumentos jurídicos e institucionais para concretização da dignidade do ser humano e dos direitos fundamentais nos conflitos de interesse do mundo do Trabalho.[78]

Para esses autores, há um forte elo entre os avanços dos direitos sociais e a Justiça do Trabalho. De qualquer forma, aprofundar a análise acerca do avanço da Constituição Brasileira pós-repressão não é o objetivo deste estudo, embora não se possa deixar de mencionar que a classe "dos que vivem do trabalho"

---

(78) DELGADO; DELGADO. *Op. cit.*, p. 216.

mereceu, nesse catálogo, um grande crédito, com vários artigos e incisos em torno dos direitos e garantias fundamentais.

Segundo Regina Morel e Elina Pessanha[79], a Justiça do Trabalho embora com toda a sua importância social tem sido pouco estudada, considerando que foi ameaçada, sem sucesso, por projetos do governo que previam transformações profundas ou mesmo sua extinção. De acordo com elas,

> A Justiça do Trabalho, no entanto, tem sido pouco estudada pelo mundo acadêmico, lacuna surpreendente sobretudo se levarmos em conta a filiação trabalhista de nossa cidadania social. Campo de lutas, alvo de disputa em torno de modelos diferenciados de sociedade e de institucionalização das relações capital/trabalho no Brasil.

Concretizando-se esse desejo de extinção, surge, no ano de 1992, a Proposta de Emenda Constitucional n. 96-A, de autoria do deputado Helio Bicudo (PT)[80], de São Paulo, com propostas de profundas alterações no Judiciário brasileiro. O Poder Legislativo contava as assinaturas para iniciar a comissão parlamentar da CPI do Judiciário.

No senado, Paulo Souto (PFL/BA)[81] sustentou, como suporte a essa intenção, os graves problemas estruturais da Justiça que, inclusive, segundo ele, colocavam em risco os Poderes da República. Isso corresponderia a gastos excessivos com obras e com pessoal e, especificamente em relação à Justiça do Trabalho, corroborou os gastos, além de identificar à referida CPI a lentidão, a corrupção, o nepotismo, o conservadorismo e a ineficiência.

Os desdobramentos dessa tentativa de extinção da Justiça do Trabalho serão tratados com aprofundamento posteriormente. O que se vai discutir, tendo como pano de fundo a ameaça aos direitos sociais, é a importância e necessidade de uma instituição especializada e organizada de forma independente da OAB. Afinal, ela efetivamente buscou a reafirmação do grupo e a luta pelo poder, ou meramente a interpolação com a Justiça do Trabalho e outras instituições, por meio da vigilância a atos que importem em empecilhos à ampla atuação do grupo e à redução de direitos sociais? De qualquer forma, em rasas ilações, busca-se com Romita, em texto comemorativo dos 70 anos da CLT, algumas breves referências:

---

(79) MOREL, Regina Lucia M.; PESSANHA, Elina G. da Fonte. A justiça do trabalho. *Tempo Social, Revista de Sociologia da USP*, v. 19, n. 2, nov. 2007.
(80) PFL/BA. Relatório do Senador Paulo Souto. *Proposta de EC n. 96-A*. Disponível em: <http://www.camara.gov.br/proposicoesWeb/fichadetramitacao?idProposicao=14373->. Acesso em: 10.10.2014.
(81) SENADO FEDERAL. *Relatório do Senador Paulo Souto (PFL/BA)*. Disponível em: <http://www.senado.gov.br/>. Acesso em: 20.7.2014.

Há setenta anos, foi promulgada a Consolidação das Leis do Trabalho. Em 1943, o Brasil vivia sob o império da Carta autoritária e corporativista de 10 de novembro de 1937. Em 1946, iniciou-se um período político de social-democracia, mas a regulação das relações de trabalho não sofreu qualquer modificação. Em 1964, dá-se nova recaída política com asfixia das liberdades públicas, em ambiente propício ao prosseguimento do regime autoritário e corporativista que vinha do Estado Novo. Em 1988, promulga-se uma Constituição que proclama, em seu primeiro artigo: o Brasil se constitui em Estado democrático de direito. Alguns avanços se registram: autonomia sindical (liberdade de ação perante o Estado), ênfase na negociação coletiva e regulação democrática do direito de greve. Tais alterações se refletem no conteúdo da CLT. Muitos dispositivos consolidados deixaram de viger, ante o princípio de recepção; por incompatibilidade com o novo ordenamento constitucional implantado em 1988, boa parte da Consolidação está revogada, notadamente no que diz respeito à organização sindical e às penalidades cominadas à greve. Nem tudo, porém, mudou: como o núcleo central do autoritarismo corporativista de 1937 ainda se mantém em vigor, acolhido pela Constituição de1988, inúmeros dispositivos consolidados atravessam os tempos, revelando notável vitalidade a despeito das oscilações políticas verificadas no País, de setenta anos a esta parte.[82]

Importante realçar que a Justiça do Trabalho é, hoje, espaço de atuação de grande parte dos novos advogados, que se somam aos que iniciaram no exercício da advocacia nas décadas anteriores. Dessa forma, é importante atentar para o que alertou Luiz Salvador, em texto produzido por ocasião da instituição do Dia do Advogado Trabalhista.

Quando se fala na atuação do advogado trabalhista, não se pode esquecer de Evaristo de Moraes, um dos pioneiros. De origem simples, já a nascente República, em 1890, Evaristo de Moraes participa da construção da primeira instituição socialista do Brasil — o Partido Operário; e é um dos fundadores, em 1902, do Partido Socialista, em São Paulo. Rábula, atua no Tribunal do Júri a partir de 1894. E só conclui o Curso de Direito depois de 23 anos de atuação forense, aos 45 anos de idade, em 1916. Mas Evaristo é grande, forte, inteligente, brilhante, e põe sua capacidade de ação e inteligência a serviço da classe trabalhadora, então desorganizada. Ainda rábula, atua na defesa, em 1910, dos marinheiros rebelados na Revolta da Chibata. Jornalista, funda, em 1908, a

---

(82) ROMITA, Arion. S. *A septuagenária consolidação das leis do trabalho*. Disponível em: <http://www.trt1.jus.br/web/guest/clt-50-anos>. Acesso em: 28.12.2014.

Associação Brasileira de Imprensa; divulga pela imprensa os motivos da revolta e o estado de ânimo dos revoltosos. Esses marinheiros, entre eles o líder João Cândido, são presos pelo governo Hermes da Fonseca, fato que leva Evaristo a iniciar intensa e emocionante campanha de anistia aos revoltosos. Evaristo é o grande defensor de trabalhadores presos nos movimentos grevistas de 1903 a 1918: encaminha fianças, impetra *habeas corpus,* orienta as instituições sindicais, publica artigos em jornais e defende com vigor a jornada de oito horas, como necessária para a melhoria da produtividade e de preservação do equilíbrio biofísico dos trabalhadores.[83]

Isso se confirma quando a militância, em um ramo específico do Direito só começa a surgir de forma mais concentrada com a criação da Justiça especial. A criação da Justiça do Trabalho, de iniciativa do presidente Getúlio Vargas, portanto, ainda inicialmente filha do poder executivo, surgia como providência preparatória dos possíveis conflitos, já sentidos pela reorganização da sociedade na era da revolução industrial, em classes antagônicas.

2.2. Os advogados trabalhistas — possíveis razões da organização

A associação que também é objeto da presente pesquisa tem por escopo reunir os advogados especializados no ramo do Direito do Trabalho com militância na Justiça especial, ou seja, a Justiça do Trabalho, que terá sua história, origem e estrutura analisada no capítulo seguinte, mas anuncia-se aqui neste ponto da pesquisa e, com base em trechos das entrevistas, a sugestão das possíveis razões de sua criação.

Em breve resumo, adianta-se que foi criada e vem se ativando há 37 anos, tendo passado, assim como o IAB, por mudanças de nomes e reformas estatutárias, denominando-se inicialmente de ANAT e alterada para ABRAT — Associação Brasileira de Advogados Trabalhistas — mediante reforma estatutária ocorrida em 29 de agosto de 1981. De seus estatutos, é possível identificar os objetivos de sua criação, sustentado em dois pilares: cooperação com a justiça especializada e a reafirmação dos advogados Trabalhistas, expresso no art. 2º:

> Art. 2º A associação tem por objetivos: a) propugnar pela valorização e dignificação da Advocacia Trabalhista; b) Desenvolver esforços para

---

(83) OAB-PA. *OAB parabeniza ABRAT pela criação do dia do advogado trabalhista.* Disponível em: <http://www.oabpa.org.br/index.php?option=com_content&view=article&id=3236:oab-parabeniza-abrat-pela-criacao-do-dia-do-advogado-trabalhista&catid=30:noticias&Itemid=110>. Acesso em: 21.7.2013.

prestar a ética e o exercício profissional dos Advogados Trabalhistas, prestando-lhes, inclusive, assistência quando solicitada pela Associação filiada; c) Cooperar com o bom funcionamento da Justiça que tenha a seu cargo os feitos referentes do Direito do Trabalho e Seguridade Social.[84]

Na ata de eleição da segunda diretoria, em 1981, já se observam os objetivos mais ampliados, extraídos do mesmo art. 2º:

> a) Desenvolver todos os esforços para prestigiar a ética e profissionalmente os advogados trabalhistas prestando-lhes, inclusive assistência quando solicitado pelas associações filiadas; b) Cooperar com o bom funcionamento da Justiça do Trabalho, sugerindo medidas visando o seu aperfeiçoamento; c) colaborar com os demais órgãos de classe, em todos as questões que digam respeito aos interesses dos advogados; d) incentivar a criação de novas associações de advogados trabalhistas; e) promover e incentivar o estudo do Direito do Trabalho e manter intercâmbio com associações congêneres nacional e internacional; f) manifestar-se publicamente perante as autoridades constituídas sobre qualquer matéria relativa ao Direito do Trabalho, em especial sobre assuntos considerados de interesse ou dever dos advogados trabalhistas; g) promover encontros nacionais e internacionais entre os advogados trabalhistas.[85]

Da carta de intenção do ano de 1979, exatamente quando a Associação é constituída, exsurgem mais que tomadas de posições, mais que objetivos, uma afirmação dos propósitos da associação, transcrevendo-se aqui pequena parte:

> [...] declaram à Nação Brasileira que firmaram posição consubstanciada nos princípios fundamentais aqui estabelecidos. [...] devendo buscar garantir aos trabalhadores a liberdade e autonomia dos sindicatos para defesa dos seus legítimos interesses, e devem recolocar, como prioritário, o caráter socializante desse ramo da ciência jurídica [...] Os advogados trabalhistas assumem o público compromisso de contribuir para o desenvolvimento público, social e econômico da sociedade brasileira, aprimorando a lei sob os princípios fixados nesta Carta, imprimindo a sua atividade a preocupação principal pela efetiva participação dos trabalhadores na vida, riqueza e poder nacionais.[86]

---

(84) Estatuto da ABRAT de 1979.
(85) Documento denominado, cópia autêntica da ata da Assembleia Geral de Constituição da Associação Brasileira de Advogados Trabalhistas, datada de 29 de agosto de 1981.
(86) Documento transcrito na *Revista Comemorativa aos 25 anos da ABRAT*, 5. ed., p. 3, 2003.

Esses documentos sustentam os objetivos e os pilares para os quais se pensava a associação: unir com projeção e valorizar o grupo de advogados especializados; da Justiça do Trabalho e a sustentação dos direitos sociais conquistados, com a perspectiva das relações entre capital e trabalho. De plano, insta esclarecer que se a Justiça do Trabalho é o espaço de regulação dos direitos sociais por excelência, onde militam os especialistas nessa área, aí está o ambiente e cerne de atuação do grupo. Durante muito tempo, essa Justiça não era considerada de primeira grandeza como as demais.

Por ora, pode-se dizer que uma das razões do surgimento da ABRAT é o fato de que se observou que esse ramo especializado do grupo dos advogados, por lidar com direitos relacionados ao trabalho, ao operariado, a movimentos sindicais ou mesmo à defesa do capital em questões trabalhistas e militarem numa Justiça especializada, era discriminado em relação aos demais ramos. Isso ocorria, quer seja por essa Justiça especial ter pertencido ao Poder Executivo em seu nascimento e durante algum tempo; quer seja por ser uma Justiça precipuamente conciliadora e, portanto, imaginava-se que, para advogar nesse ramo, dispensavam-se conhecimentos técnicos mais aprofundados; ou ainda por ter em sua composição juízes leigos, estrutura que perdurou até o ano de 1999; a existência do *jus pontulando* ou todos esses fatores, gerando em consequência pechas aos próprios advogados e à Justiça como Justicinha ou Justiça de segunda categoria, dentre outros. É o que vai ser analisado no tópico seguinte.

2.2.1. Confirmando... a discriminação e a exclusão existiam

Nessa perspectiva e como fonte primária da pesquisa, reproduz alguns trechos das entrevistas feitas aos ex-presidentes e alguns fundadores da ABRAT e que serviram de fio condutor para o intercâmbio com a estrutura da Justiça do Trabalho.

Calheiros Bomfim, um dos construtores da advocacia trabalhista e das associações de advogados trabalhistas, além de um dos pioneiros a militar nesse ramo com defesa do trabalhador, afirmou, em entrevista específica para esta pesquisa que: "éramos marginalizados. E sempre foi, desde o início, éramos subestimados, menosprezados, desconsiderados, como advogados de segunda classe. Era algo muito desprezível".[87] Cita, como causas, os acordos, o *jus postulandi*, a precariedade da CLT, que obrigava o advogado a se utilizar do CPC e

---

(87) BOMFIM, Benedito Calheiros. Entrevista gravada no Rio de janeiro no dia 26 de setembro de 2013.

do CC. Acrescenta outro ponto, que, segundo ele, ao menos no Rio de Janeiro, na época inicial da Justiça do Trabalho: os alvarás eram lavrados em nome do cliente, ignorando a procuração, mesmo que tivesse poderes específicos para tanto. Isso porque os "juízes achavam um absurdo sair um alvará em nome do advogado, fato que demonstrava, claramente, o quanto os advogados trabalhistas eram subestimados".[88]

Além disso, outro aspecto faz sentido ao menos nas primeiras décadas da Justiça do Trabalho, pelo fato de a Constituição Federal não cuidar dos direitos trabalhistas, os advogados achavam que a Justiça do Trabalho não era proveitosa, não tinha utilidade para esses profissionais, "isso para os que pensavam em si próprios mais que na defesa do trabalhador". Por isso, não havia nenhum interesse em militar na área, até porque os grandes advogados, os renomados, se dedicavam à área civil ou criminal.[89]

Tais fatos são confirmados por Celso Soares, primeiro presidente da ABRAT (1979/1983), para quem os advogados trabalhistas em geral eram muito discriminados. "Os advogados civilistas diziam que Justiça do Trabalho era 'justicinha' e que o Direito do Trabalho se destinava a 'discutir conta'. Dificilmente, o advogado trabalhista conseguia ser presidente da Ordem, à exceção do Hadock Lobo, no Rio de Janeiro".[90]

Para ele, outro aspecto específico era que a organização de trabalhadores não era bem vista, porque criava problema e incomodava. Desse modo, o sindicalismo era desconsiderado. Isso refletia na desconsideração para com a advocacia trabalhista. "Era mais por essa questão do que outra".[91] E mais: "Aqui no Rio, era muito clara a divisão dos advogados trabalhistas e civilistas; os advogados trabalhistas eram de segunda categoria. A advocacia trabalhista não era considerada um ramo respeitável e importante, eu acho que era porque lutava com a luta de classe, de empregados".[92]

Necessário elucidar que tanto Calheiros Bomfim quanto Celso Soares iniciaram na advocacia nas primeiras décadas da criação da Justiça do Trabalho. Eles se mantêm na profissão até os dias atuais (2016), dignificando a advocacia brasileira e as Associações de classe.

---

(88) BOMFIM, Benedito Calheiros. Entrevista gravada no Rio de janeiro no dia 26 de setembro de 2013.
(89) Idem.
(90) SOARES, Celso da Silva. Entrevista gravada no Rio de Janeiro, em 17.4.2013.
(91) SOARES. Entrevista citada.
(92) Idem.

Cezar Brito[93], por sua vez, afirma que no Estado de Sergipe não sentia, em sua época, discriminação com os advogados trabalhistas. No cenário nacional, porém, era diferente, tanto que, quando assumiu a presidência do Conselho Federal da OAB, como primeiro presidente do segmento da advocacia trabalhista — período de 1º de fevereiro de 2007 a 31 de janeiro de 2010 —, a situação era outra. "Eu percebi isso na presidência da Ordem, na tentativa exagerada de me enquadrarem em outros ramos do Direito que não a advocacia trabalhista e, quando descobriam que eu era advogado trabalhista, vinha aquela reação, 'mas não parece...', que é típico do preconceito." Segue:

> Eu acho que o preconceito em relação Justiça do Trabalho é um preconceito, ideológico, proposital, porque nós somos aquele profissional treinados para intervir no conflito capital e trabalho e você sabe que o mundo já foi dividido em dois; guerras fraticidas, esse conflito fez com que justificasse ditaduras militares, fez com que as pessoas fossem assassinadas no mundo todo; genocídio, nós somos esses profissionais que interfere nesse conflito e não há interesse da classe dominante que esse profissional venha a ser reconhecido, que essa Justiça venha a ser reconhecida [...] por isso se dispensa a presença do advogado, na Justiça do Trabalho, eu não quero esse profissional atuando.[94]

Para Luís Carlos Moro[95], que presidiu a instituição no período de 2000 a 2002: "Essa discriminação, eu acho, persiste até hoje, mas era muito mais evidente à época; há um resquício nesse aspecto, que é oriundo de três situações e aspectos". Essas três importantes vertentes de causa e efeito serão abordadas à frente, em conjunto com os demais:

> Aquilo que tradicionalmente a advocacia representava, ou seja, uma elite social, não se coadunava com os beneficiários da advocacia trabalhista. [...] mas o que me parece mais grave nesse processo de discriminação em relação aos advogados trabalhistas é a absorção, à época, de que essa era uma advocacia despicienda porque havia o *jus postulandi*; despicienda porque havia representação classista (extinta no período da Clair). O meu período (2000 a 2002) foi o primeiro período em que a Abrat convivia com a magistratura monocrática, com adaptação ainda, mas um resíduo de tempo, com classistas

---

(93) BRITTO, Raymundo Cezar. Entrevista gravada em Coimbra, Portugal no dia 10.4.2014, por ocasião do X JUTRA. Ex-presidente do Conselho Federal da OAB e ex-diretor da ABRAT; atualmente, membro do Conselho Consultivo da ABRAT.
(94) *Idem.*
(95) MORO, Luiz Carlos. Entrevista gravada em 21 de maio de 2014, em São Paulo.

e sem classistas, porque se repetiam os mandatos. Isso contribuía para o desprestígio da advocacia trabalhista, porque havia outros interlocutores, outros intermediadores desses conflitos. Um dado que temos de reconhecer é que a advocacia era composta por uma nata da sociedade; não se via como prestadora de serviços aos serviçais, e esses aspecto fazia com que aqueles que se dedicassem à advocacia trabalhista, principalmente em favor de operários, trabalhadores, fossem vistos com uma certa discriminação em relação aos demais, que seriam interlocutores, ou seja, davam voz a interesses supostamente mais elevados da sociedade. Quando nós, os trabalhistas, víamos nisso precisamente a nossa vantagem em relação às demais esferas do direito, era um grande instrumento de democratização da justiça, a advocacia trabalhista foi um enorme vetor de disseminação da justiça. Isso na minha época, indubitavelmente eu sentia isso.[96]

De um modo geral, e mesmo na década de 1990, o preconceito contra os advogados trabalhistas e a Justiça do Trabalho não havia sido totalmente vencido. É o que se extrai de documento escrito pelo ex-presidente da instituição, Renato Gonçalves, eleito no biênio de 1991/1993, no qual reafirmou o propósito da ABRAT em vencer o preconceito. Veja-se o trecho:

> Na ocasião, a ABRAT também insistiu na defesa do entendimento de que deveriam ser continuados os esforços pela superação dos inadmissíveis preconceitos que ainda predominam em muitos setores da sociedade e dos próprios advogados contra o Direito do Trabalho e a advocacia trabalhista, fruto, muitas vezes, da hipocrisia que caracteriza a conduta daqueles que adotam como dogma a autonomia das vontades no interior das relações empregatícias como se as partes nelas envolvidas ostentassem igualdade de condições.[97]

Ary Castelo — ex-presidente nos períodos de 1981/1983 e 1983/1985 — acenou que "havia discriminação, sobretudo pelos colegas que trabalhavam em outras áreas, os civilistas, os penalistas, os tributaristas", até porque o Direito do Trabalho é bem mais recente que as outras áreas do Direito; "havia um certo preconceito e, até em razão disso, eu quis concorrer e concorri em três mandatos para participar da OAB em SP".[98]

---

(96) MORO. Entrevista cit.
(97) Renato Gonçalves, e-mail escrito por Renato Gonçalves, ex-presidente da ABRAT, e encaminhado a Silvia Burmeister, ex-tesoureira, em 11 de setembro de 2003. Enviado a esta pesquisadora em 5 de junho de 2014.
(98) CASTELO, Ary Montenegro. Entrevista gravada em 21 de maio de 2014 em São Paulo.

Nilton Correia[99] — presidente no período de 2002/2004 — assegurou tanto com a visão de quem milita na capital do país e como quem já viajou o Brasil na condição de presidente da ABRAT, que o preconceito não acabou e se faz necessário, volta e meia, intensificar algum aspecto de fortalecimento nesse sentido. "Sinto pelos nossos próprios colegas, os nossos próprios advogados; se vê bem visível quando a reunião é mais plural, dentro dos Conselhos da OAB, do Conselho Federal, o advogado trabalhista é belíssimo companheiro, mas de posição que temos que parar para pensar mais um pouco."

Havia, segundo os entrevistados, inclusive pechas à própria Justiça, tanto que Moro considerou:

> Eu notava uma certa reação ao princípio conciliatório, ou seja, o conflito trabalhista que nasceu previsto no processo comum; conflito a ser prioritariamente conciliado era tomado por muitos colegas como conflitos de menor expressão jurídica, porque poderia ser resolvido no âmbito de uma mesa de negociação. E havia muitas expressões, aqui em São Paulo: "a justiça do lado de lá do viaduto do chá", ou seja, havia um vale do Anhangabaú que separava a "justiça nobre" da "justiça pobre"; a "justicinha" era uma outra expressão adotada; o "balcão dos negócios", em função de uma certa ojeriza ao princípio conciliatório; uma outra expressão "mercado persa", que se usava em virtude das propostas e contrapostas que eram lançadas nas mesas de audiência. Tudo isso com o claro propósito de menoscabo, de redução da nobreza dessa atividade da advocacia trabalhista.[100]

Importa registrar que percebeu Moro[101] que algumas formas de atuar não só estimulava a discriminação como incentivava a ausência de credibilidade, com a utilização de meios supostamente disseminados de captação de clientes com expressões muito típica, no Rio de Janeiro por exemplo, utilizasse "zangão"; São Paulo, "paqueiro.". Essa expressão "advém do cão de caça que iria buscar a caça, que era a paca. Aquele que identifica a caça, o cachorro que identifica, o animal que é objeto da caça e transforma o trabalhador em um ser a ser caçado e o advogado num caçador de direitos alheios". Era uma outra suposta origem da marginalização dos advogados, ou, hoje, por culpa própria.

Luiz Salvador (presidente nos mandatos 2006/2008 e 2008/2010), em complementação à entrevista inicial, sinalizou que:

---

(99) CORREIA, Nilton da Silva. Entrevista gravada em 7.4.2014, em Brasília.
(100) MORO. Entrevista citada.
(101) *Idem.*

Até 2004, antes de ser delimitada a competência da JT para resolução das ações de reparação por dano material e moral decorrente de acidentes do trabalho, os advogados trabalhistas eram discriminados ao entendimento de que a JT era uma Justiça menor. A valorização dos advogados trabalhistas decorreu da EC n. 45, que trouxe para a JT a competência para decidir e julgar todas as ações de reparação de danos materiais e morais. Com isso, houve um crescimento extraordinário da JT por novas demandas ampliadas, em que os advogados das demais áreas viessem a engrossar o rol de advogados vinculados aos interesses patronais e de competência agora da Justiça do Trabalho. Diante do alto grau de complexidade que decorre das ações entre trabalho e capital, a discriminação contra o advogado trabalhista parou de ocorrer, e o advogado trabalhista assumiu um papel de grande interesse e repercussão social, pelo alto grau de complexidade que envolve toda essa relação de trabalho, que não depende mais de se tratar de uma mera relação de emprego, mas, sim, de uma relação de trabalho, não mais dependendo de uma relação que, de um lado, tenha um empregado e, do outro, um empregador.[102]

Para Bernadete Kurtz, uma das idealizadoras, fundadoras e ex-diretora da ABRAT[103]: "A advocacia era uma coisa menor, mas tão menor que não éramos recebidos pelo presidente da OAB Estadual".[104] Clair Martins (1998/2000)[105], sobre esse aspecto, foi pontual de que havia discriminação sim, tanto que "Antonio Carlos Magalhães deu entrevista, falando da indústria de ações trabalhistas". Já Reginaldo Felker (presidente no período 1985/1987) acena com vários indicativos da razão da marginalização dos advogados e da própria Justiça:

> Vinha de uma origem administrativo, sem concurso, e de sorte que os advogados trabalhistas era uma advocacia de segunda classe. Veja que a própria ordem nos discriminava e de sorte que havia esse preconceito contra. A justiça do trabalho era considerada uma justiça segunda classe, e os chamavam de advogados de porta de fábrica;

---

(102) SALVADOR, Luiz. Entrevista gravada em Curitiba, em 24 de maio de 2013, e complementada por e-mail enviado a esta pesquisadora em 2 de agosto de 2015.
(103) KURTZ, Bernadete. Entrevista gravada no dia 10 de outubro 20013, por ocasião do XXXV CONAT.
(104) A seccional da OAB referida é a do Rio Grande do Sul.
(105) MARTINS, Clair da Flora. Entrevista gravada em Curitiba, em 24 de maio de 2013, e complementada por e-mail em 2 de agosto de 2015.

e eu revidava da mesma forma: os ilustres criminalistas de porta de cadeia e os ilustres civilistas de porta de funerária.[106]

Numa das caravanas da ABRAT no Espírito Santo, um dos ex-diretores da ABRAT José Hildo Sarcinneli Garcia, assim se posicionou:

> Preconceito com a advocacia trabalhista. 1.1. Na minha visão, a questão do tratamento diferenciado com relação aos honorários de advogado na justiça do trabalho, não é só uma questão de interpretação jurídica. 1.2. Passa também por uma espécie de preconceito que sempre houve em relação a advocacia trabalhista. 1.3. Nos idos de 1960 a própria carreira da advocacia passou por um período de desvalorização profissional. Os jovens que escolhiam estudar direito eram considerados o pessoal da área iii. As áreas de engenharia e medicina eram as mais prestigiadas. 1.4. Mas, o preconceito tinha abrangência maior quando se tratava de estudante de direito que se tornava advogado da área trabalhista. O direito do trabalho e a justiça do trabalho eram considerados campos de advocacia menor. A conciliação e as audiências trabalhistas eram um balcão de negócios, por causa dos acordos. Aquela negociação em mesa de audiência era considerado algo detestável. Era algo como um leilão no mau sentido. 2. de qualquer forma, a simplicidade do direito do trabalho, a sua oralidade, e a celeridade na solução dos conflitos trabalhistas eram fatores que diminuíam a importância do direito do trabalho. 2.1. O emprego e o trabalho não eram predominantes nas discussões jurídicas. O predominante eram as discussões de propriedade. As discussões relativas a direitos do comércio. O patrimônio decorrente do salário, tinha menor importância. 2.2. A importância do direito do trabalho veio com a expansão do trabalho, e da diminuição da importância da propriedade, como fator mais importante da sociedade. O emprego, o salário, passaram a ser importantes, como o patrimônio da maioria das pessoas. Os elementos dos direitos dos trabalhadores passaram a ser mais importantes do que a discussão da propriedade, no sentido amplo.[107]

---

(106) FELKER, Reginaldo. Entrevista gravada 10 de outubro de 2013, por ocasião do XXXV CONAT.
(107) GARCIA, José Hildo S. Resumo da palestra proferida com o título *Preconceito com a Advocacia Trabalhista* em 3 de agosto de 2012 no Espírito Santo, por ocasião da Caravana da ABRAT naquele Estado. Matéria enviada por e-mail a esta pesquisadora, em 19 de maio de 2014.

Oriundo desse Estado do Espírito Santo, a visão do ex-presidente Carlos Alberto de Souza Rocha, no período de 1996/1998 que identificou como os demais a mesma desvalorização e desprestígio, iniciada, segundo ele no tempo de universitário, quando assumiu publicamente que iria trabalhar na especialização trabalhista. Veja-se trecho de sua entrevista:

> Li a CLT comentada do Russomano e me encantei com o Direito do Trabalho [...] Quando eu dizia na minha turma que eu ia trabalhar com Direito do Trabalho me diziam "vai porque é mais fácil, e outros: Mas, você...: vai trabalhar com Direito do Trabalho, você?". Então quando fui fazer Direito do Trabalho a gente era desacreditado. Quando cheguei pela primeira vez no Conselho da Ordem, falaram porque ocês estão trazendo advogado trabalhista para cá??? Aí na hora que surgia as discussões do Direito constitucional na Ordem, todos se calavam e só a voz do advogado trabalhista falava." E quando conhecem a gente, a forma do advogado Trabalhista atuar eles nunca mais abrem mão da gente.

Os advogados trabalhistas eram mal vistos, muito, com pechas de advogado de 2ª categoria, pessoal do mercado, mercado persa, negócio de acordo. A partir da CF/88 isso mudou e atuação nossa enquanto adv. Trabalhista a nível Brasil, organizada, a família aumentando. A ABRAT contribuiu muito para mudar esse quadro.[108]

Osvaldo Rotbande, ex-presidente do período de 2004/2006, asseverou, no particular, que:

> Na verdade, acho que, naquela época de 2004 pra frente, a advocacia também já estava vindo de uma organização de alguns anos e estava se valorizando mais, estava consolidada. Então, aquela discriminação que tinha quando a gente, "burro velho", começou lá atrás, da "justicinha" e aquela coisa toda, estava praticamente esgotada. Já se reconhecia a advocacia trabalhista, os tribunais regionais, o próprio Tribunal Superior do Trabalho, aí não tinha tanto esse enfrentamento. Óbvio que você tem ainda "ranço" de muita gente antiga. [...] na verdade, acho que até eu discriminava também (risos), a grande verdade. Vale é a "justicinha", a justiça menor, a justiça do empregado que vai lá pra ganhar tudo, essas coisas todas. Porque naquela época tinha a força

---

(108) ROCHA, Carlos Alberto de. Entrevista gravada em Campo Grande, em 8 de outubro de 2015.

muito grande do que ainda hoje tem, porque o defunto que ainda não foi enterrado é o *jus postulandi*.[109]

Os mais recentes ex-presidentes Jefferson Calaça — 2012/2012 e Antonio Fabricio — 2012/2014, de igual forma identificaram a existência de desvalorização do grupo quando das visitas aos Estados brasileiros e em seus próprios estados e espaços políticos diversos.

> Quando fizemos as caravanas, encontramos advogados em condições muito precárias de trabalho. Os advogados trabalhistas ainda eram muito discriminados em diversos estados, acho que por se considerar a justiça do Trabalho uma Justiça menor, procuramos resgatar isso.[110]

> Com relação ao preconceito, eu acredito que a minha gestão viveu um momento de uma reversão deste quadro, grande reversão deste quadro. Para contextualizar, há dois anos atrás, nós tivemos as eleições da ordem dos advogados do Brasil, pelo Brasil nas seccionais, só para citar algumas, quase todas as seccionais que nós temos conhecimento, tem um advogado trabalhista na direção da ordem dos advogados do Brasil, e muitos ligados à Abrat. [...] que, por muitos anos, e eu sou testemunha disto, porque, quando me formei, as pessoas me perguntavam se eu era advogado e respondia que sim e, quando me perguntavam a minha especialidade, eu dizia que sim, eles torciam o nariz e me perguntavam se eu não era muito inteligente para mexer com férias, 13º [...] na minha trajetória, eu me formei em 1992 pela PUC Minas e fui diretamente para a Justiça do Trabalho [...] e senti muito, muito, muito, muito preconceito. Outro fenômeno que observava era os professores que, sobretudo de direito civil e de processo civil, falar muito mal de direito do trabalho dentro de sala, o que reforçava com os alunos a desnecessidade de estudar direito do trabalho, que expressões como a Justiça do trabalho a única coisa você precisa saber é o n. 20, é 20%, porque são os honorários e não cobrar o direito do trabalho não é ramo, é apenas uma graminha do direito [...].[111]

Já em fase final da pesquisa, com a história da ABRAT contada e a tese defendida, retoma à presidente atual, Silvia Lopes Burmeister (2014/2016), do Rio Grande do Sul, com o intuito de averiguar a participação da Associação nos

---

(109) ROTBANDE, Osvaldo. Entrevista Gravada no Rio de Janeiro em 10 de outubro de 2014.
(110) CALAÇA, Jefferson. Entrevista gravada em Recife, em 24 de março de 2015. (As caravanas iniciaram-se no ano de 2010).
(111) GONÇALVES, Antonio Fabricio de Mattos. Entrevista gravada em 16 de agosto de 2014, em Canela.

últimos acontecimentos do país e crendo que não haveria informações sobre o desprestígio dos advogados trabalhistas, mas, para surpresa se enganou esta pesquisadora, fazendo com que reescrevesse esse capítulo, para inserir o seguinte trecho:

> Eu sentia... eu já sabia da discriminação por conta de meu pai e do grupo de advogados que estavam sempre juntos e conversam sobre isso, mas quando eu entrei, eu vi uma discriminação muito grande. Tanto que lá no Rio Grande do Sul e talvez em outros estados os advogados civilistas chamavam a Justiça do Trabalho de rodoviária, mercado do peixe, bem pejorativa mesmo que era para discriminar, de segunda categoria. Hoje eu vejo que já mudou um pouco, porque tem muito advogado indo para a justiça do Trabalho porque ela dá mais efetividade e isso faz com que novos advogados que nunca pensaram em advogar na Justiça do Trabalho [...].[112]

Mas, essa constatação não ficou somente no sentir dos advogados trabalhistas, em razão disso, pesquisou em uma outra fonte ligada à militância com o Direito do Trabalho e por ter uma percepção diferente da advocacia trabalhista, ao menos durante o maior tempo de sua carreira que optou por entrevistar João Pedro Ferraz dos Passos e, com isso, diversificar o olhar sobre o tema discriminação, notadamente com o foco no período que foi membro do MPT (posteriormente, com o jubilamento integrou a advocacia trabalhista e a ABRAT), se ele chegou a sentir ou perceber isso:

> [...] Nem era uma discriminação aos advogados trabalhistas, era uma discriminação à Justiça do Trabalho, ao Direito do Trabalho, primeiro, porque geralmente quem procurava ou quem procura a justiça do trabalho é o pobre, não é isso? É o trabalhador. É o socialmente mais excluído. O sujeito tem que ir à justiça para buscar o seu direito ao salário que é o alimento, é o mais carente que tem, você vai à justiça pra buscar a desocupação de um imóvel se você é um locador, você vai fazer uma cobrança de uma conta que você tem, você vai à justiça pra resolver um problema de sucessão, agora o sujeito vai lá pra buscar o alimento dele, o ganha-pão, quer dizer, então ela é por natureza ela sempre foi, o judiciário que atende os excluídos que nunca foi o senhor das atenções. [...] naquela época não incomodava muito, porque a justiça do trabalho ela incomodava alguns poucos, mas ela tranquili-

---

(112) BURMEISTER, Silvia Lopes. Entrevista gravada em 17 de março de 2016. Lisboa.

zava a maioria infelizmente é isso que tem que se dizer, porque por exemplo, você numa época em que não podia se fazer greve, nós do MP tínhamos um dever legal, porque estava na nossa lei antes da lei orgânica, que nós tínhamos que recorrer de todas as decisões da Justiça do trabalho que concedessem aumentos salarias e fossem superior ao estabelecido pela política econômica do governo. Então se a política econômica do governo dissesse que o índice era 5% e o judiciário desse 6%, nós tínhamos a obrigação de recorrer pro TST. [...]. Então, o judiciário trabalhista na medida em que ele atendia os excluídos no varejo ele ajudava o governo e o poder econômico no atacado, eu nunca disse isso, estou dizendo isso agora pra você, mas sempre foi, mas isso é uma análise [...]primeiro porque ela era uma justiça na qual participavam leigos que eram os representantes de empregados e empregadores, então isso já era mal visto, os próprios juízes de carreira se encarregavam de desgastar a representação classista, [...] e eles diziam que aquilo não era justiça, que aquilo lá é um ... até porque a justiça do trabalho mesmo, ela iniciou dentro do ministério do trabalho.[113]

Ainda, por estarem presentes na fundação da Associação e, com o intuito de identificar as razões da sua criação, entrevistou por fim, os advogados e ex-presidentes da ACAT custódio Pereira Neto e Paulo Sergio Reis, que quanto ao tema da discriminação, confirmaram, respectivamente:

> [...] éramos chamados de advogados de mercado de peixe, ou "fazedores de acordos". Anos discriminatórios. A Justiça do Trabalho era considerada uma Justiça Menor, lamentavelmente.[114]

Logo que comecei a estagiar meus colegas de faculdade comentavam que Justiça do Trabalho era coisa de contador e despachante. E assim se seguiu sempre se falando que Justiça do Trabalho e advogado trabalhista eram de segunda categoria, sem credibilidade no meio. Sempre fomos discriminados.[115]

Constata-se que, das informações extraídas das entrevistas feitas para este fim aos ex-presidentes; um ex-presidente do Conselho Federal da OAB, advogado trabalhista; quatro fundadores da ABRAT e o primeiro procurador geral do Mi-

---

(113) PASSOS, João Pedro Ferraz. Entrevista gravada em 10 de julho de 2014, no Rio de Janeiro.
(114) PEREIRA NETO, Custodio. Entrevista digitada enviada por e-mail à esta pesquisadora em 16.4.2016.
(115) REIS, Paulo Sergio dos. Entrevista digitada enviada por e-mail à esta pesquisadora em 17.4.2016.

nistério Público do Trabalho concursado que havia discriminação, desprestígio e desvalorização aos militantes na Justiça do Trabalho e à própria Justiça, com uma única exceção, em sentido contrário, que foi a ex-presidente Moema Baptista, que disse não sentir discriminação.[116]

Um ponto quase comum na fala dos entrevistados foi a referência à Justiça do Trabalho como "Justicinha" por todos aqueles que tentavam desvalorizá-la e torná-la sem importância em relação às demais, porque representa a casa do Trabalhador; o espaço de busca pelo equilíbrio das relações entre capital e trabalho. E como se verá mais à frente, o grande motivo de sua extinção foi, de fato, a implantação de uma nova ordem com supremacia do capital.

Outro aspecto que se verificou, sobretudo das entrevistas de Calheiros Bomfim e Cezar Britto, foi o fato de que, exatamente ao contrário do que pensavam outros advogados, o exercício da advocacia trabalhista sempre suscitou amplo conhecimento nas diversas disciplinas do Direito como de outras ciências, como a política, a economia, a contabilidade, a sociologia, a psicologia e outros.

Portanto, os motivos para se ter criado uma associação de advogados, a par e passo de existir uma Ordem profissional de filiação obrigatória, se deu por diversos fatores, inclusive por divergências ideológicas e políticas com outras associações, como a própria OAB, além de intensos movimentos sociais e políticos no país como os anos de exceção. Mas, pode-se dizer que uma das principais razões do surgimento da ABRAT é o fato de se ter observado que esse ramo especializado do grupo dos advogados por lidar com direitos relacionados ao trabalho, ao operariado, a movimentos sindicais, sofria intensa discriminação em relação aos demais. Isso também em relação a própria Justiça especial, por ter pertencido ao Poder Executivo, em seu nascimento e durante algum tempo, quanto por ser uma Justiça precipuamente conciliadora, além de outros fatores como a composição com juízes leigos, a essência conciliadora e, ainda a presença até os dias atuais o *jus postulandi*. Portanto imaginava-se que para advogar nesse ramo, dispensavam-se conhecimentos técnicos mais aprofundados. Todos esses fatores despertaram uma necessidade de maior união para se imunizarem contra as afrontas, mas também para fins de estudos e capacitação.

Dentro desse segmento do subgrupo de profissionais mais visados, contudo, na perspectiva de advogado de segunda categoria, era aquele que defendia o trabalhador, militando em sindicatos profissionais, pois os que advogavam apenas para empresas, sobretudo nas primeiras décadas do surgimento da Justiça especializada, eram, normalmente, escritórios que cuidavam dos interesses cíveis

---

(116) BAPTISTA, Moema. Entrevista gravada em 28 de agosto de 2014, no Rio de Janeiro.

e tributários das empresas e de seus sócios e, por isso, eram destinatários de mais respeito.

E, a convicção ideológica da própria OAB não estava estruturada para dar maior atenção, o que fazia com que aqueles advogados que escolhessem militar com maior atuação ou exclusividade nessa área ficassem, do ponto de vista institucional e político, relegados a um segundo plano, com pecha de advogados de segunda categoria. Tal pensamento decorria do fato de as áreas mais tradicionais ocuparem as atenções da Ordem, tanto que, somente na primeira década do século XXI, se teve à frente do Conselho Federal da OAB o primeiro advogado trabalhista, Raymundo Cezar Britto.

Além desse entendimento como premissa maior, a ABRAT sendo uma associação, buscou, por corolário, a filiação como fortalecimento por associações estaduais. Não houve, até então, filiações individuais nela embora tal hipótese já tenha sido aventada alguma vezes em reuniões nacionais, como requisito para sobrevivência financeira.

Ao analisar a história do IAB (antigo IOAB) e, posteriormente, da OAB — que surge dessa primeira corporação do grupo dos advogados —, verifica-se que a primeira tem muito mais ligação e referência com a ABRAT do que a segunda, a qual apresenta, como se viu, objetivos distintos, qual seja, a regulação da profissão e reserva do mercado, com filiação e taxas obrigatórias aos advogados. A associação em estudo, no entanto, tem a relação de proximidade com os direitos sociais e a Justiça do Trabalho especializada por natureza, enquanto a OAB não é específica. Observou-se que esta última, em certos momentos, aproximou-se bastante da ABRAT, notadamente em importantes períodos da história do país. Da mesma forma, a ABRAT buscou se socorrer e se escorar nela, com o intuito de ganhar fortalecimento com base em alianças para atuar em certas frentes. Isso ocorreu no período da Assembleia Constituinte e no período neoliberal, relação que se tornou mais estreita nos últimos dez anos em razão da presidência do Conselho Federal ser ocupada por um advogado trabalhista, oriundo da diretoria da ABRAT. Essa proximidade, entretanto, não aconteceu durante toda a trajetória da ABRAT, já que, em certos momentos, se manteve distante por divergências políticas ou mesmo a inicial discriminação ao segmento trabalhista. De toda sorte, é no resgate e na compilação da história que tais elementos e fatos vão surgindo para o fim de confronto final, utilizando-se sempre a lente institucional para analisar o grupo em estudo.

Capítulo 3

A ORGANIZAÇÃO DOS ADVOGADOS TRABALHISTAS EM PATAMAR NACIONAL — A CRIAÇÃO DA ABRAT

> *"Às vezes, cada um tem, do mesmo fato, visão diferente, pois os fatos afetam diferentemente os que deles participam."*
> (Celso da Silva Soares)

Neste capítulo, buscar-se-á resgatar o início da história da ABRAT, seus objetivos estatutários, sua participação e identificação dos motivos de sua criação. Para tanto, valeu-se, exclusivamente, de fontes primárias, como entrevistas aos ex-presidentes da Associação, alguns fundadores, exames de diversos documentos e de publicações nos *sites* da ABRAT e do Conselho Federal da OAB.

Objetivando propiciar ao leitor um texto mais didático, de compreensão histórica e nos principais momentos do país, na perspectiva dos direitos sociais, optou-se por elaborar os próximos capítulos na contextualização histórica com cortes por diretorias e períodos. Neste que se se identifica como a primeira fase, inicia-se com as primeiras ideias da organização do grupo de advogados em patamar nacional, passando pelo primeiro encontro, a oficialização (respectivamente 1977, 1978 e 1979) e finalizando os principais pontos na sexta diretoria em 1989.

Considerando o fato de este capítulo e dos seguintes terem sido construídos, essencialmente, com base em pesquisas de campo dimensionadas nas entrevistas feitas, também como fonte primária, foram analisados documentos, como estatutos, atas, revistas, cartas, panfletos de congressos, notas, publicações, matérias em *sites* de outras instituições e demais anotações domésticas[117] encontradas para o confronto. Adverte-se, contudo, que à esta pesquisadora não sendo possível obter todas as informações, embora com grande esforço, como também não tendo acesso a todos os documentos, já que não se encontram reunidos em um só espaço físico ou muitos já não existem, espera as críticas advindas do leitor sobretudo daqueles conhecedores e construtores da história ou que tenham documentos não fornecidos e que contrariem os fatos apresentados.

Isso ocorre e é fundamental elucidar que, mesmo tendo uma sede própria a maioria dos documentos não se encontra nos arquivos, visto que a ABRAT está em caixas, nos escritórios ou nas casas de ex-diretores, ex-presidentes ou pessoas que, de alguma forma, passaram pela vida da associação. É o que se constatou após três anos e meio de pesquisas. Com alguns ex-presidentes, encontraram-se bastantes documentos que foram disponibilizados para consulta; outros não dispunham de nenhum material e alguns outros não se recordaram se guardavam ou não documentos relacionados à história da ABRAT. Desse modo, pesquisar a forma de sua criação, trajetória, as diretorias e os temários dos CONAT faz-se imperioso para desvendar sua trajetória e importância. De qualquer maneira, não foi tarefa fácil.

Aqui, se fará uso de algumas expressões próprias, sobretudo "abratianos"[118] então adotado nos últimos cinco anos pelo grupo dos advogados trabalhistas, diretores e simpatizantes da ABRAT, notadamente a partir da existência das redes sociais, em que essa intercomunicação se tornou mais estreita e fácil.

3.1. *As primeiras ideias de uma associação nacional de advogados trabalhistas*

Esse início da história foi marcado por muitas conversas, alianças políticas internas, realçando a qualidade intelectual dos que a idealizaram, portanto, é certo dizer, o quilate daqueles que a fundaram contribuiu para sua definição e estruturação, de forma gradativa, nas décadas que se seguiram, delimitando espaço e impondo a supremacia na atuação de um ramo especial do Direito — o do Trabalho — e na Justiça especializada. Releva anotar que marcados por certa discriminação há décadas, em relação aos outros ramos da advocacia, o que pro-

---

(117) Referem-se a anotações feitas pela própria pessoa, mormente manuscritas.
(118) Abratianos é uma expressão utilizada entre os que são ou foram diretores da Instituição ou, ainda, partícipe das associações estaduais.

vocou o desejo inicial de organização e fortalecimento, mas não sem percalços e escolhos, ainda presentes nos dias atuais.

A regularização e constituição da primeira diretoria da ABRAT ocorreram no ano de 1979, apesar de já estar atuando desde 7 de agosto de 1978, por ocasião do IV Encontro Estadual dos Advogados Trabalhistas promovido pela AGETRA, em Porto Alegre, a quando fez realizar o primeiro Encontro Nacional de Advogados Trabalhistas. As ideias e conversas iniciais, entretanto, ocorreram no ano de 1977. A Associação teve, inicialmente, o nome de Associação Nacional de Advogados Trabalhistas — ANAT —, alterado posteriormente.

Portanto, o ponto de partida foram os diálogos ocorridos em 1977 durante o III Congresso Estadual de Advogados Trabalhistas do Rio Grande do Sul, sob a direção da Associação Gaúcha de Advogados Trabalhistas — AGETRA. Benedito Calheiros Bomfim, já conhecido jurista do Rio de Janeiro e membro da Associação Carioca de Advogados Trabalhistas — ACAT —, havia sido convidado para proferir palestra de abertura nesse evento. O advogado carioca Costa Neto era o presidente da ACAT e, diante disso, propôs que se fizesse uma grande delegação para prestigiar o conferencista, Bomfim.

A delegação foi constituída por parte do segmento da advocacia trabalhista carioca, entre eles, Moema Baptista, Calheiros Bomfim, Custódio Neto, Paulo Reis, Costa Neto, Celia Belmonte, Carlos Eduardo Azevedo Lopes (Kadu), Nelson Tomaz Braga, Celso da Silva Soares, Gisa Nara Machado, além de outros. Com isso, "fizemos uma grande delegação. Éramos uns 20 do Rio de Janeiro e, lá nesse encontro, eu conheci 60 advogados gaúchos".[119] À época, se faziam presentes os advogados do Estado do Rio Grande do Sul, entre outros estados, mencionando-se, além dos cariocas acima registrados, Reginaldo Felker (RS), Bernadete Kutz (RS), Olga Araújo (RS), Heron Araújo (RS), Tarso Genro (PR), Luiz Burmeister (RS), Edésio Passos (PR) e Carlos Arthur Paulon.

Assim, nascia naquele estado, em 1977, o plano de se criar uma associação de âmbito nacional que pudesse abraçar as questões de aderência do Direito do Trabalho, da Justiça do Trabalho e, dessa forma, da defesa dos direitos e garantias fundamentais e aqueles interesses relacionados do próprio grupo de advogados trabalhistas, já que eram tempos de vilipêndio, abuso e ausência de democracia. Eram os chamados anos de chumbo, cuja restrição de direitos às liberdades é historicamente conhecida.

A ideia inicial — embora o interesse do próprio grupo fosse também a busca do maior equilíbrio entre o capital e trabalho, num país de desigualda-

---

(119) BAPTISTA. Entrevista citada.

des — era a organização, a valorização e o fortalecimento dos profissionais que militavam nesse segmento do Direito, com o "intuito de fazer a advocacia trabalhista ser respeitada", segundo Felker.[120] Esses dois objetivos caminharam juntos, constatação feita com as entrevistas realizadas e a análise de documentos que dão os principais suportes a esta pesquisa.[121] Assim, confirmando-se com as palavras de quem esteve presente nas primeiras intenções de fundação e que viria a ser o primeiro presidente da Associação, Celso da Silva Soares:[122]

> Em 1977, a AGETRA realizou um encontro e convidou o Bomfim para falar, que sugeriu formar uma delegação para ir a Porto Alegre, o que causou uma grande surpresa e alegria. Lá, surgiu a ideia de se fundar uma associação nacional e, lá mesmo, se fundou a ABRAT, marcando-se o I Encontro para o ano seguinte, em 1978.

Desse modo, tanto as ideias e o nascimento ocorreram no ano de 1977, no Estado do Rio Grande do Sul, durante a realização do III Encontro Estadual de Advogados Trabalhistas, promovido pela AGETRA, sob a presidência de Olga Araújo, mas, repetia-se, foi oficialmente fundada dois anos depois.

Ante o clima que envolvia o jantar comemorativo do evento, mais um passo foi dado nesse mesmo ano (1977), qual seja de se fazer um encontro nacional, reunindo as associações estaduais. Isso ficou definido para o ano seguinte, ou seja, em 1978, quando outros passos rumo à regularização e solidificação seriam dados, já que então de âmbito nacional, o que dificultava a reunião mais amiúde dos idealizadores, até porque não eram tempos de comunicações fáceis.[123]

3.2. O marco de sua criação

Em 1978, já no IV Encontro da AGETRA, ocorreu I Encontro Nacional dos Advogados Trabalhistas (ENAT) (como eram chamados os atuais CONAT). Logo, foi nesse ano o primeiro ato oficial da associação nascente. O objetivo primeiro de reunião desse grupo de advogados especializados também tinha por escopo sedimentar e estruturar a Associação. Para isso, estavam presentes outras as-

---

(120) FELKER. Entrevista citada.
(121) Nesse ponto, é fundamental identificar os nomes dos participantes, o que se faz com base em documentos e lembranças dos entrevistados, já que foram os pioneiros na ideia de criação da ABRAT, e muitos deles continuam sustentando, inclusive politicamente, a Associação.
(122) SOARES. Entrevista citada.
(123) MOEMA. Entrevista citada.

sociações estaduais já existentes à época, como a carioca — Associação Carioca de Advogados Trabalhistas (ACAT); a paranaense — Associação de Advogados Trabalhistas do Paraná (AATP); a capixaba — Associação Espírito Santense de Advogados Trabalhistas (AESAT); a paulista — Associação de Advogados Trabalhistas de São Paulo (AATSP); a brasiliense — Associação de Advogados Trabalhistas do Distrito Federal (AATDF); e a fluminense — Associação Fluminense de Advogados Trabalhistas (AFAT). O nome inicial escolhido foi de Associação Nacional de Advogados Trabalhista (ANAT), alterada, posteriormente, mediante reforma estatutária ocorrida em 29 de agosto de 1981 para Associação Brasileira de Advogados Trabalhistas (ABRAT).

Tais informações foram confirmadas por Reginaldo Felker, que completou os dados acerca das circunstâncias específicas da ida de um grande grupo carioca de advogados trabalhistas ao Sul do País. Ele confirmou que havia sido convidado para falar no encontro estadual, em Porto Alegre, no ano de 1977, o já conhecido, à época, Benedito Calheiro Bomfim, o qual não foi sozinho. Juntamente com ele, chegaram de surpresa mais oito colegas do Rio de Janeiro, entre eles, Moema Baptista, Celso da Silva Soares, Costa Neto e Fischer. Lá reunidos, surgiu a conversa de se criar uma instituição nacional que congregasse o grupo dos advogados trabalhistas, já bem definido naquele momento em vários estados, mas com atuação mais tímida e pontual. As decisões foram tomadas, "acertando-se fazer o estatuto".[124]

O número dos integrantes da delegação do Rio de Janeiro nesse III Encontro da AGETRA parece não ser consenso na memória dos que lá estiveram. Diante dessa circunstância, opta-se, aqui, por apontar as divergências, com o fito de se demonstrar a maior fidelidade possível às entrevistas. Para Felker, foram oito; para Baptista, 20.

> O ano de 1977 foi o começo de tudo, quando a AGETRA realizava seu III Encontro Estadual. Esse foi o começo de tudo. Lá fomos nós, da ACAT, rumo a Porto Alegre, com uma delegação de mais de 20 advogados. (...) Foi uma grande confraternização. Tudo foi tão bom que resolvemos, no ano seguinte, fazer um encontro nacional, compromissados em contatar vários Estados e/ou seccionais da OAB. (...) Nesse encontro, veio a ideia de fundarmos uma Associação Nacional, congregando as Associações Regionais/Estaduais. Assim fizemos, ali firmando o compromisso de instalá-la no ano seguinte, pela ausência de um estatuto a ser redigido e democraticamente discutido.[125]

---

(124) FELKER. Entrevista citada.
(125) BAPTISTA; SOARES. Entrevistas citadas.

A ideia de sistema federativo é ínsita no nascedouro da Associação Nacional, que se rege congregando as Associações Estaduais, com o intuito de promover o fortalecimento da Nacional e o estímulo ao aumento da filiação estadual, até então em números reduzidos (atualmente, existem 28 associações fundadas, considerando que, nos Estados de São Paulo, Rio Grande do Sul e Rio de Janeiro, existem duas). Importa realçar aqui que o momento político e social em que estava imerso o país era o ambiente propício para novos pensamentos e ideias, na perspectiva de que não só legitimava o surgimento de um grupo nacionalmente instituído, diverso da ordem profissional, mas também fomentava essa união, revelando coragem e disposição, marcados por forte entusiasmo. Esse aspecto, aliás, verifica-se como uma das características que modelam os membros da Associação até os dias atuais, inobstante divergências e ausência de coesão, às vezes profundas. Observa-se que, conforme Edésio Passos[126], um dos fundadores, que:

> A ABRAT foi constituída em 1978, congregando todas as entidades estaduais e regionais de advogados trabalhistas existentes no país. Naquele momento, o país atravessava os momentos de grandes dificuldades com a ditadura militar, época em que, mais do que nunca, era importante que os direitos trabalhistas fossem cuidados e zelados pelos seus profissionais.

A despeito de se ter realizado o I Encontro de âmbito nacional dos Advogados Trabalhistas e deixar delineadas as intenções do grupo, o certo é que não havia ainda uma diretoria definida, uma vez que a Associação, mesmo passado um ano, não se encontrava regularizada. Isso só veio a ocorrer no ano de 1979, por ocasião do II ENAT — Encontro Nacional de Advogados Trabalhistas, (hoje CONAT) —, ocorrido no período de 15 a 19 de julho, na cidade do Rio de Janeiro, quando então a Associação se regularizou, criando-se o primeiro estatuto.

Como se trata de um resgate histórico, não encontrando nenhum registro de forma integral, entende-se por fundamental trazer à baila alguns detalhes e fatos que podem parecer, numa primeira vista, desimportantes, mas, sob outro prisma, podem corresponder ao perfil com que se constituiu a Associação ao longo do tempo.

3.2.1. A celeuma em torno da escolha da primeira diretoria

Os mandatos são, até os dias atuais de dois anos, e, a par disso, a composição para a diretoria do primeiro biênio — 1979/1981— não se deu com coesão,

---

(126) PASSOS, Edésio. XXVII Conat: o trabalho como direito fundamental. *Jornal O Estado do Paraná*, 16 de outubro de 2005.

visto que por marcada disputas e insatisfações, o que nem sempre ocorreu ao longo de sua trajetória. Após várias, demoradas e acirradas discussões, ficou definida a seguinte composição: Presidente: Celso da Silva Soares (RJ); vice-presidente: Ulisses Riedel de Resende (DF); vice-presidente administrativo: Carlos Arhur Paulon (Niterói, RJ); vice-presidente de relações regionais: Mario Chaves (SP); secretário geral: Francisco Domingues Lopes (RJ); tesoureiro: João Alves de Góes (Niterói, RJ); diretor de comunicação: Sizernando Pechincha Filho (ES).[127]

Aqui, nesse ponto, é importante revelar os detalhes relacionados a essa primeira eleição como também aos fatos relacionados à nomeação dos nomes dos diretores, em razão de se compreender melhor as circunstâncias que marcaram esse momento e fazer entender que a ABRAT já nasceu evidenciando seu espírito crítico e de debates.

Pelo visto, os membros do grupo representantes do Estado do Rio de Janeiro[128] não eram uníssonos na candidatura do advogado trabalhista Celso Soares, na posição de presidente, uma vez que, segundo ele mesmo, "Nossa estimada ex-presidente Moema Baptista — talvez por considerar que, tendo sido o Rio Grande do Sul o pai da ideia de se fundar a ABRAT, seria justo que a primeira presidência lhe coubesse — engajou-se na candidatura de Olga, mas isso não trouxe problemas para a ACAT".[129] Essa dissidência dentro de integrantes de seu próprio Estado (RJ) é confirmada por Moema Baptista, quando revela os motivos pelos quais ela não apoiava, de início, a candidatura proposta de Celso Soares.

> Essa primeira eleição já veio marcada com o que seria a principal característica de nosso espírito associativo. Embora tivéssemos assumido o compromisso de eleger alguém da AGETRA, houve uma divisão. Eu mantive minha posição, mas, após reuniões durante todo o Encontro, a unanimidade nacional elegeu Celso Soares.[130]

Nesse aspecto de ter existido dissidência para a primeira eleição, há unanimidade. Consta-se que Felker confirma que estavam presentes as duas associações do Rio Grande do Sul, a AGETRA e a ATERGS (hoje SATEGS), "sem unidade e

---

(127) *Revista Comemorativa aos 25 anos da ABRAT*, 5. ed., p. 3, 2003. Optou-se por transcrever, no corpo do texto, os nomes dos diretores, diferentemente como se fez em relação às demais, em razão de se tratar da primeira formação da ABRAT.
(128) É comum, entre os advogados trabalhistas que integram as associações estaduais ou a nacional, referirem-se a outro advogado ou a grupos pelo estado a que pertence. Neste capítulo, mantêm-se essas expressões, por revelar detalhes da história.
(129) SOARES. *Revista Comemorativa aos 25 anos da ABRAT*, 5. ed., p. 19, 2003.
(130) BAPTISTA. Revista citada, p. 25.

sem consenso quanto à indicação do nome da Olga Araújo para presidente e, portanto, com esse racha no Sul, o Rio aproveitou e lançou o Celso como presidente, embora o nome seria a Olga".[131]

Importante ressaltar, do ponto de vista da existência de divergências políticas internas entre os advogados trabalhistas, vinculados às duas associações existentes no Estado do Rio Grande do Sul, que, segundo Celso Soares[132], "chegam a esse segundo encontro, já com dissidências entre eles mesmos", confirmando as dissidências nacionais. Sobre esse fato, relembra que já havia uma campanha para eleições, pouco comum numa Associação que estava sendo constituída. "Eu já conhecia o seu espírito aguerrido, mas, naquela ocasião, os gaúchos roubaram a cena com cartazes coloridos e algazarra, fazendo lembrar as convenções para escolha de candidatos à Presidência da República dos Estados Unidos".[133]

Começou, pois, a se desenhar a hipótese de que esse grupo de advogados pode ter se constituído com objetivos além da mera reunião para estudos do Direito do Trabalho ou pela ampliação e proteção do rol dos direitos sociais, mas, sim, da ocupação de espaços em outras instituições privadas e governamentais, valorizando-se. Ou a disputa pôde estar atrelada ao desejo natural e humano da vitória pela vitória sobre outro ou algo. De qualquer sorte, a divergência no seio do grupo esteve presente desde o início e se apresentou em alguns momentos futuros.

Ante a tais fatos, a eleição da primeira diretoria se deu em grande clima de dissidência e ampla discussão, como se viu acima, deixando isso registrado na memória dos que estiveram presentes a essa oficial fundação. Com a cisão havida entre o grupo do Estado do Sul — de onde se originara a própria ideia de criação de uma associação de âmbito nacional —, os interesses precisavam ser conciliados a fim de concluir a eleição. Isso ocorreu com as vozes de Mario Chagas e Sizernando Pechincha, que, ante ao fato de não haver convergência para o nome de Olga Araújo, fizeram a sugestão do nome de Celso Soares, da ACAT (Rio de Janeiro).

Constata-se que, passados 25 anos, esses acontecimentos iniciais não haviam sido esquecidos, ao menos na memória de alguns de seus personagens, os quais não foram capazes de apagar esse momento inicial notadamente acerca das celeumas políticas existentes. Tal afirmação se deve ao fato de serem relembrados e "passados a limpo", com réplicas e tréplicas, na ocasião da confecção

---

(131) FELKER, Reginaldo; KURTZ. Bernadete. Entrevistas citadas.
(132) SOARES, Celso da Silva. Entrevista publicada na Revista 25 anos Comemorativa dos 25 anos da ABRAT, p. 19.
(133) *Idem.*

da revista comemorativa dos 25 anos da ABRAT, no ano de 2003, de cuja publicação se extraem várias informações e depoimentos. Um deles foi o de Luiz Lopes Burmeister, do Rio Grande do Sul, que aponta como explicação utilizada "pelo Rio de Janeiro" para o presidente ter sido um carioca, e não uma gaúcha, como era de se esperar, algo que ficou conhecido como "aquela coisa da divisão dos gaúchos", para tentar justificar o compromisso não cumprido da eleição de uma gaúcha, Olga Araújo, para presidente da Associação nascente.[134]

A dissidência gaúcha referida é explicada por ele, com fundamento, na medida em que a AGETRA foi fundada como o objetivo de estudar o Direito do Trabalho, além da representação corporativa. Todavia caminhou de forma vultosa para a defesa sindical de trabalhadores, fato que tornou "inevitável que, logo em seguida, aqueles advogados fundadores da entidade e comprometidos, por vínculos de exercício profissional, com as teses empresariais, tenham se afastado da entidade-mãe, fundando outra". E segue: "faço esse registro "de leve", sem ressentimentos, apenas para mostrar que a dissidência gaúcha, aproveitada contra nós, nunca foi coisa inconsequente ou desimportante".[135]

Ao pé da página desse documento, se vê, em tréplica — ou seria réplica? — uma pequena nota em que acena Celso Soares,

> Às vezes, cada um tem, do mesmo fato, visão diferente, pois os fatos afetam diferentemente os que deles participam. Aproveito, porém, para dizer que não pretendi, no meu texto, fazer análise histórica ou política, nem imputar responsabilidades, nada disso. (...) Assim, não me referi à divisão dos gaúchos para justificar coisa nenhuma, nem considerei a dissidência gaúcha inconsequente ou sem importância (...).[136]

Se o consenso é algo burro, como popularmente se diz, ao contrário *sensu*, as divergências estimulam boas ideias e teses diversificadas, mesmo porque as crises não impedem o alvorecer. Com efeito, esse dissenso inicial só fortaleceu a instituição nascente, dando indicativo das responsabilidades dos que se dispuseram a assumir a direção naqueles primeiros anos, insinuando grandes compromissos futuros.

Disso resulta uma outra questão curiosa, que é o fato de o Estado do Rio Grande do Sul, na época, ter duas associações estaduais: uma congregando os advogados que defendiam os operariados e sindicatos profissionais (AGETRA);

---

(134) BURMEISTER, Luiz Lopes. Entrevista publicada na *Revista Comemorativa dos 25 anos da ABRAT*, p. 24.
(135) *Idem*.
(136) SOARES. Revista citada, p. 24.

outra dos que defendiam somente o segmento do capital (SATERGS), aliás, criada exatamente para fazer frente à primeira que começava a ter expressão, atualmente afinadas.

Embora, como se verá à frente, tenham tido momentos menos combativos, o certo é que a ABRAT, desde o início, se manteve aguerrida e disposta a combater qualquer tipo de propostas que representassem retrocesso social e precarização de direitos trabalhistas, de prejuízos ou limitação ao exercício da advocacia especializada. Isso já se percebia nos discursos iniciais e mesmo nas disputas por espaço interno.

Contudo, assim como o IAB e a OAB, o certo é que, em algumas outras épocas, havia maior dedicação a um ou outro foco, quer pelas necessidades políticas e sociais do país, quer pelas características da diretoria. Notadamente, era o presidente que impunha um ritmo mais ou menos dinâmico.

3.3. Os objetivos da associação

Com estrutura e objetivos distintos, a ABRAT não foi criada para controle do segmento dos advogados trabalhistas como a OAB, que tem estrutura punitiva, de autorregulação e reserva de mercado, mas sim, para reunir e fortalecer esse segmento especializado dos advogados, pelas condições de trabalho na Justiça especializada e cuidados na manutenção e implantação de direitos sociais. Extrai-se essa premissa não só de documentos analisados como também da postura dos diretores. Veja-se, a esse propósito, parte das informações da prestação de contas do mandato de Renato de Oliveira Gonçalves.

> [...] d) dar continuidade às tarefas empreendidas pelas diretorias anteriores na luta pela implementação do Estado Democrático de Direito e pela melhor e mais efetiva prestação de justiça a todos os envolvidos na relação empregatícia; e) manter a atividade de fazer com que a ABRAT estivesse cada vez mais presente na vida dos advogados trabalhistas.[137]

Nessa perspectiva, foi criada a diretoria de valorização profissional, o que sedimentou o objetivo, para esta pesquisa, de que a criação da instituição nacional teria mesmo dois pilares. O primeiro seria a existência de subgrupo profissional de advogados, no intuito de reafirmação, valorização e respeito. O segundo, a

---

(137) GONÇALVES, Renato de Oliveira. E-mail datado de 11 de setembro de 2003 e enviado à atual presidente da ABRAT Silvia Burmeister, disponibilizado a esta pesquisadora.

luta pela manutenção dos direitos sociais e trabalhistas, confirmando, ao longo do tempo, o que está expresso no art. 2º de seu primeiro Estatuto (cuja alteração posterior traz ampliação).

> Art. 2º A Associação tem por objetivos: a) Desenvolver todos os esforços para prestigiar a ética e profissionalmente os advogados trabalhistas, prestando-lhes, inclusive, assistência quando solicitada pelas associações filiadas; b) Cooperar para o bom funcionamento da Justiça do Trabalho, sugerindo medidas visando o seu aperfeiçoamento; c) Colaborar com os demais órgãos da classe, e em todas as questões que diga respeito ao interesse dos advogados; d) Incentivar a criação de novas associações de advogados trabalhistas; e) Promover e incentivar o estudo do Direito do Trabalho e manter intercâmbio com as associações congêneres nacionais e internacionais; f) Manifestar-se publicamente e perante as autoridades constituídas sobre quaisquer matérias relativas ao Direito do Trabalho em especial, ou sobre assuntos considerados de interesse ou dever dos advogados trabalhistas; g) Promover encontros nacionais e internacionais entre advogados trabalhistas.[138]

Posteriormente houve, ao menos, três reformas estatutárias (1983, 1996 e 2008), mantendo-se os principais objetivos, porém com ampliações de cargos e possibilidade de reeleição dos membros da diretoria. Destaca-se, no de 2008, o inciso VI do art. 2º. "Manifestar-se publicamente, perante as autoridades constituídas, sobre quaisquer matérias relativas aos direitos fundamentais da pessoa humana, em especial, sobre assuntos considerados de interesse ou dever dos advogados trabalhistas". Veja-se que, aqui, há uma harmonia com os pilares da Carta Política de 1988, quanto a esses direitos. Em seus primórdios, porém, não bastava a existência da deliberação, tampouco o compromisso estatutário, menos ainda a vontade inicial, mas, sim, atuação constante e dinâmica ao longo do processo de redemocratização do país que estava prestes a ocorrer.

Isso vai também se confirmar, ainda nesse ponto da pesquisa, com Tarso Genro, quando, juntamente com outros colegas, organizou a primeira edição do Congresso Nacional de Advogados Trabalhistas. Na ata daquele evento (1978), deixou claro, além do quanto estava honrado em receber a categoria reunida pela primeira vez em seu Estado, Rio Grande do Sul, o reconhecimento da importância da institucionalização do grupo:

---

(138) Estatuto da ABRAT. O Estatuto completo da Associação faz parte do anexo desta pesquisa.

[...] Este, graças à participação dos advogados inscritos, revestiu-se de alto significado, principalmente no que se refere à relevância que adquiriu nossa especialidade no Brasil hoje que a profissionalização é um processo, procuro analisar como ela se desenvolveu no campo do Direito no Brasil, conquistando espaços na consolidação do profissionalismo.[139]

É válido reafirmar que a ABRAT buscou a filiação como fortalecimento, por meio das associações estaduais. As filiações individuais não ocorreram, embora tal discussão, volta e meia, compusesse a pauta das reuniões nacionais de diretoria. Objetivava-se, principalmente nas reuniões e assembleias, estabelecer a plataforma de trabalhos com base na reafirmação do grupo, na valorização das filiações nos estados e no engajamento em ações que visassem combater o retrocesso da legislação social, a boa atuação na Justiça especializada, inclusive em seu órgão de cúpula, o TST.

O diálogo foi sempre presente com os poderes constituídos, nem sempre amenos pois muitas vezes sob forte pressão dos interesses meramente econômicos, intentam banalizar as conquistas feitas pelo grupo, sobretudo quanto aos direitos objetos da área de atuação, que os sociais. Não por outro motivo, nos primórdios foi marcada por certa perseguição a alguns de seus membros.

A valorização dos advogados trabalhistas e o fortalecimento como instituição eram sentidos como necessários desde o princípio. É o que se percebe nas pesquisas feitas em documentos e nas entrevistas. Tal fato se confirma com uma reunião ocorrida no ano de 1988, em Natal, RN. Em ambiente de caloroso debate sobre os rumos da entidade, entrou em pauta, além das eleições diretas para presidente — o país vivia essa discussão sob a égide de se construir uma nova República, cujo voto seria direto —, intensa discussão sobre a própria "advocacia trabalhista, necessidades, direitos e prerrogativas, o que rendeu incansáveis e longas sessões em torno do tema".[140]

A preocupação com o grupo dos advogados trabalhistas, sua organização e atuação na Justiça especializada ficou também revelado desde o I Encontro Nacional (chamado à época de ENAT — Encontro Nacional de Advogados Trabalhistas), como exsurge o documento, consubstanciado no panfleto de divulgação, de cujo temário se extraem os seguintes títulos: "I — A Justiça do Trabalho, organização e funcionamento; II — As convenções internacionais do Trabalho; III — O processo trabalhista; IV — As profissões regulamentadas; V — O servidor público e a CLT".

---

(139) GENRO, Tarso. Entrevista no Jornal comemorativo dos 25 anos da ABRAT, p. 3, 2002.
(140) *Revista Comemorativa aos 25 anos da ABRAT,* 5. ed., p. 6, 2003. O presidente da Instituição na época era José Martins Catharino.

Escolher tratar da regulamentação das profissões, da Justiça e do Direito do Trabalho demonstram que esses eram os motes que interessavam mais de perto a esse grupo, como rota de movimentos sobre a qual gravitaria. Confirma-se isso, em parte, com Castelo[141]: "Já a ABRAT e as Associações Trabalhistas Estaduais foram criadas com a finalidade de atender aos interesses dos advogados trabalhistas". Mas, então, quais os interesses? Meramente de qualificação do grupo? De luta pela manutenção dos direitos sociais contra o retrocesso? De melhoria das condições da Justiça do Trabalho, para uma melhor e mais dinâmica atuação e consequente favorecimento do grupo? De prestígio?

A questão da busca pela ampliação e manutenção dos direitos sociais conquistados, por óbvio, não era de interesse de todos do grupo, uma vez que muitos membros eram — ainda são — advogados de empresas. Para eles, por certo, a redução desses direitos seria um ponto de grande interesse, como modelo a ser seguido em nome da sobrevivência e maior lucratividade das organizações que representavam.

Celso Soares, acentua que "desde o começo, a luta da associação era em torno de garantia dos direitos trabalhistas e ela nasce assim. Havia duas vertentes: fortalecer a advocacia trabalhista, porque ela era um instrumento primordial de assegurar os direitos dos trabalhadores".

Da carta nascida do II Encontro, no ano de 1979, exatamente quando a instituição é constituída, exsurge a confirma de posições, dos objetivos e da reafirmação dos propósitos da Associação:

> A "Carta do Rio de Janeiro" [...] aprovada por aclamação na sessão de encerramento do II Encontro Nacional de Advogados Trabalhistas, expressa sentimento geral dos participantes e o espírito unitário do Encontro, enfatizando o vínculo necessário entre a democracia política e o Estado de Direito com a democracia na ordem do trabalho [...] declaram à Nação Brasileira que firmaram posição consubstanciada nos princípios fundamentais aqui estabelecidos. A sociedade brasileira deve, imediatamente, se reorganizar em Estado Democrático, afastadas as leis de exceção remanescentes, através de uma anistia ampla, geral e irrestrita de Assembleia Nacional Constituinte. Para formação do Estado Democrático, o estudo do Direito do Trabalho deve identificar as características antidemocráticas da lei brasileira, devendo buscar garantir aos trabalhadores a liberdade e autonomia dos sindicatos para defesa dos seus legítimos interesses, e devem recolocar, como prioritário, o

---

(141)   CASTELO, Francisco Ary Montenegro. *Revista da ABRAT*, n. 2, set. 2012.

caráter socializante desse ramo da ciência jurídica. (...) Os advogados trabalhistas assumem o público compromisso de contribuir para o desenvolvimento público, social e econômico da sociedade brasileira, aprimorando a lei sob os princípios fixados nesta Carta, imprimindo a sua atividade a preocupação principal pela efetiva participação dos trabalhadores na vida, riqueza e poder nacionais".[142]

Esse documento foi produzido no momento de sua regulamentação. Confirma-se, portanto, que o intento específico era resgatar o respeito dos advogados trabalhistas, dos direitos sociais dos trabalhadores, da efetiva participação na vida, na riqueza e no poder nacional, pela redemocratização do país, e na ordem do trabalho.

Seis anos depois, no documento denominado *Jornal da ABRAT*[143], verifica-se a matéria de Reginaldo Felker, com o título *Mensagem aos Advogados Trabalhistas*, afinando os postulados estatutários, do qual se extrai o trecho seguinte:

> A ABRAT, como órgão nacional que congrega as entidades de base da advocacia trabalhista [...] tem uma missão deveras importante a cumprir — qual seja a de criar condições para um grande debate, de âmbito nacional, onde sejam equacionados o rumos para um Direito do Trabalho realmente voltado para o HOMEM, um Direito previdenciário que atenda aos reclamos da massa trabalhadora e um judiciário Trabalhista acessível, célere, eficiente e democrático.

No período da criação da instituição, viviam-se os chamados anos de chumbo, e havia um anseio reprimido pela democracia, sentida em todos os segmentos da sociedade brasileira, notadamente no grupo dos trabalhadores e intelectuais. A ABRAT procurou, nesse momento, se alinhar com o Conselho Federal da OAB; tanto que o então presidente do Conselho Eduardo Seabra Fagundes esteve presente na posse da primeira diretoria, ocorrida na Faculdade Nacional de Direito, no Rio de Janeiro. Tal aproximação nem sempre ocorreu, visto que, em vários momentos seguintes, o Conselho Federal da OAB e as seccionais Estaduais ignoraram a ABRAT, embora os motivos pudessem ser os mais diversos, desde um posicionamento da própria diretoria constituída em não se aliar ou até mesmo o preconceito de certa diretoria da Ordem Profissional pelo grupo de advogados trabalhistas.

---

(142) Carta do Rio de Janeiro. Documento transcrito parcialmente na *Revista Comemorativa aos 25 anos da ABRAT*, 5. ed., p. 3, 2003.
(143) *Jornal da ABRAT*. Órgão de divulgação da Associação Brasileira de Advogados Trabalhistas, ano I, n. 1, p. 1, dez. 1985.

Este aspecto da pesquisa — a relação política e institucional da ABRAT com a OAB — não será aprofundado, mas vai deixar pistas para um estudo futuro, inclusive o da relação com o Conselho Federal e com outras associações de advogados.

A ABRAT vem minimizando, gradativamente, o preconceito nas diversas regiões do país, pela sua interiorização e pelas ocupações dos espaços. Isso é sentido, atualmente, por Britto, quando se refere à ABRAT. Ele assegura que "eu falo como alguém que já viajou esse Brasil todo, a associação de advocacia mais sólida, mais organizada e mais combativa, de todos os setores". Para ele, não há um paralelo com a advocacia criminalista ou civilista, o que foi muito importante, não só por organização, mas também por afirmação de valor.[144] Isso parece se confirmar com as informações sobre as outras associações de advogados, conforme levantamento feito e tratado em capítulo anterior.

3.4. *A forma de sobrevivência financeira da associação*

Diferentemente da OAB, que tem filiação obrigatória dos advogados em geral, a ABRAT não tem essa característica, até porque não tem como requisito ser constituída por lei, como os Conselhos Profissionais. Dessa forma, a sua receita está restrita às doações, aos resultados dos congressos nacionais, seminários e da contribuição das Associações Estaduais.

O pagamento de forma obrigatória pelas associações filiadas é fixado entre um a dois salários mínimos, por ano, de acordo com o número de associados. Aqui, nesse aspecto, a ABRAT exerce um certo poder punitivo, de advertência e até da desfiliação, embora não se tenham notícias de ter ocorrido alguma desfiliação, seja por esse ou outro motivo.

No relatório parcial da gestão 1991/1993, datado de outubro de 1991, verifica-se uma campanha de venda de *buttons* e camisas com o tema "reestruturação da entidade". Também é desse mesmo documento que se extraem as constantes dificuldades financeiras de se manter a instituição funcionando. Veja-se:

> A comissão de finanças foi instada pela presidência da entidade com a finalidade de assessorar a ABRAT em matéria de finanças e está ligada diretamente à tesouraria. A atribuição essencial da comissão é buscar recursos que viabilizem a execução das tarefas da entidade. Em recente correspondência enviada, informamos que o Conselho da ABRAT, reunido no Rio de Janeiro em 24.9.1991, resolveu fixar a

---

(144)   BRITTO. Entrevista citada.

contribuição anual das Associações Regionais para a manutenção da entidade em 10 (dez) por cento sobre a contribuição de seus sócios, não devendo a mesma ser inferior a dois (2) salários mínimos. Ficou determinado ainda que a ABRAT solicitará a cada associação regional a realização de um (1) curso por ano, destinando 50% do valor da inscrição em favor da ABRAT. Ao assumirmos a direção[,] tomamos conhecimento da difícil situação financeira, conforme podemos constatar no levantamento abaixo: [...].[145]

Do exame de seus estatutos originais, verifica-se, no capítulo V, art. 42, as fontes de receita, como as contribuições, sempre das associações filiadas, "de acordo com o que for deliberado pelo Conselho"; contribuições espontâneas, oriundas de pessoas físicas ou jurídicas; rendimentos de bens e serviços e os resultados dos Congressos Nacionais e eventos semelhantes, com percentual para a associação estadual promotora ou anfitriã. Nos estatutos de 1998, constata-se uma forma de ampliação em seu art. 10, quanto à responsabilidade das associações estaduais, notadamente no inciso VI: "repassar a ABRAT o percentual de 50% do valor arrecadado em eventos onde houver a participação efetiva e/ou em conjunto da ABRAT com a regional", fixando-se inclusive, para todas as prestações de contas.[146]

Durante toda a sua trajetória, a instituição esteve às voltas com as dificuldades financeiras, sabendo-se que, em vários momentos, algumas despesas, sobretudo as de ordem administrativas, eram custeadas pela diretoria. Mesmo as viagens para reuniões dos membros da diretoria executiva e a colegiada sempre foram às expensas dos próprios diretores, que não se furtaram em contribuir, menos ainda de deixar de participar do evento.

Tal situação é diferente da OAB, que custeia as despesas da diretoria, inclusive dos conselheiros em viagens, reuniões do Conselho, dentro e fora do Estado, às vezes até do país. Para realização dos próprios CONAT, são buscados patrocínios, apoios de editoras, caixas de assistências da OAB, instituições financeiras e até das seccionais da OAB, nem sempre fácil.

3.5. Os primeiros anos e o muito a que se fazer

Constituída a associação e estabelecidos seus objetivos iniciais, compreendiam tanto a primeira diretoria como as seguintes que, nessa fase, o fundamental

---

(145) Documento denominado Relatório parcial da gestão — gestão 1991/1993, ano I, n. 2, out. 91, encontrado na biblioteca em Porto Alegre, de Reginado Felker.
(146) Estatuto da ABRAT de 1998.

era organizar a instituição. Era preciso torná-la conhecida do norte ao sul, sobretudo nas regiões norte e nordeste, uma vez que, na época, o associativismo desse segmento da advocacia — o trabalhista — já existia com algumas associações estaduais, como a AGETRA e ACAT, ou seja, as duas mais antigas, e também com AATP (Paraná); AESAT (Espírito Santo); AATDF (Brasília): AFAT (região fluminense — RJ) e AATSP (São Paulo). Para isso, percebia-se a necessidade de realização de encontros e reuniões, com intuito de unificação do discurso, abrindo fronteiras e fincando a bandeira da união do grupo dos advogados trabalhistas, não nos Estados entre o grupo, mas com outras instituições, como a ANAMATRA, ANPT, TST. TRT e OAB.

A ampliação associativa estava ínsita em seu primeiro estatuto, no art. 2º, alínea e, incentivar a criação de novas Associações de advogados Trabalhistas, e não somente criar, mas também fomentar a união e reunião. É o que se extrai do mesmo documento, mesmo artigo, alínea h, promover encontros regionais, nacionais e internacionais de Advogados Trabalhistas.[147]

Em atenção a esse estatuto, organizou-se reunião nacional desse segmento da advocacia, anualmente e em estados distintos, para discussão de temas relevantes do cenário político, jurídico, econômico e social do país, no interesse do grupo, com palestrantes de renome, em grande parte alinhada, não somente com a ideologia da instituição, mas também com ideias contrárias, no intuito de trazer reflexão e estimular o debate. Isso qualificava os membros, principalmente os recém-saídos das academias, e também se aproveitava como movimento do grupo para posições políticas de enfrentamento de questões fundamentais relacionados aos interesses sobre os quais transita.

A forma e o modelo adotados para isso eram os ENAT, como eram chamados os Encontros Nacionais de Advogados Trabalhistas, embora o nome e formato se alterassem com o tempo. O primeiro deles, então considerado no rol dos que completam hoje (abril de 2016) 37 encontros nacionais, já havia ocorrido em Porto Alegre, RS, no ano 1978, quando do primeiro encontro nacional. Seu objetivo era também discutir a forma de criação da Instituição nacional.

Os primeiros encontros tinham uma formatação bem diversa dos atuais, já que se priorizavam as proposições de teses, as discussões, tanto assim que havia concurso de teses com regulamentos e, ao final publicado os Livros de Teses. Do regimento interno de um deles, se verifica a justificativa da época:

> Importantes mudanças na legislação trabalhista, quer em sede constitucional, quer em sede ordinária, tiveram origem no CONAT. As mais

---

(147) Estatuto da ABRAT de 1998.

significativas nasceram da discussão de teses apresentadas por seus participantes (advogados, juízes, procuradores, estudantes de direito e dirigentes sindicais). [...] A situação resultante das novas construções constitucionais e jurisprudências evidencia, porém, a oportunidade e necessidade de retomada da prática anterior, sem excluir os painéis. [...] Envia sua tese! Concorra ao prêmio ABRAT! [...]

É importante observar que muitos dos mais novos abratianos desconhecem, assim como esta pesquisadora desconhecia, esse movimento em torno das discussões e apresentações de trabalhos. Elas pareceram ter uma grande importância no processo de sedimentar e estruturar a Instituição, além da colaboração com os direitos sociais, a se ver pelos temas tratados.

Na gestão 2012/2014, essa proposta foi parcialmente retomada, não quanto ao modelo dos Encontros, mas com a ideia de teses, com a inclusão de artigos, o que se chamou de Concurso Universitário, bem como a reativação das revistas científicas. Estas, contudo, não têm atualmente o tema alinhado ao temário central do CONAT, no ano em que são lançadas.

Com base nos temas e subtemas objetos dos encontros nacionais eram e, é possível perceber quais os pontos de confluência do grupo nos cenários histórico-político e jurídico. As ações que viriam a ser adotadas posteriormente em relação a essas grandes discussões eram fundamentais para manutenção dos objetivos iniciais. Nada, porém, era fácil.

A associação nascia sem estrutura financeira, sem arrecadação, apenas contando com a disposição e possibilidade de gastos dos que integravam as diretorias estaduais e a nacional. Além disso, havia os advogados comprometidos com a ideia, o ideal, e empenhados em algumas campanhas feitas.

Não eram tempos de internet, de comunicações móveis, de redes de telefonia farta, de redes sociais, tampouco diversificação das empresas aéreas disputando espaço pela concorrência, o que veio a baratear o custo das viagens. Assomando-se a isso, conforme verificado, os advogados trabalhistas, principalmente os que defendiam a chamada classe operária, recebiam seus honorários contratuais ao final, se vencida a demanda. Nenhum desses fatores, contudo, foram capazes de desanimar, nem sequer impedir que os encontros, as reuniões e as ações se realizassem. Ao contrário — valendo-se de crença pessoal —, pensa-se que serviu para forjar a coragem e a força do grupo. Atualmente, ou seja, nas ultimas três gestões a partir de 2010, já se constitui empresa para organização do evento; já se buscam com mais facilidade, patrocínios externos, inclusive oriundos do próprio Conselho Federal da OAB, das Caixas de Assistências, dos bancos públicos e mesmo de escritórios patrocinadores. Os meios de comunicação também vêm viabilizando a organização e abrindo fronteiras, quando antes era quase impossível uma ampla divulgação que permitisse a participação de todos, a integração e o congraçamento.

3.6. Primeira reeleição. Segunda e terceira diretorias (1981 a 1983 e 1983 a 1985)

Nos quatro anos seguintes (1981 a 1985), esteve à frente da Associação o paulista Francisco Ary Montenegro Castelo com demais membros.[148] Nessa época, ocorreu a primeira mudança estatutária para que se permitisse a reeleição; para que a denominação dos Encontros Nacionais — ENAT — se chamasse CONAT, bem como para a alteração do próprio nome da Associação (ABRAT).

Quanto ao primeiro reeleito, uma vez indagado, segundo o próprio Ary Castelo, a sua reeleição foi unânime, sem dificuldades:

> Eu me lembro que minha reeleição aconteceu num momento em que a ABRAT tinha crescido muito e chegou num congresso, o quinto congresso, que eu anunciei que íamos fazer reeleição, e avisei os que tivessem interessados que formassem suas chapas e que essa eleição iria acontecer no terceiro dia de congresso, através de votação por cédula etc. E, nesse momento, uma das pessoas que estavam participando do congresso levantou-se e disse: "Em meu nome, mas em nome de muitos colegas que estão aqui que já levantaram falaram e comentaram, proponho que você seja candidato à reeleição, porque seu mandato foi muito importante para a ABRAT, porque você é uma pessoa não só respeitada, mas mantém um relacionamento pessoal com os advogados trabalhistas, e eu proponho e indago daqui se aqui as pessoas presentes se estão de acordo. E todos se levantaram, batendo palmas, e eu não questionei. Não houve outra chapa, eu não questionei e tentei formar uma chapa, com representações de cada estado.[149]

Buscando entender o motivo de uma reeleição numa associação ainda pouco expressiva no cenário sociojurídico, com graves dificuldades financeiras

---

(148) Membros da diretoria nos biênios 1981/198 e 1983/1985: Francisco Ary Montenegro Castelo (SS), Miguel Gonçalves Serra (PA); José Hildo Garcia (ES), Ulisses Riedel de Resende (DF), Gerson Lacerda Postori (SP), Maria da Penha Guimarães (SP) e Aureslindo Silvestre de Oliveira (MG).
(149) CASTELO. Entrevista citada.

de se estabelecer, Moema Baptista[150] esclareceu, de forma assertiva e pontual: "Porque Ary quis". Também aduziu que o primeiro mandato dele foi muito intenso, com debates e reuniões.

Registre-se que a segunda e última vez que houve reeleição na ABRAT foi na gestão de Luiz Salvador, eleito para os biênios de 2008/2010 e 2010/2012. A fase do país requeria que a Associação se empenhasse, como de fato o fez, na colaboração e cobrança de um reordenamento constitucional compatível com o Estado Democrático de Direito e de modificações no direito sindical, desatrelando-se do Estado. Era a intenção do grupo naquele momento.

Assim sendo, o melhor espaço de tais discussões, de forma democrática, com todos os agentes sociais e associações estaduais, eram os Encontros Nacionais. Neles, os temários, convidados e demais participantes deveriam gravitar em torno do que se queria discutir, a fim de que se extraísse documento demarcatório do momento e servisse de suporte a possíveis cobranças das Instituições Republicanas. Dessa forma, formataram-se os encontros nessas perspectivas, conforme temários transcritos a em capítulo mais à frente.

3.7. Mudança de Nome da Associação para ABRAT

Nesse cenário, um aspecto de importância, no contexto histórico da Associação, foi a alteração do nome para Associação Brasileira de Advogados Trabalhistas — ABRAT, ocorrido no IV Encontro, quando da primeira alteração estatuária, precisamente em 29 de agosto de 1981. A denominação dos Encontros Nacionais — ENAT —, também com essa alteração, passou a ser CONAT — Congresso Nacional de Advogados Trabalhistas. Não se aprofundaram os motivos das alterações.

Aqui, deve-se fazer um registro pontual da ocorrência do falecimento de um dos fundadores da ABRAT, Sizernando Pechincha Filho, do Estado do Espírito Santo, então presidente da Associação Estadual e diretor da ABRAT. Tal fato se deu em trágico acidente aéreo, quando do retorno de Belém para seu Estado, no mister da preparação e organização desse IV CONAT. Diante disso, a carta originária desse evento denominou-se "Carta Sizernando Pechincha Filho", cujo trecho ora se transcreve para o confronto necessário às constatações e considerações da pesquisa:

---

(150) BAPTISTA. Entrevista citada.

> [...] entendem os advogados que a sociedade brasileira vive hoje um quadro de crise econômica, política e social, em que ressaltam as dificuldades de toda ordem, vivida pelos assalariados, avultando, entre elas, o desemprego, a inflação corrosiva de seus salários cada vez mais aviltados e a absoluta instabilidade no emprego. Esse quadro resulta de um modelo econômico imposto autoritariamente ao País ao longo dos últimos 17 anos, não voltado para os interesses da maioria do povo brasileiro e que concorreu para agravar drasticamente os desequilíbrios sociais [...].[151]

O registro revela o sentimento que moldou o Encontro. Em 1981, o país vivia tempos de inflação avassaladora, graves crises de desemprego e uma economia instável, com sérias interferências no mercado de trabalho e na vida dos trabalhadores. Eram tempos iniciais da era da globalização, que chegava voraz, coincidindo com o período de redemocratização do país e o fim da ditadura. Com isso, os temários deveriam refletir as intenções da Associação na perspectiva das ações a serem seguidas.

Nesse viés, todos aqueles que estavam envolvidos na Associação, na militância da Justiça do Trabalho, na vida acadêmica no ensino desse Direito especial, buscavam ombrear-se a fim de que se pudessem vencer as dificuldades. Constata-se que José Hildo Sarcinelli Garcia admoesta que o momento era de, efetivamente, buscar isso.

> A ABRAT é uma casa de debate, casa de cidadania, casa do bom combate, casa das lembranças dos amigos que se foram, casa da defesa dos direitos humanos, casa da luta pela democracia, casa do respeito às opiniões divergentes, casa da indignação com as injustiças sociais, casa da luta pelas transformações sociais, casa da defesa das prerrogativas dos advogados trabalhistas. Mas também é um lar de uma grande família.[152]

A democracia que chegava ao país expressava-se em cada intenção, cada desejo, sobretudo do fortalecimento do associativismo como grupos de representação no espaço sociopolítico.

Em 25 de outubro de 1983, ocorreu a segunda mudança estatutária para permitir a primeira reeleição, que se seguiu sob a presidência do paulista Ary Montenegro Castelo.[153] Nesse período, realizou-se o IV Congresso, de cuja carta, datada de 25.10.1983 e já referida, é possível confirmar a íntima ligação com as

---

(151) Carta de Sizernando Pechinda Filho, datada de 29.8.1981, oriunda do IV CONAT, em Belém.
(152) GARCIA, José H. S. *Op. cit.*, p. 13. [nota].
(153) Não foram localizados os nomes dos integrantes dessa segunda diretoria, se desconhecendo se foram os mesmos da primeira.

lutas sociais e a crítica ao governo, ou a certas medidas denominadas, à época, "pacotes econômicos". Demonstrava-se, com isso, a isenção político-partidária de seus membros. Volta-se, pois, a alguns pontos da carta:

> Assistimos, hoje, a uma ambígua conduta do Governo Federal, que alterna propostas de diálogos com o uso da força, fazendo evidente, a todo momento, a essência ditatorial do regime. Isso se vê nas recentes medidas de emergência postas em prática no Distrito Federal e no atentado contra a seccional da OAB em Brasília. (...) O estado de tensão e angústia que vive hoje o povo brasileiro clama por saídas políticas capazes de restituir ao país a autoconfiança. É preciso evitar que a insensibilidade dos que detêm o poder e o desespero do povo sejam manipulados para fazer regredir o País ao pesadelo do qual apenas emergimos [...].

Até então, e durante muitos anos seguintes, o Conselho Federal da OAB nunca teve um presidente oriundo da especialização trabalhista — e a OAB foi fundada em 1930. Tal fato, contudo, não impedira que, em algumas ocasiões, houvesse uma aproximação entre as duas instituições, até mesmo para fortalecimento das lutas políticas, embora, é certo, nem sempre coincidentes.

Com isso, ao final de alguns desses congressos, os membros da ABRAT eram convidados a discutir em outros segmentos profissionais constituídos, como as OAB estaduais e o próprio Conselho Federal, e com a magistratura e o Ministério Público, instituições que, algum tempo mais tarde, se tornariam mais próximos da ABRAT. Nilton Correia, inclusive, confirma que um dos objetivos de sua gestão era, precisamente, essas alianças; sair do intramuros e tornar a ABRAT aliada com outras instituições, como fez, de modo efetivo, com ANAMATRA, ANPT, OAB, TST e outros.[154] Essa posição também adotou, mais tarde, Luiz Salvador, nos dois mandatos seguidos à frente da ABRAT.

3.7.1. A luta pelo reconhecimento e afirmação se reaquecia

Para o biênio de 1985/1987[155], a gestão da ABRAT mudou de mãos e de estado. Nesse momento, a batuta estava sob a presidência do advogado e pro-

---

(154) CORREIA. Entrevista citada.
(155) A diretoria para o biênio 1985/1987 foi composta pelos seguintes membros e estados: presidente: Reginado Felker (RS), vice-presidente: Mario Fortes Barros (SP), secretária: Marilene Petry Somnitz (RS), tesoureiro: Leandro Araujo (RS), vice-presidentes regionais: Nestor Malvezzi (PR), Joaquim Ferreira Silva Filho (ES), Ulises Riedel de Resende (DF), Mario Jorge Gomes (AL), Moacir Silva (AM), diretora administrativa: Sandra Nara Intra (ES) e diretor de comunicações: Raimar Rodrigues (RS).

fessor gaúcho Reginaldo Felker, cuja gestão, segundo ele mesmo, "foi trabalhosa, mas muito gratificante", já que, do ponto de vista dos acontecimentos no país, com a instalação da Assembleia Nacional Constituinte, muito se tinha a fazer.

Nesse viés, a ABRAT publicou no jornal da OAB, em 1985, as metas da gestão, quais sejam: promover ciclos de debates e discussões com vistas a matérias trabalhistas na Constituinte; a luta para maior eficiência da Justiça do Trabalho e a dignificação da advocacia trabalhista, bem como a estruturação de Associações de Advogados Trabalhistas em estados onde ainda inexistiam.[156]

Na época, fazer política de ABRAT era muito difícil tendo em vista a ausência de recursos materiais e tecnológicos, como a comunicação que se dava por meio de telegramas ou telefonemas, sobretudo porque, nesse período, já havia mais de 20 associações estaduais constituídas. Isso, por um lado, era muito importante para o aspecto associativo e, em contrapartida, reclamava mais movimentação. "E ele saía a perambular pelo Brasil, e eu segurava o escritório". Com as alianças e como membro do Conselho da Seccional do Rio Grande do Sul, lutou e obteve uma sala para sede da ABRAT, nas instalações da OAB, pelo período em que foi presidente.[157]

Ainda segundo Felker[158], o reconhecimento e a respeitabilidade da Associação não foi coisa simples nem unânime, tanto que a magistratura do Trabalho, no início, não deu importância para as associações de advogados trabalhistas. Depois, entretanto, ele achou que a ABRAT teve uma certa influência e relata um fato ilustrativo que ensaia o espaço sociopolítico para o qual foi convidado, como presidente da ABRAT, para um congresso no Ceará, tendo comparecido. Não colocaram, todavia, a associação em programa nenhum, o que gerou reclamação. Em consequência, a partir de então, passou a ser convidado para todos os eventos ocorridos naquele estado.

Toda história, mesmo a relacionada a uma instituição de advogados, perpassa por situações inusitadas, o que, talvez, se poderia dizer fora da programação parece ter sido, no sentir desta pesquisadora, a eleição de Reginaldo Felker para presidente[159]. Inclusive, ele mesmo afirmou considerá-la como "muito curiosa", porque, viajando de fusca com Bernadete Kurtz[160], de Porto Alegre para Florianópolis, foram comentando sobre os possíveis candidatos à eleição da ABRAT

---

(156) FELKER. Revista citada, p. 21.
(157) FELKER; KURTZ. Entrevistas citadas.
(158) FELKER. Entrevista citada.
(159) Reginaldo Felker foi eleito como presidente da Associação no período de 1985 a 1987.
(160) Bernadete é sua esposa e uma das fundadoras da ABRAT.

para o biênio subsequente. Para ele, o melhor candidato seria o jurista José Martins Catharino, conhecido por Zezé Catharino.[161] Lá chegando, no entanto, e no processo prévio, instalou-se a divergência entre os advogados trabalhistas de dois estados: "o pessoal de São Paulo" e o "pessoal da Bahia" em especial, uma vez que os paulistas haviam apresentado candidatura de outra pessoa, e os baianos, outro nome.[162]

Ante essa divergência no Conselho da ABRAT, o candidato indicado pelo Estado da Bahia se retirou. Com isso, Clair Martins, do Paraná[163] lançou o nome de Felker, deslocando o centro da disputa para os Estados de São Paulo, Paraná e Rio Grande do Sul.[164] Embora relutando à indicação, propôs que quem vencesse o pleito, o outro candidato, assumiria, então, como vice-presidente. Isso foi aceito por São Paulo, cujo candidato assumiu a vice-presidência da Instituição, visto que o eleito foi, para sua surpresa, o próprio Reginaldo Felker.[165]

Assim como ocorreu com a eleição da primeira diretoria, a programação prevista teve que se desfazer para que os rumos fossem outros. Ademais, a ausência de consenso demonstrou amadurecimento e seriedade quanto aos destinos e objetivos maiores da Instituição. Não se despreza, entretanto, a possível existência de interesses políticos locais de cada membro assumindo a direção da ABRAT. Afinal, se obteria, por consequência, mais prestígio pessoal e profissional. Inclusive, nenhum dos entrevistados mencionou ser esse o motivo de se lançar como candidato à presidência da Instituição nacional.

É interessante notar que situação semelhante ocorreu na constituição da primeira diretoria. Pode-se questionar: interesse pessoal, político, profissional ou espírito associativo? Uma vez eleito, Felker iniciou o processo de "botar o bloco na rua", como ele mesmo declarou, e fazer a ABRAT ser conhecida em todo o Brasil ou reconhecida. Para isso, visitou quase todas as capitais e fundou algumas associações, como a de Rondônia. Além disso, reativou as do Ceará e Rio Grande do Norte.[166]

3.8. A contribuição da ABRAT na Assembleia Nacional Constituinte

Nesse contexto, foi a ABRAT convidada para a Assembleia Geral Constituinte, participando da Subcomissão do Poder Judiciário. Sobre isso, buscou-se

---

(161) CATHARINO, José Martins. Carinhosamente chamado de Zezé Catharino.
(162) Felker não se recorda o nome indicado pelo pessoal de São Paulo.
(163) Clair da Flora Martins, do Paraná, que, mais tarde, veio a presidir a ABRAT.
(164) Estado de Reginaldo Felker, ou seja, Rio Grande do Sul.
(165) FELKER. Entrevista citada.
(166) *Idem.*

localizar documentos que confirmassem e mesmo dessem suporte a esse fato. Para tanto, valeu-se do setor de arquivo do Congresso Nacional, que enviou a cópia integral do registro da entrevista ocorrida à época.[167]

A sistemática da participação foi de apresentação, por 40 minutos, das propostas sobre a Justiça do Trabalho, para, posteriormente, os membros da comissão indagarem sobre os diversos temas relacionados, sobretudo a estrutura e as propostas de mudanças nessa área. Havia, porém, o desejo de se posicionar — isso ficou claro, nas considerações finais — sobre o Direito Material, uma vez que Felker havia preparado a participação em quatro grupos: Justiça do Trabalho; Direito individual do Trabalho; Direito Coletivo do Trabalho e Direito Previdenciário. Na prática, todavia, tanto as perguntas quanto a sua própria exposição ficaram mais centradas no tema Justiça do Trabalho, não se podendo afirmar se, em razão do tempo ou se a pedidos da Comissão, os demais temas foram pouco tratados.

Dessa forma foi apontando as posições da Instituição, mesmo que ele pessoalmente como presidente, ficasse vencido nas proposições, como registrou em alguns pontos, manifestando, inclusive, sua posição pessoal sobre certos temas, mas sempre fazendo esse esclarecimento. Iniciou, explicando o que era a ABRAT e o que representava, a fim de demonstrar que não havia decisão que fosse tomada de forma individual, esclarecendo também a natureza híbrida em razão de agregar advogados dos dois segmentos da relação de trabalho. Isso refletia a ausência de unanimidade sobre certos assuntos tratados, uma vez que as questões haviam sido amplamente discutidas e, pelo viés democrático da maioria, decididas.

Poderíamos dizer que é uma entidade que reúne advogados trabalhistas. Somos, hoje, 22 associações no Brasil, do Amazonas ao Rio Grande do Sul, formadas por advogados de empregados e de empregadores. Então, poderão deduzir disso certas dificuldades que envolvem até o contraditório dos processos do dia a dia. Temos associações dirigidas por advogados de empregadores, temos associações dirigidas por advogados dos empregados. Convivemos com a mais democrática harmoniosa família de advogados trabalhistas.[168]

Fez questão de explicar aos membros da constituinte que houve trabalho preliminar para a tomada de posições para a participação, tanto sobre matéria constitucional da Justiça do Trabalho e o Direito do Trabalho. Do resultado desses

---

(167) Informações contidas no *Diário da Assembleia Nacional Constituinte* (suplemento), p. 137-145, maio 1987, quando da participação da ABRAT na Comissão da Justiça do Trabalho, por Reginaldo Felker, em convite feito pelos membros da comissão.
(168) FELKER. *Diário da Assembleia Nacional Constituinte*. Doc. citado, p. 138-139.

debates, editou-se, em parceria com o Instituto dos Advogados do Rio Grande do Sul, um material impresso com exemplares entregues, adredemente, aos membros da Comissão, fazendo questão de esclarecer que havia no documento um estudo histórico sobre a Justiça do Trabalho.

À comissão, apresentou a tese sobre a Justiça do Trabalho quanto às propostas existentes de extinção ou transferência para uma vara especializada na Justiça Federal, motivada, segundo o projeto, em razão de não ser célere nem barata como finalidade. Discorreu sobre a composição, a competência e o controle da Justiça; defendeu a permanência da representação paritária, a despeito de esclarecer e compreender as mazelas desse instituto. Apresentou, no entanto, proposta de extinção do TST, posicionamento que foi, inclusive, aprovado na Conferência da OAB, em Belém, e, como sustentação, utilizou várias explicações, quais sejam: (i) pela regionalização das condições de trabalho e da economia brasileira, não conhecidas pelos membros do TST em profundidade; (ii) porque a matéria constitucional deve caber a uma corte, e não ao TST; (iii) pela morosidade desse órgão, indagando para que quatro instância na Justiça do Trabalho, muitas vezes para receber o pedido referente a um salário; e (iv) um quarto fundamento para a extinção foi a existência das súmulas que coíbem o progresso e desenvolvimento do próprio Direito do Trabalho. "Até o TST tem-se mostrado um órgão extremamente conservador, que está castrando as tentativas de liberação dos tribunais regionais e das juntas, a ponto de todos os nossos reconhecerem que, hoje, o TFR é mais liberal que o TST". Desse modo, sustentou longamente os diversos fundamentos.

Quanto à composição da Justiça do Trabalho, ofereceu a proposta vencedora de manutenção das Juntas de Conciliação e Julgamento, com Juízes togados e representantes leigos, explicando que essa tese havia sido vencida com poucos votos contra. Apresentou, entretanto, várias teorias em torno do instituto dos juízes classistas, desde a total falta de função relevante até o encarecimento da Justiça, isso como posição pessoal e contrária da Instituição que representava. Acrescentou que o grande problema era o critério de seleção desses representantes dos segmentos profissional e patronal, pois alguns vinham de sindicatos pelegos e/ou vinculados às autoridades que os haviam nomeado. Propôs a manutenção com alterações; entre elas, limitar a recondução e adiar a aposentadoria "para evitar que se torne o fim da carreira de sindicalistas que se aposentam".

Quanto ao quinto constitucional, apresentou proposta pela manutenção tanto da vaga dos advogados quanto dos procuradores. Indicou, porém, que fossem feitas eleições diretas, em razão de vários fatores, entre eles, a indicação de advogados que não advogam.

No que diz respeito à competência da Justiça do Trabalho, expôs proposta de que todos os conflitos relacionados às relações de trabalho, inclusive os do funcionário público e os de acidentes de trabalho, fossem dirimidos nessa instância. Cabe aqui um apontamento para dizer que a tese não foi acolhida na época e, somente em 2004, com a Emenda Constitucional n. 45/2004, a competência da Justiça do Trabalho se alterou, e, à exceção do funcionalismo público, as propostas sugeridas pela ABRAT quase 20 anos antes estavam no projeto. Não se pode dizer, com isso, que foi a Instituição quem provocou sozinha a alteração, mas, sim, que já compreendia a importância do aumento da competência pela afinidade das matérias.

Sustentou ainda a necessidade de existência de um Tribunal em cada estado da federação. Na época, isso não acontecia. Já sobre o poder normativo, explicou a existência de teses divergentes quanto à manutenção e extinção. A vencedora, porém, foi pela manutenção do poder normativo na Justiça do Trabalho, a despeito de todas as mazelas e algumas ineficiências do Tribunal. Entre os argumentos para a extinção, estava este: "Alguns ministros receberam o cargo como prêmio pelos bons serviços prestados à ditadura". Ou porque prejudicava o empregador: "Parte da cúpula do TST foi nomeada pela ditadura".

Foi defendida, em tese pessoal do presidente Felker, a criação de comissões paritárias de fábrica para descongestionar a Justiça do Trabalho, em vez de se criar mais Juntas. A proposição foi vencida sob o argumento da força patronal, que, por consequência, pressionara a comissão parlamentar. Outras vertentes de órgãos conciliadores foram apresentadas, como juízes arbitrais conciliadores. Informou que havia sido vencido e que, portanto, não era uma posição institucional, embora a apresentasse de forma pessoal. Vale observar que essas formas alternativas de solução de conflitos acabaram chegando ao mundo jurídico em 1996 e 2000, mas que, embora boas as ideias e as teorias, na prática gerou imensas fraudes e desmandos, suscitando da ABRAT acirrados posicionamentos com o fito de alteração das leis.

Apresentou proposta de controle externo do Judiciário, apontando vários fundamentos, inclusive, o comparando com outros países da Europa, com a seguinte argumentação, entre outros fatores:

> O Judiciário está precisando de uma incisão maior, de um corte mais profundo [...]. Não teremos a necessária justiça enquanto os juízes não mudarem a mentalidade, não se derem conta de que a justiça não se esvai no direito positivo. É preciso que eles tenham criatividade, sensibilidade, independência, coragem de julgar, porque nós, advogados,

normalmente temos tido essa sensibilidade. Essas conquistas da jurisprudência brasileira se devem a nós advogados, modéstia à parte.[169]

O CNJ também passou a existir no ordenamento jurídico brasileiro com a reforma feita com a EC n. 45/2004.

Foi, ao final, em tom elogioso, que a comissão admoestou que já havia ouvido juízes e promotores, e os únicos que não haviam feito reivindicações corporativas foram os advogados, cujas solicitações baseavam-se na Justiça do Trabalho e nos direitos sociais.

É essencial notar que esse foi um fato marcante na vida da Associação, sobretudo porque era relativamente nova — cerca de dez anos de criação —, e, em razão disso, a movimentação para participar desse episódio se deu de forma intensa e responsável. Veja-se, a propósito, a publicação, no jornal da ABRAT, em 1985, com o título "Mensagens aos Advogados Trabalhistas", de onde se extrai outro importante trecho:

> Quando se prepara a instalação de uma Assembleia Nacional Constituinte é de fundamental importância que os Advogados Trabalhistas se mobilizem em torno de teses, que a nível constitucional independent de cores político-partidárias, se constituem em reivindicações prioritárias das Nações, ligadas ao Direito e a Justiça do Trabalho.
>
> Mais do que nunca a palavra de ordem é PARTICIPAÇÃO. Não temos o direito de omitir. Por isso esperamos uma intensa e proveitosa atividade das Associações de Advogados Trabalhistas de todo o Brasil. Somente através de um trabalho intenso e continuado venceremos o desafio que o momento histórico se antepõe, e que nos será cobrado pelas gerações futuras. [...].[170]

Nesse mesmo veículo de comunicação interna, se verifica, em meia página, o texto intitulado "Sugestão para a Constituinte" e o subtexto "Direito do Trabalho, sugestões", de autoria de José Martins Catharino. Não é o objetivo desta obra comparar as propostas da ABRAT com o texto dos direitos sociais na Carta Política, mas, pode-se observar, grosso modo, que muitas das ideias advindas dos advogados trabalhistas estão na Constituição Federal. Coincidência à parte, é uma constatação, e outras vieram a ocorrer ao longo do tempo, talvez a mais importante tenha sido a ampliação da competência da Justiça especializada no ano de 2004, pela EC n. 45.

---

(169) FELKER. *Diário da Assembleia Nacional Constituinte.* doc. citado, p. 141.
(170) *Jornal da ABRAT.* Doc. Citado.

Nessa questão, ainda deste mesmo documento, é possível identificar o apoio recebido pela OAB, quanto à colaboração do texto. Veja-se trecho da matéria, com o título "ABRAT-OAB", do qual se extrai o entrosamento das Instituições: "manifestando o apoio da ABRAT pela forma segura e correta como a OAB vem conduzindo o problema da constituinte exclusiva e soberana. O presidente Baeta prometeu todo o apoio e colaboração da OAB à ABRAT [...]".

O reconhecimento de participação nesse episódio era visível. Edésio Passos, na apresentação do XXVII CONAT, no ano de 2005, ressalta, em discurso, o seguinte:

> A ABRAT foi constituída em 1978, a ABRAT teve participação incisiva, principalmente no tocante à discussão dos capítulos que tratavam dos direitos sociais, brigando para incluir no texto constitucional o maior número possível de garantias aos trabalhadores brasileiros. A partir da promulgação da nova constituição a ABRAT tem sido uma fiel guardiã de todos os princípios nela esculpidos, tendo desde então enfrentado diversas lutas para evitar que os mesmos fossem reduzidos, suprimidos ou até mesmo flexibilizados...[171]

Somente com o tempo é possível comprovar que naquela época, a participação da ABRAT foi fundamental se não para criar, ao menos para ampliar e sedimentar importantes direitos trabalhistas na novel Carta Política.

3.9. As parcerias com outras entidades nacionais e internacionais

Essa diretoria trabalhou com duas metas. A primeira foi estabilizar a ABRAT por meio de associações mais ou menos fortes em todos os estados. A segunda, em que já vinha trabalhando, foi a criação da ALAL — Associação Latino-Americana de Advogados Laboralistas, inicialmente como uma Coordenadoria, da qual fizeram parte Brasil, Cuba, Argentina, Bolívia, Colômbia, Chile, Guatemala, Honduras e Venezuela. Essa diretoria teve à frente o então presidente da ABRAT Reginaldo Felker. Nesse período, também foi organizado o I ELAT — Encontro Latino-Americano de Advogados Trabalhistas, ocorrido de 28 a 30 de outubro de 1987, em Porto Alegre, com palestrantes de renomes e participantes de todos os países da América Latina.

---

(171) PASSOS, Edésio. XXVII Conat: o trabalho como direito fundamental. *Jornal do Estado do Paraná*, 16 de outubro de 2005.

Iniciou-se nessa fase a semente da criação da ALAL, em razão do convite à Associação para participar de seminários na Central Latino-Americano dos Trabalhadores — CLAT, o que fez com que assumisse a coordenação geral da Coordenadoria Latino-americana de Abogados Laboralistas. No I ELAT, a intenção era, entre outros, discutir a legislação trabalhista das populações migrantes, como, por exemplo, o paraguaio que trabalhava no Uruguai e o argentino no Brasil; liberdade do exercício da advocacia trabalhista na América do Sul; questões relacionadas às ocorrências do Paraguai e Chile, tidas como muito graves à época, inclusive com prisões de advogados trabalhistas.[172]

Anos depois, a ALAL foi fundada (ou refundada) e reestruturada, quando se fez necessário unir-se novamente com os países da América Latina, para o enfrentamento das ideias neoliberais. Naquele período, realizaram-se dois encontros no Brasil e, posteriormente, em outros países.

Outro dado importante, nessa época, foi as duas publicações da revista científica da ABRAT, nos anos de 1986 e 1987. Tal fato era, até então, desconhecido por esta pesquisadora, até porque veio a coordenar no ano de 2013, a criação do que chamou de primeira revista científica da ABRAT, lançada no XXXV CONAT, nesse mesmo ano (2013), bem como as que se seguiram nos anos seguintes.

Na ocasião contudo, estagnou nos dois primeiros números, não sendo possível a continuidade em face da ausência de condições materiais, além do que a LTr Editora não assumiu mais o patrocínio, como vinha fazendo. Esse acontecimento revela, mais uma vez, os esforços materiais que faziam os membros para continuidade de todos os projetos — e não eram poucos. Atualmente, as revistas são editadas pela editora Fórum, de Belo Horizonte, MG. Como se trata de uma Associação sem fins lucrativos, sem recursos, sem remuneração de seus membros, ter esse *status* naquele momento foi fundamental para que atingisse o patamar a que chegou aos dias atuais. Contudo também foi um grande desafio, entre outros, pela ausência de receitas e pela distância dos estados, em face da diversidade geográfica do Brasil e ausência de farta comunicação.

Outro ponto a ser destacado do período foi a proximidade com o Conselho Federal da OAB, que gerou, além das instalações da primeira sede fora do escritório dos presidentes, a criação, por resolução, do Conselho do Trabalho e Seguridade Social da OAB nacional, "destinado a assessorar a Diretoria e o Conselho Federal da OAB, em matéria alusiva ao Direito do Trabalho, Justiça do Trabalho e Previdência Social". Para coordenador da comissão, foi designado Calheiros Bomfim e demais membros da diretoria da ABRAT.[173]

Outros vértices da grande movimentação foram verificados nesse período na união e parceria com outras entidades, como o DIAP; na Comissão do Traba-

---

(172) Informações contidas no *Diário da Assembleia Nacional Constituinte*. Doc. cit., p. 144.
(173) *Jornal da ABRAT*, 1985, documento referido, p. 3.

lho e Seguridade Social do Conselho Federal da OAB, coordenada por Calheiros Bomfim. A ABRAT recebeu, do presidente da República, uma condecoração no Grau de Grã-Cruz do Mérito Trabalhista, datada de 21 de novembro de 1985.[174]

O comprometimento no trato com as questões de interesse da associação confirma-se por vários aspectos, assim é percebido, das reuniões políticas tidas como longas, cansativas, discutidas: "Trancados, os presidentes das associações levavam horas discutindo e, ao término, a multidão que se aglomerava do lado de fora perguntava, ansiosa, se haviam chegado ao bendito consenso. A cada resposta negativa soava um 'oh' de decepção. Parecia aqueles encontros de cardeais no Vaticano para a escolha do Papa, e nada de sair a fumaça branca".[175] Dessa informação, resulta uma questão que parece ter mudado, que é o fato das deliberações serem abertas, o que não afasta algumas reuniões fechadas com a diretoria executiva. Ocorrem atualmente, no modelo de assembleias, ao final de cada CONAT. Mesmo das reuniões de diretorias, fazem parte os diretores, os ex-presidentes, associados das Associações Estaduais e qualquer membro que queira assistir, embora, sem direito a voto.

Foi um período decisivo e fundamental para o destaque e visibilidade do grupo.

Trinta e cinco anos depois, quando da entrevista, Felker enxerga a ABRAT como uma Instituição que esteve à margem de partidos políticos, conciliando os interesses sociais, mesmo contendo, em seus quadros de diretores e membros, advogados defensores dos direitos dos empregados e aqueles mais ligados aos interesses patronais, como os próprios ex-dirigentes Gilberto Gomes, Zezé Catharino e Roberto Mehanna. Segundo ele, nunca comprometeram o viés social das posições, tampouco o livre respeito ao exercício da profissão.[176] Mas essa teoria é igualmente esclarecida na participação da Assembleia Constituinte, em que o grupo era formado por advogados dos dois segmentos do Direito do Trabalho.

Certa vez, em uma das inúmeras falas em reuniões de diretoria, ouviu-se Luís Carlos Moro, que presidiu a Instituição e também fazia advocacia empresarial, afirmar: "Vendo minha técnica, mas não vendo minha consciência". Durante muitos anos, essa frase foi alvo de reflexão desta autora para tentar entender como se dava essa conciliação.

Como direção e posição institucional, tendeu-se em favor do equilíbrio social quanto às relações capital e trabalho, da manutenção pelos direitos sociais conquistados e da coesão do grupo, visto que se procurou manter o fiel dos fins estatutários. Isso vem se observando ao analisar os documentos referentes

---

(174) A Ordem ao Mérito do Trabalho, do Ministério do Trabalho, foi publicada no Diário Oficial da União em 25 de novembro de 1985.
(175) SOARES. Revista citada, p. 20.
(176) FELKER. Entrevista citada.

às atuações da ABRAT. Perguntado isso a Felker, no auge de seus 82 anos (em 2015), respondeu que algumas tomadas de posição não significavam retrocesso, mas, sim, uma visão de adequação ao momento sociojurídico, embora, para ele, cada um soubesse muito bem separar os interesses profissionais — na defesa do capital ou do trabalho — do compromisso institucional. Essa também é a posição de João Pedro Ferraz dos Passos.[177]

Retomando os fatos, constata-se que, nesse período, foi dado um grande impulso na Associação recém-nascida, na perspectiva de torná-la conhecida, de participar de vários eventos de âmbito nacional, produzir textos e manifestos, o que, por certo, se deve ao perfil aguerrido, destemido e inteligente dos dirigentes. Assim confirma Bomfim, para quem "a ABRAT teve muita organização, arregimentação — reunindo os advogados do país todo, fazendo congressos — e sorte de ter bons presidentes independentes, com visão social, como o Felker".[178]

Ainda que Calheiros Bomfim nunca tivesse assumido a presidência da Associação nacional em estudo, no cargo de presidente, foi vice-presidente de Renato de Oliveira Gonçalves, no período de 1991/1993.[179] Nunca, porém, na história da ABRAT, ficou de fora, nem na estruturação inicial, tampouco nos movimentos de reafirmação e projeção que marcaram a trajetória da Instituição. "Acompanhava os movimentos", segundo ele mesmo disse, mesmo à distância fisicamente; tanto assim que foi um dos pivôs de sua criação, além de estar vinculado a outros instrumentos políticos, como OAB, ACAT e IAB, o que trouxe contribuição para a ABRAT, ante a visão associativa de que é portador.

Nesse período, ainda foi lançada a ideia de se criarem teses nos Congressos Nacionais com organização, com base em publicidade em edital, regulamentos, temários, produzindo-se, inclusive posteriormente, os livros de teses. Das análises feitas nesses documentos, logrou-se êxito em localizar os livros até o ano de 1993, com temários afinados com os dos CONAT respectivos. Alguns deles são de teses, contando com mais de 29 artigos publicados e defendidos em plenárias. Também se localizaram e examinaram documentos relacionados a pareceres, posicionamentos perante ao TST e Congresso Nacional acerca de projetos de lei. Se teve à mão, ainda para consulta, inúmeros documentos, como jornais, boletins, manifestações em jornais, revistas, participação nas seccionais da OAB e no próprio Conselho Federal. Isso revelou muita organização e empenho dessa diretoria. Ademais, por característica pessoal, Felker, armazena esse material em espaçosa e convidativa biblioteca, onde compulsar documentos tomando um chimarrão e respirar o prazer da história.

---

(177) PASSOS. Entrevista citada.
(178) BOMFIM. Entrevista citada.
(179) Renato Oliveira encontra-se acometido de doença cognitiva, o que impossibilitou entrevista.

Deve-se advertir que houve grande dificuldade de localização de documentos históricos da Associação em estudo. Daí justifica-se maior descrição e detalhamento de ocorrências em certos períodos, como o aqui narrado, o que se explica pelo êxito em encontrar documentos para confronto, em detrimento de outros períodos.

De 1987 a 1989, esteve à frente da Instituição, como presidente, José Martins Catharino, carinhosamente conhecido e chamado de Zezé Catharino pelos abratianos. Ainda nesse período, houve um mandato temporário de sete meses (setembro/1988 a março/1989) até a nova eleição com Roberto Mehhana Khamis, na presidência.[180]

Aquela gestão foi considerada "morna", "levou adiante como estava, não fez muito movimento político". "O Catharino era muito inteligente, mas era sereno, e o que fez foi dentro do seu ritmo."[181]

Notou-se que a marca desse período da ABRAT foram os movimentos acadêmicos, científicos, cursos em diversas capitais, discussão dos problemas das gorjetas quanto à sua integração. Chegou-se a defender a teoria dos dois terços do salário sobre as férias em tese, constante das revistas. Tal direito, posteriormente, passou a fazer parte do catálogo constitucional de 1988, mas com um terço sobre o salário. Discutia-se, ainda nessa época, o adicional de insalubridade sobre salário e questões relacionadas aos rurícolas. Sinalizavam-se as teorias acerca do dano moral nas relações trabalhistas.[182]

Não se localizaram mais documentos que identifiquem as atuações dessa gestão, o que não quer dizer total inércia. Também não foi possível a entrevista, uma vez que José Martins Catharino faleceu em 5 de julho de 2003.

A disputa para cargos de direção existia, embora, na maioria dos momentos, isso não ocorresse sem um consenso inicial. Esse fato se explica pela total ausência de remuneração de seus membros, com o agravamento de se ter que deixar os afazeres na

---

(180) Fizeram parte dessa gestão como diretores: presidente: José Martins Catharino (BA); vice-presidente: Roberto Mehana Kjamis (SP): secretário: Antonio Carlos Menezes (BA); tesoureiro: José Diogo Santos Monteiro (BA); vice-regional Sul: Laci Ughini(RS); vice-regional norte: José Raimundo Montenegro (PA): vice-regional nordeste: José Aurelio (SE): vice-regional Centro Oeste: Edna Xavier Cardoso (GO); vice-regional sudeste: Alice de França Marques e, diretor de comunicação: Jackson Azevedo (RJ). No mandato tampão, foi formada a seguinte diretoria: presidente: Roberto Mehana Khamis (SP); vice-presidente: Eduardo Serrano Rocha (RN): secretário: Helio Agostinho (SP); tesoureiro: Eraldo Aurelio Rodrigues Franzese (SP); diretor de comunicação e divulgação: Ivair Sarmento de Oliveira (SP); diretor de assuntos internacionais: Jorge Aurelio da Silva (SE); vice-regional norte: Osvaldo Mello (R0): vice-regional nordeste: João Amaral (BA) e centro Oeste: João Pessoa de Souza (GO) — OBS: Não se tem registro das representações da região sul e sudeste.
(181) KURTZ. Entrevista citada.
(182) KURTZ. Entrevista citada.

advocacia — já que é uma Associação de advogados trabalhistas e, portanto, de profissionais liberais — para se dedicar ao mister das lutas políticos-institucionais no Brasil a fora. Além disso, nem todos os presidentes e demais membros das diretorias executivas da ABRAT eram sólidos financeiramente.

Vale ressaltar que os dirigentes que assumem a direção não se permitem deixar de trabalhar, ou delegar, totalmente em seu escritório para se dedicar, com exclusividade, à ABRAT. Alguns são professores, além de advogados. A conciliação desses interesses, por certo é, para a maioria dos membros da diretoria, o grande desafio, assomando-se ao fato de que, em épocas anteriores, não existiam as tecnologias da comunicação eletrônicas, telefones móveis, internet móvel e outros, como nos dias atuais. Os mais jovens nem sequer podem imaginar como eram esses tempos e, ao lerem este texto, por certo se indagarão como era possível dirigir uma Associação nacional em país de tamanha dimensão geográfica como Brasil e de interesses diversos, considerando alguns períodos de plena efervescência sociopolítica.

Há se observar que o tempo dos telégrafos, cartas em papel, telefonia limitada em certas regiões não impediram o avanço nos debates nacionais, as alianças em prol dos direitos sociais, tampouco a coesão do grupo dos advogados trabalhistas. Do que se vai observando da pesquisa, o contrário ocorreu: quanto mais sacrifícios, quanto mais dificuldades, parece que a dedicação e integração dos membros ficavam mais firme, com maior foco nas questões realmente importantes.

Já em Natal, RN, na quinta gestão da Associação e durante um CONAT, quando em caloroso debate sobre os rumos da entidade, entraram em pauta as eleições diretas para presidentes, também amplamente discutidas, o país respirava esse clima, sob a égide de se construir uma nova República, cujo voto direto dividia os interesses políticos.

Dezoito estados se faziam representar naquela capital do Rio Grande do Norte, tendo ocorrido a eleição de um mandato temporário (mandato tampão), cuja diretoria foi encabeçada por Roberto Mehanna Khamis de São Paulo, e, portanto, as eleições diretas, vieram a ocorrer efetivamente em março de 1989, não sem antes a formação de uma comissão eleitoral criada pela Resolução n. 1/88, como se detalhará no próximo capítulo, que marca a segunda fase da Associação em estudo.

Capítulo 4

ELEIÇÕES DIRETAS NO PAÍS E NA ABRAT EM TEMPOS DE GLOBALIZAÇÃO

> *"Não é no silêncio que os homens se fazem, mas na palavra, no trabalho, na ação-reflexão."*
> (Paulo Freire)

A ABRAT entra na segunda fase que se inicia aos onze anos de fundação, ou seja, em 1989, indo até o ano de 2000 recorte deste capítulo. Algumas mudanças marcam indelevelmente sua trajetória em consonância com mudanças fundamentais no país. A primeira delas, é constatar onze anos de solidificação de sua existência, constituição e ambientação no cenário nacional, marcado pelas lutas de manutenção dos direitos sociais e a disputa no espaço de valorização dos advogados trabalhistas.

A segunda pelo fato de que, nessa fase, é também a da reconstrução do país implantando-se ou reimplantando a democracia, por ter saído de uma ditadura militar.

Terceiro, por outro fato marcante e histórico, que é de passar a ser dirigida pela primeira mulher Moema Baptista — guerreira por natureza e uma das pessoas que se fez presente nas primeiras conversas para a criação da Associação no ano de 1977. Mas não é só isso, eleita pelo voto direto, até então inexistente na Associação, em disputado pleito.

E quarto, é o fato de haver períodos, identificados como anos de inércia, esquecimento e quase desaparecimento de todo o trabalho associativo feito.

No capítulo anterior, constatou-se que a ABRAT contribuiu para a construção dos Direitos Sociais elencados na Carta Política de 1988. E aqui, faz-se breve menção a esse catálogo, sem contudo, adentrar os artigos representativos dos direitos sociais.

A promulgação da Carta Política e Democrática de 1988, por ser uma constituição do Estado Social, de valores refratários ao individualismo no Direito e ao absolutismos no Poder[183] que Bonavides sustenta que "não resta dúvida que determinados círculos das elites vinculadas a lideranças reacionárias está sendo programada a destruição do estado social brasileiro".[184]

Reafirma Bonavides[185] que a Constituição Federal de 1988 e o Estado Social é, portanto, de terceira geração, já que tem por escopo não somente conceder direitos sociais básicos, garanti-los, mas, também lança dúvida o autor sobre a efetividade e a prática dessa garantia e das condições materiais propiciadoras dessa efetividade.

Aqui, toma-se o viés de convergência entre o papel de associações de classes organizadas e atuação na cobrança das prestações positivas. Se um dos princípios da ABRAT é a luta pela manutenção e ampliação do leque dos direitos sociais, cabe a ela, portanto, essa cobrança, ficando a provocação se vem cumprido esse papel.

Nesse contexto de implantação da Carta democrática, o país que pensava implantar essa nova era, é sacudido por um fato político e novo, qual seja o primeiro *impeachment* de um presidente da República.

4.1. As Eleições diretas para presidente da República e o impeachment do Presidente Collor

Para compreender essa fase de desenvolvimento e estruturação dos advogados trabalhistas, pela lente da ABRAT, opta novamente por contextualizar o momento do país.

Embora o aspecto político das eleições diretas para presidente da República e o posterior *impeachment* não tenham interferência mais direta nas políticas

---

(183) BONAVIDES, Paulo. *Curso de direito constitucional*. 22. ed. São Paulo: Malheiros, 2008. p. 371.
(184) *Ibidem*, p. 371.
(185) *Ibidem*, p. 373.

neoliberais que viriam, não podem ser desprezados, uma vez que seria impossível garantir que o não afastamento do então presidente Fernando Collor de Melo reduziria os projetos neoliberais de estado mínimo, tendo em vista seu discurso de renovação, sobretudo de combate à corrupção, com o qual se elegeu. Desde o início do seu governo houve profundas alterações na economia brasileira, com os planos econômicos radicais.

Em breve retrospectiva, o ano posterior à promulgação da Constituição da República de 1988 foi marcado pela realização da primeira eleição direta para presidente da República, após a saída do país do regime de exceção. O eleito Fernando Collor de Mello, que se apresentava como "caçador de marajás", adotava discurso, aparentemente inovador, em comícios, no seguinte sentido: "Vamos fazer do nosso voto, a nossa arma. Para retirar do Palácio do Planalto, de Brasília, os maiores marajás deste país".[186] Conquistou o povo e derrotou o então sindicalista e hoje ex-presidente da República Luiz Inácio Lula da Silva. Foram computados, à época, 35 milhões de votos contra 31 milhões recebidos do outro candidato.

Esse foi só o início de uma tumultuada e ímpar fase da história política brasileira. Meses depois da posse do presidente eleito Fernando Collor de Mello, começaram a surgir denúncias relacionadas à improbidade tanto na companha quanto no governo, vinculando seu nome ao conhecido tesoureiro (da campanha) PC Farias, com acusação de ser "testa de ferro" do presidente. Algumas denúncias vieram, inclusive de seu próprio irmão Pedro Collor.[187]

A par e passo de tal momento político a ABRAT atenta e em 1990 o tema sugerido para o CONAT foi "Direito, Justiça e Povo". Iniciou-se o período de grandes transformações e desafios no Brasil, no auge das denúncias políticas.

No ano de 1991, foi instalada a Comissão Parlamentar de Inquérito (CPI) no Congresso. Com ela, veio a concluir-se que o então presidente da República havia sido beneficiado pelo suposto esquema montado pelo ex-tesoureiro P. C. Farias. Houve forte movimento social dos "caras-pintadas", que saíram às ruas vestidos de preto e pedindo a saída de Collor da Presidência. Em 29 de setembro de 1992, a Câmara dos Deputados aprovou a perda do cargo do ex-presidente, marco do processo que levou à renúncia e perda dos seus direitos políticos por oito anos.

Em 29 de dezembro, o Senado decidiu que o presidente Fernando Collor era culpado pelo crime de responsabilidade. A sessão foi comandada pelo presidente

---

(186) G1. *Impeachment de Collor faz 20 anos:* relembre fatos que levaram à queda. Disponível em: <http://g1.globo.com/politica/noticia/2012/09/impeachment-de-collor-faz-20-anos-relembre-fatos-que-levaram-queda.html>. Acesso em: 13.2.2014.
(187) *Idem.*

do STF e a cassação de Fernando Collor de Melo foi confirmada por 76 votos favoráveis e dois contrários no Senado Federal. Para tentar escapar da possível inelegibilidade por oito anos, o ex-presidente renunciou. Mesmo assim, entendeu-se que ele deveria perder os direitos políticos, então confirmado pelo STF.

Ao fazer a revisão deste trecho para o livro, constata-se que o país volta a viver um momento igual com o pedido de *impeachment* da atual presidente, Dilma Rousseff, o que torna mais curiosa ainda as reminiscências desse passado.

Embora com opiniões divididas entre os integrantes da diretoria e do próprio grupo de advogados trabalhistas, a ABRAT passou a debater e reunir-se internamente para tomar posição acerca do *impeachment*. Mesmo sem consenso, não deixou de tratar do assunto, uma vez que existiam muitas dúvidas em torno das denúncias e até mesmo acerca da sua credibilidade. Havia suposições de que forças políticas contrárias pretendiam evitar o avanço social, portanto tirar um presidente era uma estratégia, ainda que não se soubesse nem sequer se o presidente eleito pelo voto direto era mesmo um avanço ou retrocesso. Todas essas hipóteses dificultavam uma tomada de posição.[188]

Não se localizou documento da participação efetiva da ABRAT nesse episódio, mas se têm notícias, portanto com pouca consistência, de que subscreveu documento pelo *impeachment* na Comissão de Direito Social instalada no Conselho Federal da OAB.[189] De qualquer forma, não aprofundou a pesquisa nesse tema, embora muitos dos seus fundadores fossem envolvidos com política partidária, mormente ligados ao Partido dos Trabalhadores, o que sugere uma atuação a favor desse primeiro *impeachment*.

Verificou-se que, nesse período, assinou nota juntamente com o Conselho Federal da OAB, contra o chamado "projetão do governo Collor", que tinha como objetivo a desarticulação da estrutura sindical e desestruturação do direito individual e coletivo do trabalho. Contra isso, no dia 14 de agosto de 1991 foi realizado ato no Congresso Nacional, com a participação de mais de 22 associações estaduais filiadas.[190]

4.2. Eleições diretas na ABRAT — A disputa

Para eleição da sétima diretoria na Associação e a primeira eleição direta, foi articulada uma organização que, pela peculiaridade merece ser minudenciada.

---

(188) GONÇALVES Renato. Entrevista transcrita na Revista citada, p. 29.
(189) *Idem.*
(190) GONÇALVES. *Op. cit.*

Do exame do documento denominado "Relatório final dos Trabalhos eleitorais", constatou-se que foi criada uma Comissão Eleitoral, pelos membros Celso da Silva Soares (RJ), Carlos Caiana (SP), Nelson Ribas (RS) e Vera dos Reis Cruz (RS). Duas chapas disputavam a direção da Associação, nessa época, ambas encabeçadas por mulheres, que também foi um fato noto. Uma encabeçada por Moema Baptista, e a outra, também por Ana Maria Moraes. O voto seria direto, mas pela via da Associação de cada estado, ou seja, cada estado teve direito a um voto, que era o resultado dos votos individuais dos associados.[191]

Adotaram-se alguns métodos e critérios para o processo eleitoral, inclusive o de resolver impugnações e desempates, caso houvesse. Tendo um outro dado curioso que foi o fato de, nessa primeira eleição direta, existir um pedido de anulação do pleito pela Associação do Rio Grande do Norte, o qual foi indeferido. Como consequência, foi gerado registro de repúdio no documento final por considerar o ato tumultuário.

Foi dada ampla divulgação do processo e das chapas inscritas, por meio de cartazes nas associações estaduais, cópia de modelo de cédulas, ata de apuração e mapa da eleição. Assim, a eleições foram realizadas em 7 de março de 1989, sendo que uma das instituições não enviou os resultados, e outra (a do Ceará) não procedeu a eleição, conforme termo do documento referido, o que resultou numa demora de análise final dos resultados.

Houve empate em 9 a 9. Os estados de Goiás, Pará, Rondônia, Sergipe, Bahia, Pernambuco, São Paulo, Rio de Janeiro e Distrito Federal escolheram a chapa 1; e os Estados de Santa Catarina, Paraná, Rio Grande do Sul, Alagoas, Paraíba, Minas Gerais, Espírito Santo, Mato Grosso do Sul e Amazonas, a chapa 2. Entre os critérios de desempate, foi utilizado, inicialmente, o primeiro deles então estabelecido, que era a tomada da maioria dos votos individuais, resultando na eleição da chapa 1. Esses fatos, extraídos dos documentos, foram confirmados por Celso Soares:

> As eleições foram disputadíssimas, e a proclamação do resultado demorou, pois a comissão eleitoral teve que examinar e julgar dois recursos. Foi uma demonstração de exercício de democracia e amadurecimento da categoria. Uma eleição legítima, e não "para inglês ver" como diz o ditado popular.[192]

---

(191) Documento referido.
(192) SOARES. Revista citada, p. 6.

E perguntado a Baptista sobre os motivos das eleições diretas na Associação, foi respondido que:

> Puxamos na defesa do que nós vivíamos. Se nós estávamos lutando no país pelas eleições diretas, por que que nós na nossa associação não fazíamos a eleição direta? Aí já viu, havia aquele negócio que o povo tem medo, do confronto (...).[193]

Fez-se questão de trazer alguns detalhes dessa eleição, pelas peculiaridades em que se deu o que, inclusive, gerou mudanças a partir de então, não havendo mais eleições diretas dessa forma na história da ABRAT. Assim, a diretoria eleita foi encabeçada por Moema Baptista[194], nascida em Cachoeiro do Itapemirim, mas radicada na cidade Rio de Janeiro, sendo a primeira mulher a assumir a Associação.

A "Cachoeirense presente", como às vezes gosta de ser chamada, embora advogada de expressão no Rio de Janeiro, não podia se permitir deixar de trabalhar ou delegar totalmente em seu escritório para se dedicar, com exclusividade à ABRAT, como todos os presidentes. Teria diante si a responsabilidade e o desafio de uma boa gestão, pois, de certo, haveriam muitas cobranças, como soez ocorrer quando existem disputas eleitorais. Além disso, o país estava se modificando, fato que, de alguma forma refletia em todos os segmentos, e a ABRAT não estava indene a essa onda. Portanto a nova diretoria tinha muitas questões e frentes de trabalho, devendo se fazer presente e ativa nesse histórico momento de mudanças e, diga-se, um caminho sem volta, requerendo rápida e necessária adaptação de todos os agentes sociais.

4.3. Tempos de globalização, grandes desafios

O país respirava a chamada era da globalização, assim a partir da década de 1980, com a interrupção da industrialização, a crise internacional do petróleo, o Brasil ingressa numa longa crise de desenvolvimento, registrando sinais expressivos de regressão e rompendo com o bem-estar social duramente conquistado. O movimento sindical cresce e as greves aparecem nas grandes capitais.

---

(193) BAPTISTA. Entrevista citada.
(194) Presidente: Moema Baptista (RJ); vice-presidente: Ana Ribas (DF); vice-presidente norte: José Raimundo Montenegro (PA); vice-presidente Centro Oeste: Constantino Kaial Filho (GO); vice-presidente Sudeste: Antonio Carlos Riveli (SP); vice-presidente sul: Laci Ughini (RS); diretor de comunicação e divulgação: Carlos Augusto Coimbra de Melo (RJ); diretor de assuntos internacionais: Nemésio Salles (BA).

A queda do muro de Berlim em 1989 teve um papel importante e fundamental no momento histórico da globalização que se estrutura fisicamente no capital-poder e na economia, gerando um acirramento da concorrência nos mercados internacionais. Nessa década e nas seguintes também se constata a tendência de desestruturação do mercado de trabalho, com desemprego, trabalhos informais, mas com aparecimento de novos espaços para manifestação de formas de produção distintas da economia capitalista, e foi a marca da globalização no mundo do trabalho.

O norte desse fenômeno é dado pela economia capitalista global e, de acordo com as determinações dos países dominantes, pelas empresas ou conglomerados transnacionais, recriando novas modalidades de relações em todo o mundo, reinventando uma sociedade universal, generalizada, modificada nas relações capital-trabalho, sem nenhuma preocupação com as condições peculiares de cada Estado, aliás, sem que isso tenha, a princípio, alguma importância para os comandos gerais.

A mudança agressiva e sem rosto, sem digital, traduz a princípio uma outra imposição precoce e ousada, consubstanciada na reformatação institucional e normativa, com propostas de desregulamentação e flexibilização de normas trabalhistas que já se anunciavam com o intuito de traduzir maior e melhor dinamismo às empresas.

As redes econômicas transnacionais dominam e controlam cada vez mais os poderes estatais, formando uma nova nação que comanda por meio de organizações como o BIRD (Banco Mundial), o FMI (Fundo Monetário Internacional), o BIS (Banco de Compensações Internacionais), o BID (Banco Interamericano de Desenvolvimento Econômico), o OCDE e outras instituições financeiras privadas, propagando a desregulamentação, e com caráter extremamente intervencionista quanto à implementação da agenda financeira e antissocial que estipulam como meta e marca indelével. Mesmo proclamada como uma forma natural de expansão dos mercados, é produto da ação dos governos poderosos, especialmente dos Estados Unidos, que sofrem a pressão econômica dos referidos grupos.

No sistema capitalista globalizado, o verbo é produzir, e produzir barato para que possa haver consumo rápido, lucrativo; para isso, o conhecimento de novas formas de implementação de meios produtivos econômicos é o norte, fatores esses que afetavam as novas formas de trabalhar, cuja qualificação e preparo são fundamentais na busca da qualidade total. As mudanças que esse modelo começava a trazer ao trabalhador, impondo uma adaptação rápida aos novos meios de produção, são intensas, deixando um tom de intranquilidade e preocupação que, aliás, é marca da sociedade moderna. A crise do individual agrava o coletivo: instabilidade, desemprego, precarização, exclusão, doenças emocionais, violência urbana etc.

E segundo Bomfim:

> Globalização é a roupagem nova com que se procura cobrir doutrina antiga — o liberalismo — que a poeira do tempo parecia ter relegado ao museu da história. [...] diferença entre o velho liberalismo e a globalização reside em que nesta, a economia se mundializa, a internacionalização do capital se aprofunda e se dinamiza, por via da telecomunicação, da robótica, da informática e outras tecnologias sofisticadas, deslocando-se de um lugar para outro, não mais fisicamente, mas por meios eletrônicos, com vistas sempre à apropriação de mercados, à hegemonia econômica.[195]

A grande indagação que se faz é, se para globalizar é necessário se submeter à onda de modificações avassaladoras e o homem, assim como a sociedade não estão, ainda, preparados para tantas mudanças a um só tempo. É um desafio para toda a humanidade, trazendo a era da informação que impõe transformações profundas na sociedade, na economia, no Estado e no Direito, nem sempre afinados. Como consequência econômica, abre-se o espaço da mobilidade financeira internacional, que dita uma tendência geral, que altera o sistema de produção e de exportação de bens e serviços.

Mas segundo Freitas Jr[196], há que se distinguir a globalização econômica que representa a crescente internacionalização de mercados de bens, serviços, e crédito, motivados pela diminuição de tarifas de exportação, unificando os hábitos de consumo e gerando a fragmentação das etapas do processo produtivo, mas dentro de uma ótica geral, cita Antony Guiddens[197] para quem a globalização consiste na "intensificação das relações sociais mundiais que ligam distantes localidades de maneira tal que os acontecimentos locais passam a ser formatados por eventos que ocorrem à distância, e vice-versa".

O fenômeno é certo, amplia todo o processo de relações sociais além das fronteiras nacionais, em razão da unificação dos mercados que aproxima dis-

---

(195) BOMFIM, Benedito Calheiros. Globalização, flexibilização e desregulamentação do direito do trabalho. In: *Globalizaão, neoliberalismo e direitos sociais*. Rio de Janeiro: Destaque, 1997.
(196) FREITAS JR., Antonio Rodrigues. Globalização e integração regional: horizontes para o reencantamento do direito do trabalho num quadro de crise do estado-nação. *Revista LTr*, 61-01/205.
(197) GUIDDENS, Antony *apud* FREITAS JR., Antonio Rodrigues. *Ibidem*, p. 209.

tâncias, homogeneíza expectativas de consumo, bem como subsume o poder soberano do Estado-Nação a um conjunto de compromissos complexos de políticas internacionais. No dizer de Sidney Guerra[198] a globalização divide sentimentos de amor e ódio, otimismo e pessimismo, esperança e desespero, expressando um novo ciclo como modo produtivo e processo civilizatório, de amplas proporções envolvendo nações, classes sociais e regimes políticos diferentes.

Observe-se, no entanto, que os movimentos sociopolítico-jurídicos não são estanques ou iniciam-se e encerram-se em curto espaço de tempo. Isso porque alguns projetos de lei ou ondas sociais levam anos ou décadas para serem aprovados e ou implementados, com ou sem alterações significativas. Se algumas formas de resistências da ABRAT a certos fenômenos, estão registradas em gestões posteriores, deve-se ao êxito na localização de documentos utilizados como fonte primária para esta pesquisa.

Nesse contexto social é eleita a oitava diretoria sob a presidência de Renato Oliveira Gonçalves[199] tendo na vice-presidência, Benedito Calheiros Bomfim. A posse ocorreu em 29 de abril de 1991[200], na cidade do Rio, em cerimônia muito prestigiada, com os presidentes das mais respeitáveis instituições jurídicas do país, como o Conselho Federal da OAB; de algumas seccionais; do IAB e ex-presidentes da ABRAT. Foi uma gestão marcada por atuações juntamente com determinados órgãos, aliando-se com algumas entidades, para implementar a novel Carta Política, pois com o fenômeno da globalização, o país respirava uma inflação avassaladora marcado ainda pela grave crise do desemprego.

---

(198) GUERRA, Sidney Cesar Silva. A globalização na sociedade de risco e o princípio da não indiferença em matéria ambiental. In: GUERRA, Sidnei Cesar Silva (org.). *Globalização, desafios e implicações para o direito internacional contemporâneo*. Rio Grande do Sul: Unijui, 2006.
(199) Não foi possível fazer entrevista direta com esse presidente, que, embora vivo, encontra-se doente com interferência cognitiva, sem condições para tanto, razão pela qual muitas informações vieram por meio de documentos e da tesoureira, à época, Silvia Lopes Burmeister.
(200) Membros da diretoria gestão 1991/1993: Presidente: Renato Oliveira Gonçalves: vice-presidente: Benedito Calheiros Bomfim (RJ); tesoureira: Silvia Lopes Burmeister (RS); secretário: Pedro Mauricio Machado (RS); Diretor de divulgação: Reginaldo Felker (RS). Vices regionais: Ana Ribas (DF); Divanilton Viana Portela (SE); João Pessoa Souza (GO); Maria de Lourdes Reinhardt (PR); Osvaldo Mello (RO); Paulino de Freitas (SP); diretoria de assuntos regionais: José Hildo Garcia (ES). Nessa gestão, foram criadas as comissões de Relações sindicais; Apoio cultural; Finanças; Relações parlamentares e Valorização profissional, com os seguintes membros, todos do Estado do RS, por força estatuária, conforme ata de posse: Luiz Lopes Burmeister; Luiz Carlos Mazjui; Flavio Obino Filho; Silvia Lopes Burmeister; Renato Guedes; Paulo Airton Lucio; Paulo Marcio Gewer; Maria Aparecida Moretto; Geraldo Lorenzon; Angela Kirschnner; Olga Araujo; Fernando K. da Fonseca; Rogério V. Coelho; Marcos Juliano Azevedo; Maria Chaves e Helena Scheiler.

Vigia os planos Collor e política econômica do congelamento dos preços e do confisco de dinheiro do cidadão brasileiro reservado em contas ou aplicados, continuava gerando o caos financeiro e a quebra de muitos pequenos empresários. Do ponto de vista dos processos judiciais, eram inúmeras ações trabalhistas em que os trabalhadores buscavam a reposição das perdas salariais e a reposição do poder de compra em face da inflação galopante. A ABRAT enfrentava os planos I e II, subscrevendo, com outras instituições, atos e manifestos contrários às perdas.

Os advogados trabalhistas tinham muito material de trabalho ante as inúmeras discussões sobre a legislação complementar à Carta Magna. Com isso, centraram os debates em torno do art. 133, quanto à indispensabilidade da presença do advogado na Justiça do Trabalho e à íntima relação com os honorários advocatícios; ao poder Normativo e à negociação coletiva na Justiça do Trabalho; à organização sindical e à Substituição Processual, em face da regulamentação do art. 8, III da CF; ao regime Único dos Servidores e à competência da Justiça do Trabalho; ao direito de Greve, então regulamentado pela Lei n. 7.783, de 28.6.1989; ao anteprojeto do Código de Processo do Trabalho; ao controle externo da magistratura, hoje CNJ.

Visando à maior participação na discussão da legislação do Trabalho e Processual do Trabalho, a ABRAT, em setembro de 1992, solicitou, ao Ministro do Trabalho Sr. João Mellão Neto, a participação na comissão específica que o Presidente da República e os ministérios iriam implantar para discutir a legislação trabalhista e processual trabalhista. Também, seguindo essa marcação de espaço, assinou nota em parceria com o Conselho Federal da OAB, à época contra o chamado "projeto emendão do governo Collor", que tinha como objetivo a desarticulação da estrutura sindical e desestruturação do direito individual e coletivo do trabalho. No dia 14 de agosto de 1991, foi realizado ato no Congresso Nacional, com a participação de mais de 22 associações filiadas.[201]

Alguns temas, como se sabe, continuam requerendo atenção do grupo de advogados trabalhistas, fomentando a participação da Associação em setores políticos, como é o caso dos honorários advocatícios, extremamente no auge no momento em que esta pesquisa foi desenvolvida. O próprio Código de Processo do Trabalho, anseio insepulto da categoria e a nova onda flexibilizante, com projeto de Lei de ampla terceirização (PL n. 4.333/2004) que retorna nas últimas gestões com nova roupagem de um substitutivo que pouco altera a intenção inicial.

Quando da elaboração de novo Estatuto da Advocacia, a ABRAT foi convidada a participar, pois o advogado Paulo Luiz Neto Lobo, coordenador pela

---

(201) GONÇALVES e-mail à Silvia Burmeister. Doc. citado.

OAB Federal, para redação do documento, buscou elementos que contribuíssem para as alterações. Para isso, foi indicada a advogada Olga Cavalheiro Araújo, o que foi de extrema importância na parceria da ABRAT com a OAB Federal.[202]

Nessa gestão, foram criadas comissões de relações sindicais; de finanças; de apoio à cultura; de relações parlamentares e de valorização profissionais. Elas foram assumidas sempre por um coordenador e mais um ou dois membros, oriundos de diversas partes do país.

Importa aqui esclarecer que a composição das diretorias da Associação Nacional sempre teve integrantes de diversos Estados da Federação e oriundos das Associações Estaduais. O propósito era não só instrumentalizar os debates ante as peculiaridades regionais, como também manter o caráter de unidade, o espírito associativo nos diversos estados e no interior, critério que nem sempre favorece a escolha, por afinidade, do presidente, mas pode gerar uma indicação por algum interesse político ou profissional pessoal.

Mas a época era muito tumultuada e uma Associação fortalecida era essencial. No entanto, exatamente o contrário ocorreu e os advogados trabalhistas ficaram sem rumo.

4.4. A fase desvitalizada da ABRAT

Para o biênio 1993/1995, assumiu a direção da ABRAT Gilberto Gomes.[203] Mais uma vez na história da Associação, houve uma fase considerada por alguns entrevistados de "morna", desvitalizada, porque coincidiu com menos movimentos ou quase inércia. No entanto, esse segundo momento é mais grave pois quase leva à extinção da Associação, não fossem os combativos e vigilantes advogados trabalhistas, já com o gosto de ascensão.

Mas, qual seria o motivo? Que fatores contribuíram para essa fase? Pergunta-se, agora, antes da análise dos demais documentos. De plano, imagina-se, como qualquer instituição que tem sua fase de apatia e crise, que se deveu ao perfil dos diretores ou mesmo do presidente, muitas vezes mais voltados para interesses profissionais do que institucionais. Aqui, parece ter sido isso, pois o país continuava em plena agitação política e jurídica.

Para Bomfim[204], "a gestão do Gilberto Gomes foi uma gestão apagada", sem muita projeção, mas não foi mau presidente. Na época dele o cenário na-

---

(202) GONÇALVES e-mail à Silvia Burmeister. Doc. citado.
(203) Não foram localizados dados da composição dessa diretoria.
(204) BOMFIM. Entrevista citada.

cional era muito agitado. Afirma ainda que tais fatos levou à paralisação das atividades, sem eleição para nova diretoria, sem realização de encontros, tanto que se discutiu até a possibilidade de extinguir a Associação.

Portanto, em 1995 não houve eleições de diretoria como era de se esperar após cumprido o biênio (1993/1995), e, pior, segundo os entrevistados não se tinha notícias da ABRAT, de seus feitos e do presidente Gilberto. O grupo corria sérios riscos de perder as conquistas e espaços.

Para esta pesquisa, foi localizado um conjunto de CDs contendo a gravação dos ANAIS do XVI CONAT, ocorrido em 31.10 a 3.11 de 1993, em Pousada do Rio Quente, Goiás, dos quais se extraem os seguintes subtemas: Inércia da inicial nos dissídios individuais e coletivos; substituição processual; depósito recursal e acesso a justiça; fiscalização e terceirização; O poder judicial trabalhista em função de fiscal da previdência social e receita federal; sindicatos e juiz classista; poder normativo do judiciário ou das categorias organizadas; pré-questionamento, indispensabilidade, legalidade e constitucionalidade.[205]

O XVII CONAT ocorreu em Porto Seguro, BA, no ano de 1994.

No ano de 1995 não houve CONAT. Os destinos da Associação eram incertos e duvidosos, com propostas de extinção.

Na tentativa de revitalização, de retomada das atividades, no ano de 1996, os advogados trabalhistas reunidos em Curitiba, PR, buscaram medidas para implementação de mudanças, cujo registro encontra-se no documento denominado "boletim da AGETRA", de maio desse ano. Esse propósito foi endossado pelos representantes das associações e por advogados trabalhistas, realçando-se a imprescindibilidade da Associação nacional no cenário político brasileiro da época, com o endosso dos advogados trabalhistas, para toda e qualquer medida em prol de sua revitalização. Por ser um fato histórico, considerando sua projeção atual, destacam-se alguns pontos importantes desse documento:

> Considerando que a ABRAT encontra-se acéfala desde março de 1995, quando se extinguiu o último mandato de diretoria eleita e sem notícia de nenhuma providência para nova eleição, inexistindo, por consequência, qualquer dirigente legitimamente investido a quem possam se dirigir. Considerando inexplicável e inaceitável a completa omissão e ausência da ABRAT no cenário nacional, quando se discutem e se decidem matérias da mais alta relevância, tanto para os juslaboralis-

---

(205) Manteve-se os títulos conforme encontrados nas capas dos CD, alusivos ao XVI CONAT.

tas como, para a defesa da cidadania. Considerando que a ABRAT desde a sua fundação, sempre se caracterizou como tribuna livre de debate amplo e democrático sobre todos os problemas que envolvem a cidadania, com presença marcante no processo de conscientização dos Advogados Trabalhistas. Considerando que a ABRAT deve ser considerada como patrimônio dos operadores do Direito do Trabalho, merecendo uma imediata discussão sobre seu destino, RESOLVEM promover a publicação de edital convocatório para realização de uma assembleia geral extraordinária a ser realizada em Vitória, Espírito Santo, em 6 de julho de 1996, nos termos do documento anexo. Curitiba, 6 de junho de 1996.[206]

E o edital, se fez publicar, com base no art. 42 do estatuto, cujo ponto de deliberação foi, entre outros, a formação de uma comissão para assumir e gerir a entidade, até a próxima eleição, prevista para o momento da realização do XVIII CONAT. Percebe-se que, mesmo diante de uma entidade acéfala, os advogados trabalhistas não se distanciaram dos temas importantes, das preocupações com as questões sociais, já que constou do edital, como ponto de pauta, além de outros, a reforma tributária.

4.5. Os advogados trabalhistas reatam a organização nacional

Para esse grande desafio — reposicionar a ABRAT no cenário nacional, retomar as atividades e a reidentificação institucional — foi eleita, para o biênio 1996/1998, a décima diretoria, tendo à frente Carlos Alberto de Souza Rocha[207], do Espírito Santo. O pleito ocorreu por ocasião do XIX CONAT, realizado em Santos, SP.

Considerando que a sociedade brasileira, mas muito especialmente os advogados trabalhistas, vivia uma época de preocupação que requeria vigilância, ante a considerada nefasta intenção do governo brasileiro com o projeto neoliberal de redução dos direitos trabalhistas, precarização e retrocesso, foram implementa-

---

(206) *Revista Comemorativa dos 25 anos da ABRAT*, p. 27.
(207) Presidente: Carlos Alberto de Souza Rocha (ES); vice-presidente: Ricardo Trigueiro: secretário: João Batista Sampaio; tesoureiro: José Fraga Rillo; diretor de imprensa e divulgação: Nestor Malvezzi; vice-presidente Sul: Silvia Lopes Burmeister; vice-presidente Norte: Silvia Mourão; vice-presidente Nordeste: Saul Quadros; vice-presidente Centro Oeste: Jorge Jugmann; vice-presidente Distrito Federal: Celita Oliveira Souza; diretor de assuntos internacionais: Reginaldo Felker.

das, como medidas de retomada institucional, reuniões com mais frequência, as quais se realizaram trimestralmente. No dizer de Carlos Alberto Rocha[208], "ainda há muito a caminhar, mas a categoria está inserida na discussão de temas que afligem e que se pautam pela construção de uma sociedade mais justa e perfeita".

As ações necessárias para fazer frente ao retrocesso não tardaram a chegar por meio das lutas intensas em todo o Brasil, com publicação de manifestos ao povo brasileiro em jornais de circulação nacional, palestras, temários dos CONAT, reuniões extraordinárias, além dos anais do XX CONAT.

Houve o retorno ao diálogo com o Conselho Federal da OAB e a reaproximação com Ministério Público do Trabalho, com o Tribunal Superior do Trabalho e Supremo Tribunal Federal — que, por um tempo, ficou paralisado — levando-se, como convidados, aos CONAT de Belém e Belo Horizonte os ministros do TST Rider Nogueira, Carlos Alberto Reis de Paula e Carlos Veloso.

De qualquer forma, em algumas gestões anteriores, os modelos de encontros eram mais baseados em defesas de teses, o que pode justificar a ausência de convites a membros de outras instituições para participar; somando-se a isso, o próprio fato do afastamento político com a OAB e o TST em fases anteriores.

Nesse, considerado o CONAT da revitalização da ABRAT, da retomada das lutas políticas, da reafirmação do grupo de advogados trabalhistas, já organizados há 19 anos em patamar nacional, ocorreu em Belém, PR no mês de outubro de 1997, buscando alinhar os temários com as principais discussões do país, trazendo como tema central "Globalização, Justiça e Trabalho", de cujos Anais publicado em 265 páginas[209], extrai-se as informações de temários e palestrantes, que, em razão da peculiaridade do momento da Associação, opta por detalhar com o fito de demonstrar a tomada de posição que vem avançando de forma vertical, não se tendo notícias até os dias atuais (início de 2016) de nenhuma outra fase sem dinâmica participação na vida do país visando ao cumprimento dos dois pilares fundantes, ou seja o resgate e valorização do grupo e a manutenção dos direitos sociais contra o retrocesso.

O patrono Nacional para o CONAT da revitalização foi José Martins Catharino (ex-presidente da ABRAT); patrono local, Miguel Gonçalves Serra; os conferencistas e painelistas foram: J. J. Calmon de Passos; Rodolfo Cápon Filas; Arion Sayão Romita, tendo no painel os debatedores: Rosita de Nazaré Nassar e Desdedith Freire Brasil; Ivo Dantas, com os debatedores: Pastora do Socorro Teixeira Leal e

---

(208) ROCHA, Carlos Alberto. Carinho pela família ABRAT. *Revista 25 anos,* cit., p. 28.
(209) *Anais do XIV Congresso Nacional dos Advogados Trabalhistas.* Belém: Grafisa, 1997.

Fernando Scaff; Antonio Rodrigues de Freitas Jr., com os debatedores José Maria Quadros de Alencar e Pedro Bentes Pinheiro Filho; José Martins Catharino; João de Lima Teixeira Filho, com os debatedores Hermes Afonso Tupinambá Neto e Antonio Carlos Filho; Celita Oliveira Souza, com os debatedores: Patricia Tuma Martins e Thadeu de Jesus Silva; José Janguiê Bezerra Diniz; Rider Nogueira, com os debatedores: Jarbas Vasconcellos do Carmo e Reginado Delmar H. Felker; Jeferson Coelho, com os debatedores: Jesus Mato e Ricardo Trigueiros; Lênio Streck; Roberto Araújo de Oliveira Santos; Estêvão Mallet, com os debatedores: Celso Soares e Walmir Oliveira da Costa; Marilia Mauricy Machado Pinto.[210]

Os temas dos painéis e conferências foram os seguintes: Globalização, Estado e Trabalho; Declínio da Lei e ascensão de novas fontes de Direito do Trabalho: Normas comunitárias — MERCOSUL/NAFTA/ União Europeia — e normas coletivas — acordos, convenções e contratos coletivos do Trabalho; Flexibilização dos Direitos trabalhistas e reorganização empresarial; Economia globalizada e Direitos sociais; Automação, privatizações, dispensas coletivas e os Direitos trabalhistas; Sindicatos em mudança na economia globalizada; Negociação coletiva: Alternativa e limites negociais; A crise do sindicalismo brasileiro e suas perspectivas na economia globalizada; Perspectiva da Justiça do Trabalho na realidade da economia globalizada; Justiça do Trabalho: Limites de jurisdição. Novos atores. Novos conflitos; A competência do Ministério público do Trabalho em face das mudanças nas relações laborais; O neoliberalismo e a crise do Direito: O Direito do Trabalho; O impacto da globalização da economia nas relações de trabalho da Amazônia; Possibilidades, oportunidades e limites da regulação do Trabalho na economia globalizada e, na conferência de encerramento: O novo modelo econômico e o futuro das relações do trabalho.[211]

Além dos painéis e conferências, também presente na programação espaço para as defesas de teses.

Do que se constata desse longo programa é: primeiro, uma similitude entre os temas; segundo, a preocupação dos advogados trabalhistas com o momento econômico da globalização, então precursora do período neoliberal que traria intensos ataques aos direitos sociais e, terceiro, a qualidade dos conferencistas, palestrantes e debatedores, revelando, no sentir desta autora que a Associação é uma verdadeira fênix, ressurgiu das cinzas em grande voo.

Importa, por fim, confirmar com a mensagem do presidente eleito Carlos Alberto de Souza Rocha da qual destaca-se o seguinte trecho:

---
(210) ANAIS referido. *Passim*
(211) *Idem.*

Somos a única categoria de advogados brasileiros que se encontra organizada em plano nacional, com tradição de luta e próximos a realizar duas dezenas de congressos nacionais além de centenas de eventos nos planos estaduais. Não vai muito longe o tempo em que éramos discriminados como se fôssemos advogados de segunda categoria e sem prestígio que se dava aos que atuavam noutras áreas do direito. Ainda não chegamos no ponto ideal de reconhecimento nacional, mas já caminhamos muito, há de se reconhecer. (...) ao mesmo tempo em que discutiremos os temas que nos afligem e que se inserem nos nossos planos de luta por construir uma sociedade mais justa e perfeita, tornando mais curta as diferenças entre os pobres e ricos num mundo de "globalização". [212]

Esse discurso demonstra e reafirma a importância desse momento de revigoramento do grupo de advogados, de constante busca pela valorização desse segmento militante na Justiça do Trabalho e da preocupação com a manutenção dos direitos sociais. No entanto, há que fazer uma consideração sobre parte do conteúdo que é quanto à existência, já nessa época, de outras associações organizadas em patamar nacional, como se viu no segundo capítulo. É certo, contudo, que nenhuma delas com essa organização, o que já foi constatado.

4.6. A reaproximação com os advogados da América Latina e a (re)criação da ALAL

A Associação Latino-Americana de Advogados Laboralistas — ALAL, hoje em plena atividade, tem sua semente de fundação no seio da ABRAT, na diretoria da presidência de Reginaldo Felker, como se viu, no entanto, é efetivamente instituída nessa fase da ABRAT, em razão das políticas que atingiam sobremaneira os países da américa latina. O dizer de Clair Martins, "inclusive, em virtude dessa necessária união, criamos a ALAL, criada pela ABRAT em conjunto com outras entidades da América Latina".[213]

Após revitalizada e recolocada nos trilhos, a ABRAT elege sua décima primeira diretoria para o biênio 1998/2000, então, capitaneada pela paranaense Clair da Flora Martins.[214] Teve o foco nas alianças com as entidades dos países

---

(212) ROCHA, Carlos Alberto de Souza. ANAIS referido, p. 9.
(213) MARTINS. Entrevista citada
(214) Diretoria biênio 1998/2000. Presidente: Clair da Flora Martins (PR); vice-presidente: Moema Baptista (RJ); vice-presidente região norte: Jarbas Vasconcellos; vice-presidente re-

da América Latina, em face do momento de políticas neoliberais com tentativas de desmontes da legislação protetora. Com isso, realizou-se, no ano de 1998, o II ELAT — Encontro Latino-Americano de Advogados Trabalhistas, em Gramado, no período de 3 a 6 de junho de 1998[215], exatamente para que se tomasse posição acerca das ideias neoliberais em razão dos prejuízos aos países mais pobres.

A ABRAT, como associação que, em seus princípios fundantes, tem por escopo participar e atuar no combate a políticas contrárias ao retrocesso e à precarização de direitos trabalhistas conquistados — tanto que foi ouvida na Assembleia Nacional Constituinte —, se manteve atenta a esse momento de ideias neoliberais. Conforme Clair Martins[216], essa lógica fez com que os advogados se organizassem para lutar contra esses princípios neoliberais e começassem a discutir, de forma efetiva, os impactos sociais da globalização: "[...] a gente se aproximasse de advogados dos Sindicatos, dos trabalhadores e de outros países, tanto que, por iniciativa de Felker e Bernadete, participamos de vários encontros e discutimos como essas ideias neoliberais estavam sendo implantadas em vários países "[...]".[217]

Na perspectiva das alianças, pois, foi realizado no Brasil além do II, também o III Encontro Latino-Americano de Advogados Trabalhistas — ELAT, ocorrido em Campos do Jordão, SP, no período de 28 de abril a 1º de maio de 2000, por meio da ALAL — Associação Latino-Americana de Advogados Trabalhistas e a ABRAT. Nele, discutiram tais questões, uma vez que as sequelas nos países em desenvolvimento eram maiores, razão pela qual havia preocupação entre os países latino-americanos. O tema central desse encontro foi "A advocacia Trabalhista e as relações sociais na América Latina", com participação, além do Brasil, de México, Argentina, Cuba, Bolívia, Uruguai e Peru.[218]

Nesse período, foi criada uma comissão para analisar os diversos projetos que tramitavam no Congresso Nacional. Essa comissão integrava a ANAMATRA, a OAB e outras entidades, responsáveis pela elaboração de documento com fins

---

gião nordeste: José Manoel Falcon; vice-presidente região sudeste: Carlos Augusto Coimbra; vice-presidente região sul: Bernadete Kurtz; vice-presidente região centro oeste: Ivonete F. Andrade; vice-presidente do Distrito Federal: Nilton da Silva Correia (DF); diretora de imprensa e divulgação: Alzira Dias S. Rotbande (SP); diretora de assuntos internacionais: Joselice A.C. de Jesus; diretor secretário geral: Silvio Espíndola; diretora tesoureira: Gleide Barbosa Leite Sobrinha. Informações extraídas da ata de eleição, depositada nos arquivos da sede da ABRAT, Brasília, DF.
(215) Informações contidas na ata de eleição da nova diretoria, mencionada.
(216) Clair da Flora Martins foi presidente da ABRAT — 1998-2000 e, posteriormente, deputada federal pelo PT/PR.
(217) MARTINS. Entrevista citada.
(218) Revista Comemorativa dos 25 anos. *Op. cit.*, p. 13.

de estudo, oferecendo alternativas de modernização do Direito do Trabalho e da Justiça do Trabalho, com intenção de evitar o desmonte que avançava de maneira agressiva e voraz. Os projetos tinham diversas origens.

Também um fato importante que viria a refletir no futuro foi o apoio da proposta do Conselheiro Federal da OAB Saul Quadros, de revitalização da Comissão Nacional de Direitos Sociais — CNDS. O documento de apoio da ABRAT é datado de 9 de novembro de 1998 e a Portaria de nomeação tomou o n. 12/1999, datada de 5 de maio de 1999, na qual foram nomeados os seguintes integrantes: Raimundo Bezerra Falcão (Presidente), José Alvino Santos Filho, Saul Venâncio de Quadros Filho, Roberto de Figueiredo Caldas, Ana Maria Ribas Magno e José Francisco Siqueira Neto.[219]

Todavia aqui, deve-se relembrar a existência do antigo Conselho do Trabalho e Seguridade Social, criado anteriormente na OAB, como já mencionado.

Na Carta oriunda do XX CONAT, realizado em Belo Horizonte e datada de 29 de setembro de 1998, confirma-se a preocupação com esse momento econômico e social — o que será melhor desenvolvido no próximo capítulo, mas da qual, por ora, não se furta em transcrever o seguinte trecho:

> A ABRAT cuidará de sintetizar os projetos em andamento sobre as propostas de reforma da Justiça do Trabalho, pronunciando-se sobre cada uma delas e, apresentará a sociedade e aos advogados projetos alternativos para modernização do Direito e da Justiça do Trabalho, preservando-se os direitos dos trabalhadores e os direitos fundamentais do homem.[220]

Essa carta adotou uma forma de repúdio a diversos projetos e à intenção do governo federal em reduzir direitos sociais. De acordo com Clair Martins ABRAT, foram tantas preocupações com diversos pontos que ela se manteve atenta ao que ocorria na política, sobretudo, "tanto que se debruçou muito sobre a questão da política salarial, planos, gatilhos, porque a política salarial era um reflexo da política neoliberal, e a ABRAT estava antenada aos movimentos políticos, sociais e econômicos do país". Em decorrência disso, nos anos subsequentes de 2002 e 2003, outro substrato ideológico fez com que os anos de 2000 e 2001 tivessem sido identificados, por aquele raciocínio conservador, como os últimos momentos ou momentos especiais em que o governo pudesse destruir o arcabouço trabalhista.[221]

---

(219) Documento enviado a esta pesquisadora, por e-mail datado de 12 de agosto de 2015.
(220) Carta oriunda do XX CONAT, realizado em Belo Horizonte e datada de 29 de setembro de 1998.
(221) MARTINS. Entrevista citada.

E segue "Daí a luta contra a ALCA, da qual a ABRAT foi partícipe; a luta contra as instalações da CCP; a luta contra o documento técnico de n. 319 do Banco Mundial"; na discussão da lei de arbitragem, que é de 1996, mas também ganha maiores repercussões nos anos subsequentes. Tudo isso fez parte de um projeto estrangeiro de redução de direitos para implantação de substratos de garantias legais muito inferiores àquelas que já eram constitucionalmente asseguradas.[222]

4.7. A tentativa de extinção da Justiça do Trabalho

Como os movimentos desse período neoliberal se sucediam e entrelaçavam-se uns com os outros, as gestões da ABRAT, embora renovadas a cada dois anos, em regra mantinham a continuidade dos trabalhos anteriores. Isso ocorria, notadamente, quando houvesse necessidade, sobretudo quando o tema era precarização e retrocesso das conquistas sociais trabalhistas.

Essa unidade ideológica independe do grupo que compõe a associação, visto que tem em sua composição, advogados que defendem somente o capital ou somente o trabalho, advogados que defendem ambos, como também advogados empregados. Portanto, independentemente de ideários profissionais individuais, a linha ideológica característica da instituição se mantém coesa. Essa marca parece definir a ABRAT e, por consequência, aqueles que se filiam às associações estaduais, já que filiados indiretos à associação nacional.

Para que a ideia do Estado neoliberal da intervenção mínima prevalecesse, era necessário um outro avanço de alteração ainda mais arrojado, ou seja, extinguir o Judiciário Trabalhista como instituição especializada e independente. Nesse período de neoliberalismo, essa seção do judiciário não ficou indene, já que vinha sofrendo críticas que iam desde o alto custo para o governo até mesmo a desnecessidade e importância para a sociedade. Para atingir esse propósito de extinção, surgiu no ano de 1992, a Proposta de Emenda Constitucional n. 96-A, de autoria do deputado Helio Bicudo (PT)[223], de São Paulo, com profundas alterações no Judiciário brasileiro. O Poder Legislativo contava as assinaturas para iniciar a comissão parlamentar da CPI do Judiciário.

No senado, o Senador Paulo Souto (PFL/BA)[224] sustentou, como suporte a essa intenção, os graves problemas estruturais que, inclusive, segundo ele

---

(222) MORO. Revista citada.
(223) PFL/BA. Relatório do Senador Paulo Souto. *Proposta de EC n. 96-A*. Disponível em: <http://www.camara.gov.br/proposicoesWeb/fichadetramitacao?idProposicao=14373->. Acesso em: 10.10.2014.
(224) Senado Federal. *Relatório do Senador Paulo Souto (PFL/BA)*. Disponível em: <http://www.senado.gov.br/>. Acesso em: 20.7.2014.

colocavam em risco os Poderes da República. Seriam eles, principalmente, os relacionados aos gastos excessivos com obras e com pessoal, especificamente em relação à Justiça do Trabalho. Além disso, identificavam-se outros pontos, como a lentidão, a corrupção, o nepotismo e o perfil conservador e ineficiente.

De acordo com a CPI, a Justiça do Trabalho tinha, à época, um gasto de R$ 3,5 bilhões. Estimava-se, pois, o custo de um processo trabalhista em cerca de R$ 1,6 mil, ou seja, em mais de um ano de salário, por trabalhador; equivalente, então, a doze salários mínimos. O relatório propôs também a extinção dos juízes classistas sob o argumento da "absoluta inutilidade".

Quanto aos juízes togados, deveriam ser transferidos para uma vara federal. Nesse aspecto, Pedro Lenza faz a seguinte análise:

> Os juízes trabalhistas concursados e togados que hoje presidem as Juntas devessem ser integrados à Justiça Federal, perdendo seu caráter de juízes especializados em causas laborais. Devendo passar a constituir Vara de Justiça Comum, decidindo sobre todo tipo de ação.[225]

A conclusão era forte e perigosa, do ponto de vista de convencer a sociedade de que a extinção seria o ideal para reorganização com outra Justiça e que essa alteração traria mais benefícios ao Direito do Trabalho e credibilidade dos trabalhadores. Os debates ocorreram, com pareceres e transformações no número da PEC original. Ainda conforme Lenza[226], o primeiro relator da PEC n. 29/2000, o Senador Bernardo Cabral, emitiu importantes pareceres, de ns. 538 e 1.035/2002, ambos aprovados pela Comissão de Constituição, Justiça e Cidadania (CCJ).

Houve, portanto, intenso movimento de extinção dessa justiça especializada com a transferência das lides atinentes às relações de emprego para a Justiça Estadual ou, numa segunda proposta, para a Justiça Federal comum, cuja manifesta intenção era mais uma forte aliada à perversa lógica de desmonte do arcabouço protetivo trabalhista pelo Estado. Isso, por consequência, fragmentaria a condição de Justiça especializada nas relações capital e trabalho, com especial prejuízo à classe trabalhadora.

Se o Judiciário pode controlar o Poder Legislativo e se é a Justiça do Trabalho, por excelência, quem controla e aplica a legislação social, atenta, quase sempre, aos princípios que criaram a legislação, então o melhor seria extinguir a Justiça

---

(225) LENZA, Pedro. Reforma do Judiciário. Emenda Constitucional. n. 45/2004. Esquematização das principais novidades. *Jus Navigandi*, Teresina, ano 10, n. 618. Disponível em: <http://jus.com.br/artigos/6463>. Acesso em: 15.9.2014.
(226) *Idem.*

do Trabalho. Essa era a lógica capitalista seguindo a intenção neoliberal. Do ponto de vista da intenção de se estabelecer a era da prevalência do capital em detrimento do social, com efeito extinguir a Justiça do Trabalho se apresentava como teoria que parecia razoável, um grande aliado ao sistema.

Essa mudança estrutural na Justiça do Trabalho não agradava ao grupo de advogados trabalhistas, porque perderiam o ambiente onde foram criados, onde o primado da especialização era a tônica. Inclusive, atentos a todas as formas de desmontes da legislação protetiva, estavam alguns de seus nobres defensores, os quais escreveram e discutiram, em forma de oposição. Veja-se o que Süssekind[227] admoesta:

> Num mundo em acelerada transmutação, a sabedoria do estadista deve consistir em harmonizar o econômico com o social e o financeiro [...]. Numa economia gerida exclusiva ou prevalentemente pelas leis do mercado, tudo é considerado mercadoria. É a "coisificação" do ser humano, o qual em face do preceituado no art. 1º da nossa Constituição, deve ter preservada a sua dignidade. Se não é possível conceber a civilização à margem do Direito, certo é que não deve ser qualificado de civilizado um mundo ou um país em que o Direito seja iníquo. Urge pôr a economia a serviço da humanidade.

Partindo-se do pensamento avançado de que a economia existe para o homem, e não o inverso, assim como tanto o jurídico não pode negar o econômico quanto o contrário não pode ocorrer, vislumbra-se, assim, um caminho menos aflitivo na busca da paz social.

Outra defensora do equilíbrio social é Aldacy Rachid Coutinho, citada por Antonio Fabricio Gonçalves[228], cujo texto utilizar-se-á, por considerar importante a percepção desse autor indireto ao tratar do tema flexibilização e neoliberalismo:

> E se no mercado não há espaço para a ética da solidariedade, senão lucro, certamente haverá abrigo no velho Direito do Trabalho proteti-

---

(227) SUSSEKIND, Arnaldo Lopes. Reflexos da globalização da economia nas relações de trabalho. In: SOARES, Celso (coord.). *Direito do trabalho, reflexões críticas* — estudos em homenagem a dra. Moema Baptista. São Paulo: LTr, 2003. p. 16-17.
(228) GONÇALVES, Antonio Fabricio de Mattos. Reestruturação produtiva, globalização e neoliberalismo: reflexos no modelo brasileiro e suas consequências na legislação trabalhista. In: PIMENTA, José Roberto Freire; RENAUT; Luiz Otávio Linhares; VIANA, Marcio Tulio; DELGADO, Mauricio Godinho; BORJA, Cristina Pessoa Pereira (coords.). *Direito do trabalho* — evolução, crise, perspectiva. São Paulo: LTr, 2004. p. 210-221, apud COUTINHO Aldacy Rachid. Direito do trabalho de emergência. *Revista da Faculdade de Direito da UFPR*, n. 30/1997, Curitiba, 1998, p. 101-120.

vo. A neutralidade estatal ante as negociações para venda da mão de obra em troca da remuneração, nesta ótica puramente economicista, serve a quem tem uma oferta em abundância e, assim, dentro dos estritos interesses mercantilistas, certamente passará a determinar suas próprias normas, segundo seus interesses, mas agora fora do Direito.

De qualquer sorte, Süssekind, em outra obra, reflete acerca das causas da hipertrofia da Justiça do Trabalho, na perspectiva "do exagerado número de ações". Isso está relacionado a alta rotatividade de mão de obra; excesso de empregados não registrados; abuso de contratos simulados; maior conscientização dos próprios direitos por parte dos trabalhadores rurais e domésticos; excesso de leis e medidas provisórias inovando ou modificando o ordenamento legal, em afronta ao bom direito; complexas regras processuais, com muitos recursos; cultura desfavorável à mediação de terceiros, sobretudo conflitos coletivos; planos econômicos; cobranças, pela Justiça do Trabalho, das contribuições previdenciárias e as execuções.[229]

4.7.1. A ampliação da competência da Justiça do Trabalho

Após alguns anos, a ideia original de extinção da Justiça do Trabalho foi abolida, e a PEC n. 96-A, posteriormente, tomou nova numeração, PEC n. 29/2000, finalmente foi aprovada em 17 de novembro de 2004 e promulgada, com diversas alterações, em 8 de dezembro de 2004, como Emenda Constitucional n. 45/2004. Os últimos relatores foram a deputada federal Zulaiê Cobra e o Senador José Jorge, respectivamente. Seja como for, após 12 anos de tramitação, a reforma constitucional do sistema judicial efetivou-se com a aprovação da emenda que alterou vários pontos da estruturação/atuação dos órgãos envolvidos com a distribuição da justiça no Brasil. Ainda que o Poder Judiciário tivesse sido seu principal alvo, a emenda também afetou outros órgãos, como o Ministério Público do Trabalho.

Quanto à Justiça do Trabalho, ao contrário da tentada extinção ou da incorporação a órgãos de outro poder do judiciário, sofreu, em sua estrutura, profunda mudança com ampliação quanto à sua competência e ao número de ministros do TST, entre outros. Com isso, alterou-se a Constituição Federal de 1988 — arts. 111-A, § 2º, I e II, 112, 114, 115, além de outros que interferiam no Judiciário Trabalhista, como a criação do CNJ (arts. 52, II; 92, I-A, e § 1º; 102, I, "r"; 103-B, e art. 5º da EC n. 45/2004), a inserção do princípio da razoável duração do processo (art. 5º, LXXVIII, e art. 7º da EC n. 45/2004).

---

(229) SÜSSEKIND. *História e perspectiva da justiça do trabalho*. Op. cit.

Para a ABRAT, a referida proposta de emenda, no sentido de mudar a estrutura Judiciária e se incorporar a Justiça do Trabalho a um departamento da estrutura da Justiça Federal, sob os mais diversos fundamentos, entre os utilizados era pelo fato de se ter uma justiça muito cara "pelas indústrias dos processos trabalhistas" não se sustentava. Houve, no dizer de Clair Martins, "inclusive uma entrevista do senador Antônio Carlos Magalhães, vilipendiando os advogados trabalhistas, o que fez com eles se mobilizassem à época, para defender e dizer que era importante, necessária e não era cara".[230] Observa-se, inclusive, que o projeto tinha como alvo os próprios advogados, sob o argumento velado de que produziam ações e forçavam o inchaço do judiciário.

Muitas matérias midiáticas vieram à tona nessa época, envolvendo o senador e membros do Poder Judiciário e até mesmo do Executivo. Houve, inclusive, acirradas discussões, como, por exemplo, o posicionamento que se segue:

> Desde que o presidente do Congresso, na sessão de instalação da 51ª legislatura, em nome da modernidade e da redução de gastos públicos, defendeu a ideia de extinção de alguns tribunais, inclusive o Tribunal Superior do Trabalho, a discussão tomou uma dimensão passional que ultrapassa os limites do razoável, como a proposta de extinção de toda a Justiça do Trabalho. A polêmica, alimentada pela grande imprensa, envolve o presidente do Senado, senador Antônio Carlos Magalhães, e o vice-presidente do TST, ministro Almir Pazzianoto. O primeiro considera o TST esdrúxulo, propondo o seu fim juntamente com a Justiça do Trabalho.[231]

O Ministro Pazzianoto sustentava que a tese de extinção da Justiça do Trabalho escondia outros interesses, além do discurso moralista, modernizador e de combate ao gasto público. A ABRAT até defendeu, em certa época, a extinção do TST, por considerá-lo moroso, mas não a Justiça do Trabalho como um todo. Ela sustentava, ao contrário, o fortalecimento dos TRT.

Na visão de alguns advogados, o que estava por trás do projeto era retaliação em virtude de muitas reclamatórias contra empresas de políticos influentes.[232] E mais, para Bernadete Kurtz,[233] tirar parte da competência da Justiça do Trabalho e passar para a Justiça Federal encerrava um antigo anseio do governo estimulado

---

(230) MARTINS. Depoimento citado.
(231) SENADO. *Em defesa da Justiça do Trabalho*. Disponível em: <http://www.senado.gov.br/noticias/OpiniaoPublica/inc/senamidia/historico/1999/3/zn032552.htm>. Acesso em: 30.10.2014.
(232) MARTINS. Entrevista citada.
(233) FELKER; KURTZ. Entrevistas citadas.

pelo capital. De acordo com essa visão, fazia-se o argumento indagativo de que por que duas Justiças Federais, sobretudo a especializada, que era muito cara.

Esse projeto viria a confirmar que o tratamento diferenciado à Justiça do Trabalho e, por consequência, a desconsideração com os advogados trabalhistas não eram meras impressões. O certo é que, sozinha, a ABRAT não venceria essa proposta, e, talvez, nenhuma instituição. Isso a estimulou a aliar-se a outras para vencer o que se considerou pertinaz desejo do governo federal e de alguns outros políticos de aprovação desse projeto. Para tanto, realizou congressos, reuniões, movimentos, tanto que os temários dos congressos nacionais se destinavam à discussão ampla da estrutura e reforma do judiciário, com edição de materiais de campanhas e divulgação. Os advogados trabalhistas, estimulados pela ABRAT, se mobilizaram em todos os estados da federação brasileira.

Da referida carta oficial encaminhada à OAB, solicitando apoio, há uma forte preocupação pela associação com esse ponto das mudanças. Isso se confirma no fato de que, além de postular a revitalização da Comissão Nacional dos Direitos Sociais, em apoio à proposta do conselheiro Saul Quadros, como instrumento de força, também propõe:

> É com este objetivo que vimos a esse Conselho conclamar a OAB para que assuma conosco esta luta pela preservação da Justiça Especializada, tendo em vista que, de acordo com pesquisa elaborada por esse Conselho, 45% dos advogados militam nessa área e, temos certeza que apoiam a sua manutenção. Sob o pretexto de diminuir o número de demandas e acelerar a prestação jurisdicional, existem projetos, recentemente encaminhados ao Congresso, que propõem formas de solução dos conflitos fora do âmbito do Poder Judiciário, mas, na verdade, visam o esvaziamento da Justiça do Trabalho e a eliminação de direitos e não a sua solução. É o caso do Projeto de Lei que cria as Comissões de Conciliação Prévia como pré-requisito para ajuizamento da ação.[234]

A extinção da Justiça do Trabalho era vista como muito grave, mormente pela advocacia especializada. Com isso, mais ainda os interesses institucionais ficavam ameaçados, na perspectiva dos interesses dos próprios advogados trabalhistas, que, segundo Clair Martins[235], eram convocados sempre ao debate, à união, ao enfrentamento para que não houvesse nenhum tipo de esmorecimento. Afinal, enquanto se estava preocupado com os processos específicos, com os clientes,

---

(234) Carta da ABRAT a OAB, Documento citado.
(235) MARTINS. Entrevista citada.

com as gestões dos escritórios, "os direitos estavam sendo suprimidos, derrogados, e a nossa preocupação era que nem nós mesmos teríamos mais aqueles direitos para defender, porque a meta do neoliberalismo era suprimir direitos".

Várias eram as tentativas de enfrentamentos, entre elas os três Congressos Nacionais (CONAT) promovidos nesse período pela ABRAT, que tiveram como mote essas discussões. Em 1998, o XX CONAT discutiu a "Justiça e Direito do Trabalho — crises e perspectivas". Nesse ano, a revista comemorativa feita para o evento trouxe matérias específicas sobre o assunto, analisando os projetos e apresentando críticas.

Em 1999, no XXI, o tema central foi "As propostas de reforma da estrutura do Judiciário e do processo do trabalho". Na abertura, o conferencista José Martins Catharino tratou da temática "Direito do Trabalho, Neoliberalismo, Crise do Estado, Sequelas Sociais e Econômicas". Os painéis e demais palestrantes seguiram, discutindo em torno do eixo principal.

No XXII CONAT, realizado no ano de 2000, apresentou como tema "As transformações no Direito do Trabalho e suas repercussões para os advogados trabalhistas". As conferências tiveram as seguintes palestras: A reforma do poder Judiciário (João Luiz D. Pinaud); A reforma da Estrutura da Justiça do Trabalho (José Roberto Batochio); As perspectivas da Justiça do Trabalho (Celso Soares); Formas de Soluções de conflitos (Roberto Ferraiolo); As últimas alterações processuais, análise crítica dos projetos existentes e as alternativas (Manoel Antonio Teixeira Fillho); As propostas de reforma do processo do Trabalho (Estêvão Mallet); A desconstitucionalização dos direitos sociais (Amauri Mascaro Nascimento).

Com esse cenário, a reserva de mercado do grupo de advogados trabalhistas também sofria ameaça. Não fosse pelo interesse aos prejuízos sociais de forma direta, ao menos numa visão voltada para o interesse institucional, existia forte justificativa para se armar contra o projeto. E era o que se estava fazendo, utilizando-se de diversos veículos e possibilidades de discussões e alianças:

> A Carta oriunda do XX CONAT reflete o posicionamento tomado pela Instituição na assembleia geral, notadamente quanto à posição de vigilância a todos os projetos em andamento em relação às reformas da Justiça do Trabalho. Pronunciava-se sobre cada uma delas, com projetos "alternativos para modernização do Direito e da Justiça do Trabalho, preservando-se os direitos dos trabalhadores e os direitos fundamentais do homem.[236]

---

(236)   Carta de Belo Horizonte, 1998. Documento citado.

Essa carta adotava uma forma de repúdio a diversos projetos e a intenção do governo federal em reduzir direitos sociais. Compreendia, entretanto, algumas modernizações, como a necessidade de melhoria da estrutura da Justiça do Trabalho — unanimidade nessa época — e a extinção dos juízes classistas. Quanto à possibilidade de extinção da Justiça do Trabalho com transferência para outros órgãos de outra Justiça, não se cogitava nenhuma hipótese, por considerar fundamental a condição de especificidade de que era dotada, fato que muito contrariava as intenções neoliberais.

Seguindo essa linha, Edésio Passos[237] apresentou, como justificativa para o crescimento da Justiça do Trabalho, o avanço do capitalismo e, em especial, "pelos avanços provocados pelo neoliberalismo, trazendo para o plano jurídico, teses novas provocadas pela globalização, terceirização, flexibilização e outros fenômenos". Reforçava, exatamente por causa desses fatores, a sua importância como uma justiça social. Dessa forma, o momento era de busca de soluções para melhorias na Justiça, com o objetivo de dar suporte e respostas às transformações do país que resvalavam diretamente nas relações capital e trabalho. O governo federal, porém, não tinha interesse, naquele momento, em destinar verbas ao aparelhamento da Justiça, nas suas diversas necessidades, fazendo exatamente o contrário, o que voltou a ocorrer nesse início de 2016.

Os CONAT já reuniam, nesse período da Associação, cerca de 400 a 500 participantes, entre eles, magistrados, procuradores, advogados, estudantes, professores, sociólogos, economistas. Por certo, isso gerava, além de preocupação pelos segmentos políticos do Legislativo e do Executivo, também a produção de documentos utilizados como forma de pressão e cobranças a esses próprios segmentos. Um exemplo disso foi a referida Carta de Belo Horizonte.

Os segmentos ligados à Justiça do Trabalho percebiam a manobra do governo e sinalizavam para o repúdio. Assim foi com a ANAMATRA e também a Associação dos Magistrados Trabalhistas do Rio de Janeiro — AMATRA 1, citada em texto escrito por Süssekind. Quanto ao tema extinção, assim se posicionou:

> É de se estranhar que, exatamente numa conjuntura de recessão econômica, crescimento de inflação e desemprego desenfreado, surjam arautos de soluções milagrosas que pregam o fim da única Justiça Especializada nos conflitos trabalhistas, o último recurso daqueles que emprestam sua força de trabalho para a construção de um País melhor.[238]

---

(237) PASSOS, Edésio F. Justiça do trabalho: crise e alternativas. *Revista da ABRAT*, Curitiba, p. 3-7, 2º semestre de 1998.
(238) SÜSSEKIND, Arnaldo *apud* AMATRA 1. História e perspectivas da justiça do trabalho. *Revista LTr*, São Paulo, v. 66, n. 2, p. 135, 2002.

Ainda em relação a isso, arrematou Süssekind, aduzindo que tanto os tribunais quanto as regras processuais que o dinamizavam careciam de reformas. Não se devia, contudo, julgar as instituições pelas suas anomalias atípicas, até porque era "inquestionável que nos seus sessenta anos de existência, a Justiça do Trabalho, nos limites de suas possibilidades, cumpriu a relevante missão que lhe compete".[239]

A despeito dos movimentos, não foi possível confirmar se somente a ABRAT, ANAMATRA, juristas defensores e outros segmentos que se uniram contra a proposta de extinção da Justiça do Trabalho tiveram mesmo uma atuação capaz de resultar no arquivamento do projeto. Não se localizaram documentos que confirmem a maior ou menor influência dessa ou daquela instituição. No sentir de Clair Martins, foi positivo e fundamental que se fizessem alianças e atuassem, pois a "ABRAT abraçou a luta em defesa de Justiça do Trabalho e graças a esse trabalho e de outros setores organizados, o projeto foi arquivado".[240]

Acredita-se que, sem a parceria da OAB e demais instituições, o projeto poderia ter sido aprovado — como, aliás, ocorre em vários momentos, quando o povo e as instituições dormitam. Sobretudo nesse caso, era notório que havia influentes políticos na linha de frente da campanha a favor do projeto.

É essencial relembrar que a ABRAT, durante as duas primeiras décadas de existência, fazia campanha para a extinção do TST, por entender que era um órgão que contribuía para a morosidade da Justiça do Trabalho. Essa teoria era defendida em vários CONAT. A matéria no editorial da Revista de 1999, por ocasião da comemoração do XXI CONAT, deixa isso bem claro: "Há anos em Congressos Nacionais os advogados postulam a extinção do TST. Só se manteria o duplo grau de jurisdição, cabendo recurso Extraordinário ao STF por ofensa à Constituição Federal. A extinção deste órgão contribuirá para a celeridade processual".[241] Sempre defendeu e promoveu, todavia, a justiça especializada, em suas bases, por entender vocacionada para suas competências.

4.7.2. Os advogados trabalhistas discutem a nova competência em livro

Com o projeto original e as propostas que se seguiram, resultando na Emenda Constitucional n. 45/2004, a ABRAT não se afastou da linha das discussões das reformas. Entendia necessárias entre as várias vias que havia adotado. A partir

---

(239) SÜSSEKIND. *Ibidem*, p. 140.
(240) MARTINS. Revista citada, p. 23.
(241) Revista da ABRAT. 1999, p. 1.

de então, pensou num livro em que pudesse ter dos advogados trabalhistas, as mais diversas visões sobre as alterações trazidas com a EC n. 45, na perspectiva da Justiça do Trabalho. Com isso, trabalhou para que fosse feita uma obra, que tomou o nome de *A Emenda Constitucional n. 45/2004 — Uma visão crítica pelos Advogados Trabalhistas*, publicada pela LTr Editora.

A obra coletiva, escrita com a colaboração de 21 autores[242], teve o prefácio de Arnaldo Süssekind[243], passando à transcrição de alguns trechos, com o intuito de identificar a hipótese da participação da ABRAT nas críticas feitas às alterações. *In verbis*:

> Em boa hora a Associação Brasileira de Advogados Trabalhistas (ABRAT) promoveu a edição deste livro contendo preciosos comentários sobre os resultados da reforma do Poder Judiciário, iniciada com a Emenda Constitucional n. 45, de 10 de dezembro de 2004. [...] a obra registra a visão crítica de renomados advogados que militam na Justiça do Trabalho, sobre a ampliada competência dessa justiça especializada resultante do art. 114 da Constituição. A modificação de maior relevo adveio da afirmação da competência da Justiça do Trabalho para "ações oriundas da relação de trabalho", que alcançam qualquer prestação de serviço executada, ainda que com autonomia, pelo trabalhador contratado. Mas, além dessa novidade, o aludido preceito transferiu para a magistratura trabalhista a competência para dirimir os litígios de natureza sindical (inciso III) e as ações relativas às penalidades administrativas impostas aos empregadores pelo Ministério do Trabalho e Emprego (inc. VII); assegurou-lhe o julgamento dos mandados de segurança, habeas corpus e habeas data em matéria de sua jurisdição (inc. IV); e dos conflitos de competência entre os seus órgãos, salvo quando se tratar de ação direta de inconstitucionalidade (inc. V); manteve sua competência para executar de ofício as contribuições da seguridade social devidas em razão de suas decisões (inc.

---

(242) Os autores foram: Ana Carolina Gonçalves Vieira, Antonio Escotegui Castro, Benizete Ramos de Medeiros, Celso Soares, Claudio Santos da Silva, Cristiano de Lima Barreto Dias, João Batista dos Santos, João José Sady, José Hildo Sarcinelli Garcia, Leonardo Rabelo de Matos Silva, Luís Carlos Moro, Luiz Inácio Barbosa Carvalho, Marcelo A. Brandão Lopes, Olimpio Paulo Filho, Otavio Pinto e Silva, Sayonara Grillo Coutinho Leonardo da Silva, Thiago D´Avila Fernandos com Marcos D´Avila Fernandes e Valena Jacob.
(243) SÜSSEKIND, Arnaldo. Prefácio. In: MEDEIROS. Benizete Ramos (coord.). *A Emenda Constitucional n. 45/2004*: uma visão crítica pelos advogados trabalhistas. São Paulo: LTr, 2006. p. 9-12.

VIII); confirmou a jurisprudência no sentido da sua competência para as ações sobre danos morais ou patrimoniais (inc. VI); tornou ilimitado o conhecimento de ações decorrentes do exercício do direito de greve (inc. II); e dispôs sobre os procedimentos para solução dos conflitos coletivos de trabalho, restringindo a faculdade de instaurar dissídios coletivos (§§ 1º, 2º e 3º). [...] A EC n. 45 prestigiou, sem dúvida, a Justiça do Trabalho, numa fase em que alguns neoliberais pretenderam limitar sua atuação ou até extingui-la. Mas a emenda poderia ter evitado sérios problemas que infelizmente gerou. Afigura-se-me que ela deveria [...].

As críticas sobre alguns pontos da reforma exatamente por serem polêmicos continuam bastante atuais. Até hoje, move discussão em vários setores do ramo jurídico — judiciário, academias, doutrinas. Afinal, não havia à época, como ainda não há, consenso acerca da ampliação da competência em algumas matérias, ou mesmo da forma como ela foi apresentada, como, por exemplo, o veto quanto à competência do servidor público, que, no projeto original, seria da Justiça do Trabalho.

Outro ponto que sofreu acirrada crítica na obra — e continua — foi sobre se impor a autorização da parte contrária para instauração do dissídio coletivo, alterando-se o § 2º do art. 114 da CF/88[244], revelando o interesse de extinção do Poder Normativo da Justiça do Trabalho. Nesse particular, a Carta oriunda do XXXI CONAT, datada de 5 de setembro de 2009, realizado em Belo Horizonte, propôs o seguinte: "[...] 5) A extinção da necessidade de autorização patronal, sob o eufemismo do 'comum acordo', para instauração do dissídio coletivo".[245] Tal êxito ainda (em 2015) se mantém, sem reformas.

Com essa obra, foi possível identificar uma atuação dinâmica e atenta no que diz respeito não só aos interesses do equilíbrio das relações capital e trabalho, em atenção ao não retrocesso, mas também e sobretudo, a um interesse mais institucional, voltado para o próprio grupo quanto à ampliação do mercado e capacitação. O aumento da competência, quando se pretendia extinguir o Judiciário especializado foi um avanço, que, inclusive, alargou a área de atuação desse grupo, notadamente quanto às ações de indenização, impondo contudo,

---

(244) Art. 114. [...] § 2º Recusando-se qualquer das partes à negociação coletiva ou à arbitragem, é facultado às mesmas, de comum acordo, ajuizar dissídio coletivo de natureza econômica, podendo a Justiça do Trabalho decidir o conflito, respeitadas as disposições mínimas legais de proteção ao trabalho, bem como as convencionadas anteriormente.
(245) Carta de Belo Horizonte. 1998. Documento citado.

maior qualificação e especialização. É o que se extrai da própria apresentação, revelando um olhar direcionado aos interesses do grupo:

> Com a promulgação da Emenda Constitucional n. 45/2004, que deu início à tão esperada reforma do Judiciário, a ABRAT — Associação Brasileira de Advogados Trabalhistas — vem promovendo em todo o país diversos debates, travando discussões em seminários e congressos. Mostrou-se necessário que as discussões acerca do tema fossem amplas e intensas em razão de algumas impropriedades e disputas na aplicação prática dos preceitos contidos nas normas de alteração. Como resultado de todo esse debate, a ABRAT, em parceria com a LTr, resolveu compilar uma parte das palestras e dos estudos formulados pelos advogados, trazendo a todos a opinião dos estudiosos de vários Estados, associando a visão prática à técnica, bem como o comportamento da novidade constitucional no ordenamento jurídico brasileiro.[246]

Com isso, fechou-se o ciclo relacionado ao projeto de extinção da Justiça do Trabalho, cujo debate, ainda registre-se, avançou para além da obra crítica, com seminários. Discutiu-se, em patamar nacional, o amplo leque da competência com as implicações e os desdobramentos positivos e negativos que permanecem até os dias atuais. De qualquer forma, várias outras instituições, como OAB e ANAMATRA, contribuíram para uma política de hostilização ao projeto original e à própria Emenda Constitucional, possivelmente de forma até mais intensa que a própria ABRAT.

Com a submissão às normas norte-americanas, o Brasil deveria estabelecer condições jurídicas correspondentes e neutralizar o grupo que poderia trazer embaraços ou mesmo impedir os objetivos. Se o Estado mínimo objetivava a abertura de mercado, e as empresas estrangeiras objetivavam mais lucro, é corolário o enfraquecimento do trabalhador quanto aos seus direitos, bem como a obediência de toda a sociedade aos ditames da minoria. Para isso, as legislações deveriam seguir esse comando de submissão. Com isso, os projetos de lei tinham o traço nítido de submissão aos ditames do neoliberalismo e aos blocos econômicos, sob pena de comprometimento de que essa política não fosse implementada.

Nessa perspectiva era fundamental que fossem instrumentalizados pelas normas jurídicas e ter uma aparência de legitimidade pela via legislativa. Sendo assim, o governo e diversos deputados encaminharam projetos, visando ao cumprimento dos objetivos neoliberais. Entre eles, houve o que instituiu o trabalho

---

(246) ROTBANDE, Osvaldo Sirota. [Apresentação do livro citado].

por prazo determinado; a compensação de horas extraordinária por meio do chamado banco de horas; as vias alternativas de solução extrajudicial de conflitos, com a instituição das comissões de conciliação previa; a lei de arbitragem; contrato de trabalho provisório; contrato a tempo parcial; terceirização ampla; reforma da CLT; a supremacia do ajuste das partes sobre a lei, além da extinção da Justiça do Trabalho.

Nessa lógica, a precarização dos direitos trabalhistas era a solução apontada para resolver as dificuldades econômicas do país, apostando-se na contratualização entre capital e trabalho e outros. Desse modo, a desregulamentação das normas era uma proposta que deveria ser adotada o mais rápido possível para "possibilitar a competitividade do país a nível internacional" e sua inserção na economia globalizada.[247]

Veja-se no capítulo seguinte os principais projetos e a reação dos advogados trabalhistas.

---

(247) MARTINS, Clair da Flora. As reformas neoliberais. *Revista da ABRAT comemorativa aos 25 anos*, Brasília, p. 23, 2003.

Capítulo 5

O ÁPICE DO NEOLIBERALISMO: A AMEAÇA AOS DIREITOS SOCIAIS SE AGRAVAM

> *"Concorre para a manutenção do erro quem silencia diante de sua constatação."*
> (B. Calheiros Bomfim)

Essa fase em estudo é considerada por esta autora como a terceira fase da história da ABRAT com início no ano de 2000 até 2010, assim separada não por maior ou menor importância de seus diretores ou outro veio sentimental, mas sim em razão de uma escolha cronológica que melhor identifique a maturidade e o crescimento dos advogados trabalhistas institucionalizados.

Para se compreender o corte feito, opta por estudar neste capítulo, as principais teorias e outros projetos neoliberais, até mesmo pelo fato de que nessa fase e nas seguintes obteve mais êxito na localização de documentos acerca do movimento da ABRAT, o que justifica o volume de transcrição e citações.

5.1. Breves considerações sobre o neoliberalismo

Embora o estudo dos temas neoliberalismo e globalização sejam bastante comuns e similares e sem novidades, opta-se por revolver a discussão para melhor compreensão do momento, apontando algumas teorias, uma vez que esse tempo foi de desafios à toda a sociedade, aos advogados trabalhistas e as instituições, notadamente as defensoras do Estado Social de Direito.

Iniciadas, no final da era Collor, as profundas mudanças ocorridas no Brasil, é, contudo, no governo Fernando Henrique Cardoso (FHC) — 1994 a 2002 — que o diálogo institucional sobre a Reforma Trabalhista principiado no governo Itamar foi retomado. Além disso, uma série de projetos de lei, decretos, portarias e, sobretudo, medidas provisórias foi apresentada pelo Poder Executivo, com intenção de alterações na legislação trabalhista, além daquele referente a extinção da Justiça do Trabalho analisado no capítulo anterior

O neoliberalismo caracteriza-se por apoio a uma maior liberalização econômica, privatização, livre comércio, mercados abertos, desregulamentação e reduções nos gastos do governo a fim de reforçar o papel do setor privado na economia.

Essa ideologia era à época, capitaneada pelo capitalismo norte-americano. Nele, pregava-se a formação de blocos econômicos, fim das taxas alfandegárias e abertura completa de mercados. Assim, sedimenta-se o mundo globalizado, que se iniciara anteriormente, estabelecendo-se o cenário perfeito para as transações, sob a ótica dos interesses econômicos, primordialmente, tornando atraente ao capital estrangeiro.

Com essa perspectiva, os princípios do neoliberalismo eram os ditames internacionais, tendo como lógica o estado mínimo, a flexibilização e redução de direitos sociais com proposição de terceirizações, contratações temporárias, reformas previdenciárias e trabalhistas em geral e também de extinção da Justiça do Trabalho no Brasil, tida como grande óbice a implantação do sistema.

Nesse contexto, a década de 1990, com o fenômeno da globalização iniciado na década anterior, marca o auge do neoliberalismo que tem seu início com o declínio do *welfare state*.[248] Os pontos fortes desse movimento são a perda da força do intervencionismo estatal e a valorização do mercado, com o intuito de atrair o capital estrangeiro. Reduz-se, então, o estado de bem-estar social, de políticas assistencialistas, sempre com atenção à estabilidade financeira, com redução dos encargos sociais e tributários.

A lógica neoliberal é de flexibilização, de redução e precarização de direitos. No dizer de Kapstein[249]: "justamente no momento em que os trabalhadores mais

---

(248) Do *welfare state* — estado de bem-estar social; organização política e econômica que coloca o Estado como agente da promoção social e organizador da economia. Nessa orientação, o Estado é o agente regulamentador de toda a vida e saúde social, política e econômica do país em parceria com sindicatos e empresas privadas, em níveis diferentes, de acordo com o país em questão. Cabe ao Estado do bem-estar social garantir serviços públicos e proteção à população.
(249) KAPSTEIN, Ethan B. Os trabalhadores e a economia mundial. *Fareig Affairs*, edição Brasileira, n. 1. Publicado no jornal da Gazeta Mercantil em 11 de outubro de 1996.

necessitam do Estado-Nação como amortecedor, para absorver os choques da economia mundial, ele os está abandonando".

Nessa esteira, as propostas das privatizações das estatais, iniciadas na Inglaterra e Argentina, chegando às empresas brasileiras, como a Vale do Rio Doce. Assim agindo, o estado se desincumbe de vários setores, com o discurso de prejuízos, mal funcionamento e delega, privatizando suas empresas. Essas, por consequência, são adquiridas por capital estrangeiro, que, então, passa a ditar normas internas, pressionado os poderes legislativo e executivo à redução de direitos e, decorrente disso, de estado mínimo.

Tentando compreender o início dessa onda no mundo, se acerca de Hobsbawm[250], para quem a avassaladora transformação não foi pontual, tampouco numa única década. Seu início ocorreu, segundo ele, "em algum momento no último terço do século XX, a larga vala que separava as pequenas minorias dominantes modernizantes ou acidentalizantes dos países do Terceiro Mundo do grosso de seus povos começou a ser tapada pela transformação geral de suas sociedades".

Adverte ainda que as transformações ocorridas com a globalização econômica nos países em subdesenvolvimento, onde não era possível identificar o início de tudo quando aconteceu, ou quando se "tomou a nova consciência dessa transformação". Ao contrário, nos Estados Unidos, o fenômeno já começara na década de 60 e era entendido, embora acelerando-se nas décadas seguintes e de forma menos visível nos países de terceiro mundo. Com isso, houve "grande salto avante" da economia mundial capitalista, que não só dividiu e perturbou o terceiro mundo, mas também levou os habitantes para um mundo moderno.[251]

Nesse diálogo de transformações sociais e a tentativa de identificação do período, outros estudiosos do neoliberalismo não só confirmam ausência de um marco específico, como também ousam a voltar bastante no tempo. É o que diz Dallegrave Neto[252], para quem as mudanças iniciaram-se após a segunda guerra mundial, na Europa e América do Norte. Na década de 80, com sensíveis efeitos que se assentam na repulsa contra a política de intervenção Estado de bem-estar social, e para sustentação dessa filosofia, os neoliberais apontam,

---

(250) HOBSBAWM, Eric. *Era dos extremos*: o breve século XX 1914-1991. 2. ed. Tradução Marcos Santarrita. São Paulo: Companhia das Letras, 1996. p. 353-358-359.
(251) *Ibidem*, p. 356-358.
(252) DALLEGRAVE NETTO, José Affonso. O estado neoliberal e seu impacto sociojurídico. In: *Globalização neoliberalismo e direitos sociais*. Rio de Janeiro: Destaque, 1997. p. 79-107.

como os culpados pela crise econômica e alta de inflação, o poder sindical e os movimentos operários, com as reinvindicações de melhoras. Com isso, passou-se a defender a ideia de Estado mínimo em face dos direitos sociais e trabalhistas e passivo em face dos lucros e da lei de mercado. Logo, adaptou-se ao modelo de privatizações, desregulamentação dos mercados, descentralização, flexibilização dos direitos trabalhistas, globalização por blocos transnacionais.[253]

Veja-se que havia correntes defensoras do estado neoliberal de que o segmento da classe trabalhadora era, de alguma forma, culpada da crise e da inflação pelas constantes lutas sindicais. Afinal, os sindicatos eram detentores de grande poder de negociação nas décadas de 1980 e 1990.

O Brasil aderiu a esse movimento em novembro de 1989, no chamado consenso de Washington, quedando-se às imposições do FMI, Banco Mundial; Banco Interamericano de Desenvolvimento. A partir de então, no Brasil, iniciaram-se os cortes orçamentários na saúde, na educação e nas políticas mais sociais.

Nesse caldeirão efervescente acerca da origem e dos culpados e as razões de tais políticas agressivas busca apoio em Frei Beto[254], para quem se trata do novo caráter do velho capitalismo, que tomou corpo no mundo a partir da Revolução Industrial do século XIX. As máquinas com capacidade de produzir em grande escala possibilitaram à indústria aumentar os lucros das empresas.

E o capitalismo, segue; é "uma religião laica fundada em dogmas" com pouca credibilidade. Seu caráter social durou até o final dos anos 1970, com a crise do petróleo, com os golpes dos Estados para estancar o avanço de conquistas sociais, cooptação dos sociais democratas, fim dos Estados de bem-estar social, utilização da dívida externa como forma de controle dos países periféricos (FMI, OMC). A partir daí, nasceu o neoliberalismo, considerado, para muitos, um estágio natural e avançado da civilização. E mais, numa análise mais lúdica e comparativa com a globalização, contrapõe que:

> O capitalismo transforma tudo em mercadoria, bens e serviços, incluindo a força de trabalho. O neoliberalismo o reforça, mercantilizando serviços essenciais, como os sistemas de saúde e educação, fornecimento de água e energia, sem poupar os bens simbólicos — a cultura é reduzida a mero entretenimento; a arte passa a valer, não pelo valor estético da obra, mas pela fama do artista; a religião pulverizada em modismos; as singularidades étnicas encaradas como folclore; o

---

(253) DALLEGRAVE NETTO. *Op. cit.*, p. 80.
(254) BETO, Frei. *O que é o neoliberalismo.* Disponível em: <http://www.adital.com.br/site/noticia.asp?long=pt&cod=15768/>. Acesso em: 16.8.2013.

controle da dieta alimentar; a manipulação de desejos inconfessáveis; as relações afetivas condicionadas pela glamourização das formas; a busca do elixir da eterna juventude e da imortalidade através de sofisticados recursos tecnocientíficos que prometem saúde perene e beleza exuberante. [255]

Süssekind, faz importante e afinada reflexão entre globalização e neoliberalismo, apontando diferenças e ponderando acerca do que provocou a polêmica entre os defensores do Estado Social e os do Estado liberal.

Os neoliberais pregam a omissão do Estado, desregulamentando, tanto quanto possível, o Direito do Trabalho, a fim de que as condições do emprego sejam ditadas, basicamente, pelas leis de mercado. Já os defensores do Estado social, esteados na doutrina social da igreja ou na filosofia trabalhista, advogam a intervenção estatal nas relações de trabalho, na medida necessária à efetivação dos princípios informadores da justiça social e à preservação da dignidade humana.[256]

Para Boito[257], a década de 1990 é dos governos neoliberais no Brasil. Iniciada no governo Collor, foi Fernando Henrique Cardoso (FHC) quem "seguiu as pegadas", ampliando e aprofundando. É marcada pela alternância de baixo crescimento e recessão e "aumento inaudito de desemprego". No plano político, caracterizada pela ofensiva das forças conservadores, dificultando as lutas sindicais. Em consequência disso, surgiram novos agrupamentos de cúpula, ou seja, as centrais sindicais, sendo a mais importante a Força Sindical, que aderiu, em grande parte, à plataforma neoliberal.

Dessa maneira, o Brasil do Governo Fernando Henrique Cardoso, autointitulado socialdemocrata, foi o ápice das ideias neoliberais, porque se compreendia que o Estado de Bem-Estar Social já era incapaz de conviver com as mudanças sofridas e necessárias para o avanço. A repercussão nos demais países subdesenvolvidos e a luta pela contenção da inflação, porém, gerou, muitas vezes, recessão, desemprego e redução dos direitos sociais. Não era o que pensava o ex-presidente Fernando Henrique Cardoso[258]:

---

(255) *Ibidem,*
(256) SÜSSEKIND, Arnaldo. O futuro do direito do trabalho no Brasil. *Revista LTr,* v. 64-10, p. 1033, 2000.
(257) BOITO JUNIOR, Armando. O neoliberalismo e o corporativismo do estado no Brasil. In: ARAUJO, Angela Maria Carneiro (coord.). *Do corporativismo ao neoliberalismo*: estado e trabalhadores no Brasil e na Inglaterra. Coleção Mundo do Trabalho. São Paulo: Boitempo, 2002. p. 54-65.
(258) CARDOSO, Fernando Henrique. O que é a globalização que provoca tantos medos e o que se esperar dela. *Revista Veja.* [S.l.], caderno Economia e Negócios, p. 82, 3 de abril de 1996. [Arquivo]

A globalização está multiplicando a riqueza e desencadeando forças produtivas numa escala sem precedentes. Tornou universais valores como a democracia e a liberdade. Envolve diversos processos simultâneos: a difusão internacional da notícia, redes como a internet, o tratamento internacional de temas como o meio ambiente e direitos humanos e a integração econômica global.

Ao contrário das promessas, o desemprego nesse período esteve instável, inspirando o trabalho informal e a rotatividade da mão de obra. Segundo o panorama feito por Amorim e Araújo:

> A face do mercado de trabalho brasileiro começou a mudar na segunda metade da década de 1990. A taxa de desemprego, que era relativamente baixa na década de 1980, começou a se elevar. De acordo com os dados da Pesquisa Nacional por Amostra de Domicílios (PNAD), no universo das pessoas de 16 a 59 anos, a taxa de desemprego no Brasil foi de 9,2% em 2002 contra 6,2% em 1995, enquanto a taxa de participação foi de 73,3% em 2002 contra 73,2% em 1995. Portanto, a taxa de participação não parece ser um elemento que esteja pressionando a taxa de desemprego geral. Outro fenômeno importante por trás do problema do desemprego é a destruição de postos de trabalho ocasionada pela reestruturação produtiva das empresas brasileiras (fenômeno observado notadamente na indústria), um processo desencadeado, em grande parte, como reação à abertura comercial iniciada no início da década de 1990.[259]

Dialogando com Boito[260], que propõe um balanço das transformações do período no Brasil e na América latina, chega-se à síntese de que, no plano político, promoveu a abertura comercial, privatização da produção de mercadoria e serviços e desregulamentação do mercado de trabalho com redução de gastos sociais do estado. Houve destruição dos empregos em razão da redução do déficit comercial com o exterior e a mercantilização da educação e da saúde.

Tentou-se, sofregamente, a desregulamentação selvagem dos contratos trabalhistas. Estimulou-se a concorrência entre empresas nacionais e estrangeiras e, portanto, a regulação do contrato de trabalho (jornada, RSR, férias). Enrijecido, deformou o livre jogo da oferta e da procura e a liberdade contratual entre empregado e empregador, porque, para essa lógica: "O mercado é o lugar da

---

(259) AMORIM, Bruno Marcus F.; ARAUJO, Herton Ellery. Economia Solidária no Brasil: Novas formas de relação de Trabalho?. *Nota Técnica do IPEA*. Disponível em: <http://www.ipea.gov.br/portal/images/stories/PDFs/mercadodetrabalho/mt_24i.pdf>. Acesso em: 15.2.2015.
(260) BOITO JUNIOR. *Op. cit.*, p. 64-6.

eficiência e da liberdade individual enquanto o estado é o lugar de ineficiência e de privilégios".

Com isso, foram criados programas como o PROER para promover apoio a alguns setores, sobretudo a bancos em dificuldades. Por outro lado, propôs-se a redução das áreas que interessavam, principalmente aos trabalhadores, como educação, saúde, previdência e regulação do mercado de trabalho. As classes dominantes, as grandes empresas e os monopólios nacionais e estrangeiros continuam formando o grupo mais diretamente beneficiado pela política econômica e social do governo. Assim sendo, para a maioria dos trabalhadores, a situação criada pela política neoliberal é extremamente desfavorável e complexa.[261]

Num paralelo importante e direto com o Direito Trabalho, Süssekind[262], elaborado e assumido defensor da manutenção da intervenção do estado nas relações sociais do trabalho, estabelece a diferença entre desregulamentação e flexibilização, as quais, de acordo com ele, não se confundem. A desregulamentação "defende a inexistência da maioria das normas. E infelizmente cresce o número de seus defensores, numa orquestração de inegável reflexo na mídia". A flexibilização constitui uma redução mitigada da intervenção do Estado.

O autor segue, aduzindo que "os adeptos do Estado social, entre os quais me incluo, admitem, apenas nesta fase da história sócio econômica, a redução do grau de intervenção da lei nas relações de trabalho", com o fim de que os sistemas de proteção indisponíveis estabeleçam um mínimo de proteção, para garantir a dignidade do trabalhador. Para ele, a flexibilização, perante os representantes dos agentes sociais, deve ter por objetivo, e só assim se justifica: a) atendimento a peculiaridades regionais, empresariais e profissionais; b) implementação de nova tecnologia ou de novos métodos de trabalho; c) preservação da saúde econômica da empresa e dos respectivos empregos.[263]

Bomfim[264] afirma que, nessa esteira, caminhamos na omissão do Estado que se submete aos ditames neoliberais dos países e organismos internacionais, em um verdadeiro esvaziamento. Assim, deixa, aos atores sociais, o papel principal de decidirem sobre seus destinos, relegando ao comércio internacional a liberdade de propostas de redução de custo social.

Alguns outros autores traduzem de forma mais contundente e pessimista essa era.

---

(261) BOITO JUNIOR. *Op. cit.*, p.65.
(262) SÜSSEKIND. *Op. cit.*, p. 1233.
(263) *Ibidem*, p. 1233.
(264) BOMFIM, Benedito Calheiros. Globalização, flexibilização e desregulamentação do direito do trabalho. In: *Globalização, neoliberalismo e direitos sociais*. Rio de Janeiro: Destaque, 1997. p. 38.

Portanto, forçoso deduzir que o movimento das associações, notadamente as que estão envolvidas, direta ou indiretamente, nas relações capital e trabalho, tem um campo mais amplo e, ao mesmo tempo, mais provocativo do ponto de vista das necessidades de se cobrar dos poderes constituídos, em incansável militância para manutenção de direitos conquistados. Compreende-se, então, que desregulamentar direitos trabalhistas e sociais para atender e adequar ao capital é retrocesso.

5.1.1. Correntes defensoras do neoliberalismo

Nem todos os pensadores da época entendiam que a globalização e o neoliberalismo eram nocivos; ao contrário, trariam o necessário avanço. Nessa linha de pensamento contrário está Romita que faz uma análise do período político e social em que os direitos trabalhistas foram criados, criticando a manutenção do protecionismo estatual do início, sobretudo em épocas de grandes transformações, e que, se o país é Estado democrático de direito, deve se alijar dos "resquícios de autoritarismo e de corporativismo que ainda matizam as relações de trabalho, quer no plano individual quer no coletivo". Chama de nefasta a influência paternalista e protecionista, valorizando a via da negociação coletiva como forma de estabelecer as condições de trabalho. Veja-se:

> A rigidez imposta pela Constituição ao trato das questões de trabalho, assim no plano individual como no coletivo, também não se ajusta à crise econômica que o País atravessa. Após a eclosão da crise econômica mundial, três orientações principais se deparam ao movimento sindical. A primeira opção, fundada na luta de classes, propõe-se assegurar a defesa dos benefícios já conquistados e, na medida das possibilidades, obter os possíveis progressos. A segunda linha sindicalista consiste em aderir às adaptações moderadas e às políticas de austeridade. Enfim, uma terceira estratégia pressupõe a articulação de concessões recíprocas mediante a celebração de um pacto social que abrigaria reformas de estruturas e novos arranjos em plano nacional. Cabe aos diretamente interessados a opção pelo caminho que entenderem mais profícuo.[265]

Para sustentação dessa filosofia, os neoliberais apontavam, como os culpados pela crise econômica e alta da inflação, o poder sindical e os movimentos operários, com as reinvindicações de melhoras. Com isso, a única alternativa

---

(265) ROMITA. *Op. cit.*

defensável era a do estado mínimo em face dos direitos sociais e trabalhistas e, passivo em face dos lucros e da lei de mercado. Portanto, o modelo adotado, com efeito, foram as privatizações, a desregulamentação dos mercados, a descentralização, a flexibilização dos direitos trabalhistas, a globalização por blocos transnacionais.[266]

Um dos aspectos que suscitou agitação popular, especialmente de alguns segmentos da sociedade, foi a ausência de discussão prévia com os principais atores sociais sobre as políticas neoliberais. A estratégia foi atuar pelas linhas de menor resistência, por meio de uma sequência de modificações pontuais na legislação. Isso traria, para a maioria dos trabalhadores, situação extremamente desfavorável e complexa, na visão de grande parte dos estudiosos e, principalmente, dos direitos sociais, com os próprios Süssekind, Bomfim, Kapstein e Boito.[267]

Embora o Direito Constitucional trabalhista permanecesse aparentemente inalterado durante todo esse período, havia intensas tentativas de novas leis, medidas provisórias e regulamentos ao texto constitucional. Esse contexto significava uma clara opção do governo pela via da flexibilização das relações de trabalho, aumentando o poder discricionário dos empresários sobre as condições de utilização da mão de obra em nome do ajuste econômico.[268]

Nesse panorama da perda da força do intervencionismo estatal e valorização do mercado, da fragilização dos sindicatos com o desemprego e a tentativa de redução dos direitos sociais, de políticas assistencialistas do estado de bem-estar social, os grupos mais interessados não podiam ficar na inércia. Isso porque, se, como disse Kapstein[269], efetivamente a flexibilização, com redução e precarização de direitos, ocorria justamente no momento em que os trabalhadores mais necessitavam do Estado para reduzir os efeitos da economia mundializada, e este fazia o caminho inverso, retirando a proteção, abrindo um grande espaço para os agentes sociais se agitarem, gerando tensões.

O questionamento que se seguiu foi quanto ao fato de os países de terceiro mundo estarem preparados para tamanha imposição do capital e supressão da proteção estatal. Havia muita divergência quanto a isso, pois, como se viu, além do governo e parte da bancada do Congresso, alguns autores também defendiam a implantação da nova era social e econômica.

---

(266) DALLEGRAVE NETTO. *Op. cit.*, p. 80.
(267) *Idem.*
(268) AMORIM; ARAUJO. *Op. cit.*
(269) KAPSTEIN. *Op. cit.*

5.2. Os primeiros projetos neoliberais e a reação dos advogados trabalhistas

Os movimentos e reações, contudo, que advieram em virtude de abrupta modificação, sinalizando para desregulamentação e precarização dos direitos trabalhistas, suscitaram posicionamento da Associação Nacional de Advogados Trabalhistas, como termômetro de todas as mudanças, mormente por ter pretendido cocriar tais direitos quando da Constituição de 1988, ao ser ouvida na Assembleia Nacional Constituinte. Embora fosse posição institucional, com efeito que não era unânime entre o grupo, uma vez que aqueles que defendiam o capital, as empresas e a manutenção dos próprios contratos de prestação de serviços tinham linhas de pensamento diferentes no campo pessoal. Isso, no entanto, não chegava a refletir na posição institucional, que alinhava-se com a ideologia proposta.

Aqueles membros do grupo defensores de que o momento de menor intervenção do Estado nas relações trabalhistas era chegado não viam prejuízos essenciais à classe trabalhadora, mas, sim, uma evolução social e econômica necessária e boa para o capital e para o trabalho, com ajustamentos imprescindíveis. De qualquer sorte, esse pensamento não era suficiente para interferir substancialmente na postura ideológica institucional, que tentava se articular de todas as formas para impedir o avanço de tais projetos.

A ABRAT, como associação que, em seus princípios fundantes, tem por escopo participar e atuar no combate a políticas contrárias ao retrocesso e precarização de direitos trabalhistas conquistados, se manteve atenta a esse momento. Nesse sentido, concitou uma maior organização do grupo de advogados para enfrentar os princípios neoliberais, discutindo de forma efetiva os impactos sociais da globalização, fazendo com que "a gente se aproximasse de advogados dos Sindicatos, dos trabalhadores e de outros países, tanto que participamos de vários encontros e discutimos como essas ideias neoliberais estavam sendo implantadas em vários países [...]".[270]

Para Clair Martins[271], a avalanche das privatizações não passou despercebida, pois o caso brasileiro foi o mais escandaloso. Os anos 1990 assistiram à venda (doação) de empresas estratégicas para o desenvolvimento nacional, como a CSN, a Vale do Rio Doce e a Telebras, em um processo criminoso de privatização, lesivo aos interesses nacionais, ficando de fora a Petrobras, sucateada, mais tarde, pela

---

(270) ROMITA, Op. cit.
(271) Clair da Flora Martins foi presidente da ABRAT — 1998-2000 e, posteriormente, deputada federal pelo PT/PR.

corrupção. Nessa perspectiva, a ABRAT encabeçou movimentos contra privatizações, participando de sessões, passeatas e escrevendo manifestos de repúdio.

Ressalta-se que esse período neoliberal (última década do século XX à primeira década do século XXI), oferece grande parte da matéria-prima para o principal objeto desta pesquisa que é a real importância da ABRAT em confronto acurado na atuação nos principais desdobramentos na perspectiva dos direitos sociais trabalhistas, em razão da existência de projetos de leis e entendimentos dos Tribunais superiores na consolidação de jurisprudência, com visíveis retrocessos. Acrescenta-se a isso que algumas legislações se iniciaram nessa década, refletindo, posteriormente, na atuação, influência e importância desse grupo de advogados.

Numa sucessão de ocorrências, independentemente de quem assumia a direção da associação, a atenção e a vigilância deveriam continuar, sendo que para o biênio 2000/2002, assume como diretor presidente da Instituição o advogado paulista Luís Carlos Moro, cuja diretoria[272] objetivava intensificar as propostas no plano organizacional da Associação, com a localização e regularização das atas e estatutos anteriores. Ele enfrentou, no campo político-jurídico, grandes desafios, sobretudo com o projeto da prevalência do negociado *versus* legislado; ainda os resquícios da tentativa de extinção da Justiça do Trabalho; a entrada em vigor da lei acerca da criação das Comissões de Conciliação Prévia — Lei n. 9.958/2000 —, que acrescentou os arts. 625-A a 625-H à CLT — e trazendo desafios de ter que combater os desmandos, os abusos e as fraudes que começavam a nascer com essas leis. Segundo Moro: "No Congresso Nacional, estivemos, sucessivas vezes, tendo a oportunidade de usar a palavra, tanto no Senado quanto na Câmara, em Comissões pelas quais passavam os mais perigosos ataques à ordem pública trabalhista".[273]

Foi uma das diretorias que mais se manteve vigilante nas propostas em tramitação no Congresso. Era o auge do período neoliberal. Sem aprofundamento aqui, se abordarão alguns desses desafios, do ponto de vista mais histórico.

---

(272) Presidente: Luís Carlos Moro (SP); vice-presidente geral: Nilton da Silva Correia (DF): vice-presidente região norte: Silvia R. Marina Mourão (PA); vice-presidente região nordeste: Paulo Azevedo (PE); vice-presidente região centro oeste: Arlete Mesquita (GO); vice-presidente Distrito Federal: Ana Ribas (DF); Diretor de Assuntos Internacionais: Clair da Flora Martins (PR); diretor de comunicação: Carlos Alberto de Souza (ES); diretor de eventos: Sergio Novais (BA); diretor junto a ALAL-ALAT: Reginaldo Delmar Hintz Felker (RS); secretário geral: Osvaldo Sirota Rotbande (SP); tesoureiro: Aparecido Inácio (SP); diretor de acompanhamento de assuntos legislativos : Luiz Salvador (PR).
(273) MORO, Luiz Carlos. Vigilância e militância diária, um mérito coletivo. *Revista da ABRAT*, 5 ed. Comemorativa aos 25 anos, 2003. p. 14.

5.2.1. Projeto do negociado *versus* legislado

Na segunda metade da gestão FHC, o alvo era o trabalhador brasileiro, que estava prestes a sofrer um novo golpe com o Projeto n. 5.483/2001, cuja proposta era de alteração do art. 618 da Consolidação das Leis do Trabalho (aprovado pelo Decreto-Lei n. 5.454, de 1º de maio de 1943). Esse artigo[274] mantém toda a segurança do cumprimento do contrato de emprego contra alterações prejudiciais e abusivas, mesmo que consentidas pelo empregado.

Nessa fase em estudo da Associação, a grande movimentação da ABRAT foi, de fato, o projeto em comento. Para isso, inúmeras foram as reuniões com diversas instituições, como o Conselho Federal da OAB, a ANAMATRA — Associação Nacional dos Magistrados Trabalhistas, o ANPT — Associação Nacional do Ministério Público do Trabalho, o SINAIT — Sindicato Nacional dos Auditores e Inspetores do Trabalho, os movimentos sindicais com as associações estaduais. Solicitava-se uma campanha de registros em atas de audiências acerca do repúdio, inclusive com visitas aos gabinetes dos deputados na Câmara dos Deputados. Em muitos deles, nem sequer foram recebidos e, pior, até bloqueio com o uso da força, como se recorda Moro, "até agressão física nós sofremos e não fosse o meu querido, tesoureiro na época e depois presidente, Osvaldo Rotbande, e ele se interpôs entre os seguranças do Congresso Nacional que queriam nos agredir. Foi um ato de arbitrariedade. O governo entendia como prioritário".[275]

A gravidade requeria pertinaz, rapidez e incansável atuação, pelo fato, sobretudo, de o governo adotar o critério de urgência desse projeto. Em nota oficial, ABRAT, ANAMATRA e ANPT manifestaram-se sobre o tema.[276] O trabalho foi considerado "hercúleo e o importante é que isso seja colocado como uma vitória da ABRAT, como a classe tendo contribuído de forma bastante significativa para que um conjunto de categorias na sociedade pudesse se coordenar num trabalho mais amplo de rejeição de um projeto que vinha com uma força avassaladora".[277] Esse projeto, chamado de nefasto, foi amplamente divulgado pelo governo FHC como a redenção do mercado de trabalho retraído, com campanhas públicas patrocinadas pelo erário na busca de cooptação da consciência popular.[278]

---

(274) Art. 618. As condições de trabalho ajustadas mediante convenção ou acordo coletivo prevalecem sobre o disposto em lei desde que não contrariem a Constituição Federal e as normas de segurança do Trabalho e saúde do trabalhador (NR). Art. 2º Esta Lei entra em vigor na data de sua publicação.
(275) MORO. Entrevista citada.
(276) Publicada na *Revista Comemorativa dos 25 anos da ABRAT*, p. 9.
(277) Idem.
(278) MORO, Revista cit., p. 15.

A ABRAT lançou uma campanha em todo país, do dia nacional da luta contra o referido projeto, em 8 de novembro de 2001, para que se fizesse constar, em atas de audiências trabalhistas, o repúdio. Tal ação gerou 432 atas com os registros, em todo o Brasil (das enviadas à ABRAT), cujo teor era o seguinte: "Manifesta o patrono da parte o apoio à luta contra o Projeto de Lei que institui a prevalência do negociado sobre o legislado, pela crença no primado da lei, da justiça e da prevalência do social sobre o econômico".[279]

Esta pesquisadora participou ativamente dessa campanha, atuando na Região dos Lagos, registrando e enviando as atas das audiências de que participou à direção da Associação.

Dessa aliança com as entidades, resultou medida mais ousada, qual seja ação popular, figurando, como autores, Luís Carlos Moro e Hugo Cavalcanti Melo Filho, então presidentes da ABRAT e ANAMATRA, contra o Ministro do Trabalho, à época, Francisco Oswaldo Neves Dornelles. Sua finalidade era que prestasse contas e restituísse, ao erário, os valores gastos com a promoção do projeto. Esse movimento constituiu a ação popular de reparação de danos ao Erário Público, distribuída à 16ª Vara Federal de Brasília, DF em 26.2.2002, sob o n. 2002.34.00.004534, com alguns trechos transcritos no capítulo seguinte.

Não bastava, porém, ajuizar ações, fazer notas de repúdio, reuniões etc. Era necessário se fazer presente nas votações, conversar com deputados e senadores. Nesse particular, a ABRAT teve que ingressar com *habeas corpus* no STF para que seus diretores conseguissem ter acesso à votação do projeto, já que haviam sido impedidos, com o uso da força física, pelos seguranças do Congresso Nacional.[280]

A proposta do referido projeto era: "Art. 1º O art. 618 da Consolidação das Leis do Trabalho, aprovado pelo Decreto-Lei n. 5.454, de 1º de maio de 1943, passa a vigorar cm a seguinte redação:

> Art. 618. As condições de trabalho ajustadas mediante convenção ou acordo coletivo prevalecem sobre o disposto em lei desde que não contrariem a Constituição Federal e as normas de segurança do Trabalho e saúde do trabalhador (NR).

> Art. 2º Esta Lei entra em vigor na data de sua publicação."

As informações encontradas sobre o projeto são as seguintes:

> Autor: Poder Executivo; Data de Apresentação: 4.10.2001; (...) Ementa: Altera dispositivo da Consolidação das Leis do Trabalho, aprovada pelo

---

(279) MORO. Revista citada.
(280) MORO; ROTBANDE. Entrevistas citadas.

> Decreto-Lei n. 5.452, de primeiro de maio de 1943. NOVA EMENTA: Altera o art. 618 da Consolidação das Leis do Trabalho — CLT.[281]

Para o capital, considerava-se que a CLT era extremamente conservadora e enrijecida, impedindo flexibilizações necessárias ao contexto atual, além do que — argumento utilizado, considerando as realidades europeia e americana — o trabalhador brasileiro já teria maturidade suficiente para dialogar e estabelecer as próprias condições de trabalho. Nessa lógica, as propostas do projeto eram até tardias.

Tal projeto foi criticado pelo segmento dos trabalhadores organizados e por várias instituições, como a ANAMATRA, ANPT e ABRAT, além dos sindicatos profissionais, juristas, acadêmicos etc. Foram feitas campanhas em todo o Brasil, inclusive de registro em atas de audiências em fóruns trabalhistas de repúdio ao projeto, então popularizado pelo "projeto do negociado x legislado". O projeto, na data em que esse ponto foi pesquisado (dezembro de 2014), encontrava-se arquivado, mas é possível verificar, no *site* da Câmara dos Deputados, a explicação da ementa, com o seguinte teor:

> Explicação da Ementa estabelecendo que as condições de trabalho ajustadas mediante convenção ou acordo coletivo prevalecem sobre o disposto em lei, desde que não contrariem a Constituição Federal e as normas de segurança e saúde do trabalho. Flexibiliza a CLT bem como o regime de tramitação "Regime de Tramitação — Urgência art. 64-C".[282]

E ainda havia indexação, alteração, legislação trabalhista (CLT), flexibilidade, prevalência, condições de trabalho, acordo coletivo de trabalho, convenção, leis, restrição, extinção, direitos sociais, Constituição Federal, normas, saúde, segurança do trabalho.

Observa-se aí o mesmo indicativo de regime de urgência tentado no projeto de reforma da CLT visto acima. Isso corroborou o conjunto de medidas neoliberais rumo à implantação das grandes mudanças sociopolíticas e jurídicas no país. Se exitosas, ao menos essas duas, haveria grandes alterações nas relações capital e trabalho, que até poderia resultar num avanço — não se sabe — mas, possivelmente, depois de grandes perdas, grandes debates, grandes conflitos entre o capital, o trabalho e o governo. Nesse contexto, duvida-se da maturidade das partes para o consenso de uma negociação equânime.

---

(281) Câmara dos Deputados. *Ficha de tramitação*. Disponível em: <http://www.camara.gov.br/proposicoesWeb/fichadetramitacao?idProposicao=33868>. Acesso em: 20.8.2014.
(282) *Idem.*

O certo é que esse projeto com seu caráter de urgência, movimentou bastante os advogados trabalhistas nesse período. Ela teve que buscar alianças no patamar nacional com outras instituições, como o Conselho Federal da OAB, ANAMATRA, ANPT, SINAIT (Sindicato Nacional dos Auditores e Inspetores do Trabalho), representações sindicais de trabalhadores. Também procurou, num movimento verticalizado, as Associações Estaduais de Advogados Trabalhistas, com quem estabeleceu uma campanha de registro nas atas de audiências feitas por cada advogado associado, para que constasse o repúdio ao projeto.

A campanha foi, portanto, lançada em todo país no dia 8 de novembro de 2001. Ficou conhecida como o Dia Nacional da Luta contra o Projeto do Negociado x Legislado. Tal campanha teve a pensada intenção de estimular os advogados a constar, em atas de audiências trabalhistas, o repúdio ao projeto. Tal movimento gerou 432 atas com os registros consignados, em todo o Brasil, conforme informações que eram enviadas à ABRAT, contendo o seguinte teor: "Manifesta o patrono da parte o apoio a luta contra o Projeto de Lei que institui a prevalência do negociado sobe o legislado, pela crença no primado da lei, da justiça e da prevalência do social sobre o econômico".[283]

Os diretores da ABRAT, a par e passo dessa tentativa, visitaram os gabinetes dos deputados na Câmara dos Deputados. Em muitos deles, nem sequer foram recebidos e, outros, tiveram o bloqueio de ingresso pelo uso da força. É o que se recorda Moro, referindo-se às ações de combate ao projeto em comento: "até agressão física nós sofremos, e não fosse o meu querido tesoureiro na época, a depois presidente Osvaldo Rotbande, que se interpôs entre os seguranças do Congresso Nacional que queriam nos agredir. Foi um ato de arbitrariedade. O governo entendia como prioritário".[284]

A ABRAT teve que ingressar com *habeas corpus*[285] no STF para conseguir ter acesso à votação do projeto, em face do impedimento feito aos representantes, com o uso da força física pelos seguranças do Congresso Nacional. Em nota oficial, ABRAT, ANAMATRA e ANPT manifestaram-se sobre o tema, cujo trecho é o seguinte:

> [...] em face do projeto de Lei n. 5.438/01, do Poder Executivo, que altera o art. 618 da CLT, para fazer prevalecer a matéria negociada pelos atores sociais sobre a norma legislada, vêm expressar a

---

(283) MORO. Revista citada.
(284) MORO. Entrevista citada.
(285) BRASIL. Supremo Tribunal Federal. Recurso de *Habeas Corpus* n. 0003941-89.2001.0.01. Pacientes: Nilton Correia; Luís Carlos Moro; Osvaldo Rotbande; Cezar Britto; Carmem Soares Martins e Luiz Salvador. [S.l.], 27 de novembro de 2001.

preocupação das entidades com a proposta encaminhada, que contraria os termos de acordos e convenções internacionais dos quais é signatário o Brasil e cujo implemento poderá causar sérios riscos às relações de trabalho em nosso país.[286]

Esse projeto, chamado de nefasto pelos advogados trabalhistas, foi amplamente divulgado pelo governo FHC como a redenção do mercado de trabalho retraído, mediante onerosas campanhas públicas patrocinadas pelo erário na busca de cooptação da consciência popular[287]. Moro não tem dúvida que, se não fosse todo esse empenho, o projeto teria sido aprovado: "fomos realmente incríveis. Um exército de brancaleones contra a potência do governo, das confederações e federações das indústrias, micro e pequenas empresas, comércio, agriculturas e instituições financeiras".[288]

Os encontros nacionais promovidos pela ABRAT eram outra importante forma de travar discussões e tomar posição nacional dos advogados. Surgiram daí importantes documentos. A carta resultante do XXIII CONAT, no ano de 2001, cujo tema central foi "Negociado sobre o Legislado", foi um desses manifestos de repúdios, de onde se extrai o seguinte trecho:

> Repudiam com veemência, o Projeto de Lei n. 5.483/2001 que tenciona suprimir princípios básicos do Direito do Trabalho, com a imposição da prevalência do negociado sobre o legislado; [...] deliberam ainda, sobre esse tema, encaminhar ao Conselho Federal da ordem dos Advogados do Brasil, ofício, pela ABRAT, solicitando providências urgentíssimas no sentido de impedir a aprovação desse nefasto projeto.[289]

Numa posição crítica, importa verificar que, muito embora não se tenham encontrado documentos indicando divergências entre os membros da instituição acerca das políticas contra o projeto — mesmo que por um segmento do grupo, mais próximo da capital, e que, possivelmente, até tenha trabalhado em pareceres isolados —, não se pode ter a ingenuidade de achar que havia unanimidade. Afinal, esse projeto muito interessava às empresas, ao governo.

A ABRAT firmou posição com seus princípios fundantes. Se houve vozes contrárias, foram vencidas e abafadas pela maioria com a retirada das propostas, uma vez que todos os estudos apontavam para um retrocesso social, a despeito de haver entendimentos que poderiam trazer oxigenação às relações capital e

---

(286) Carta resultante do XXIII CONAT, realizado em Costa do Sauipe, BA, no ano de 2001. Publicada na *Revista Comemorativa dos 25 anos da ABRAT*, p. 9.
(287) MORO. *Op. cit.*, p. 15.
(288) *Idem*.
(289) Carta resultante do XXIII CONAT, publicação citada.

trabalho. Portanto essa teoria na ABRAT não encontrou eco, e o retrocesso não se alinhava com seus postulados. Aliando-se também à ANAMATRA, seus representantes buscaram medidas mais ousadas. Uma delas foi a ação popular, figurando como autores Luís Carlos Moro e Hugo Cavalcanti Melo Filho, presidentes da ABRAT e ANAMATRA respectivamente, contra o Ministro do Trabalho Francisco Oswaldo Neves Dornelles, no sentido de que prestasse contas e restituísse, ao erário, os valores gastos com a promoção do projeto.

Em 20 de novembro de 2001, o governo federal liberou recursos para atendimento de emendas ao orçamento propostas por parlamentares, na ordem de R$ 15.600.000,00 e, em 27 de novembro do mesmo ano, a secretaria de Desenvolvimento Urbano fez empenho de mais R$ 2.200.000,00 para atendimento de outros pedidos dos parlamentares. No total, somavam-se R$ 27.000.000,00, em razão de liberações anteriores ao dia nacional do protesto (8 de novembro). Dessa forma, a ação teve as seguintes características:

> Ação popular de reparação de danos ao Erário Público, distribuído a 16ª Vara Federal de Brasília, DF em 26.2.2002, n. 2002.34.00.004534 — O PODER JUDICIÁRIO — TRIBUNAL REGIONAL FEDERAL DA 1ª REGIÃO — TRF PUSH — SERVIÇO DE ACOMPANHAMENTO AUTOMÁTICO DE PROCESSOS. SR. USUÁRIO, INFORMAMOS QUE O PROCESSO A SEGUIR SOFREU MOVIMENTAÇÃO.
>
> PROCESSO: 4531-81.2002.4.01.34002002.34.00.004534-02002.34.00.004534-0
>
> CLASSE: 66 — AÇÃO POPULAR
>
> VARA: 16ª VARA FEDERAL
>
> DATA DE AUTUAÇÃO: 26.2.2002
>
> DISTRIBUIÇÃO: 2 — DISTRIBUIÇÃO AUTOMÁTICA (26.2.2002)
>
> N. DE VOLUMES:
>
> OBJETO DA PETIÇÃO: 1030801 — DANO AO ERÁRIO — IMPROBIDADE ADMINISTRATIVA — ATOS ADMINISTRATIVOS — IMPETRANTE: HUGO CAVALCANTI MELO FILHO; IMPETRANTE: LUÍS CARLOS MORO; IMPETRADO: MINISTRO DE ESTADO DO TRABALHO E EMPREGO. Situação: NORMAL.
>
> Da causa de pedir, se extraem os seguintes trechos, que, embora longa a transcrição, faz-se necessária pela gravidade que apresentava a situação da época e pelo pertinaz quanto aos interesses do governo no referido projeto:

DOS MOTIVOS ENSEJADORES DA PRESENTE AÇÃO. Tramita no Senado Federal um projeto de lei, de autoria do Executivo, que tomou o número, naquela Casa, 134/2001, ao qual vem o Governo Federal emprestando o nome de "REFORMA TRABALHISTA". A tal projeto, atribuiu-se premência na tramitação, através do instituto previsto no § 2º do art. 64 da Constituição Federal. Antes de tramitar pelo Senado foi aprovado, por apertada margem de votos, na Câmara dos Deputados, quando ainda era o Projeto de Lei n. 5.483/2001; Independentemente do nefando conteúdo do projeto, na estratégia de sua aprovação, o réu acabou por desbordar da legalidade e deverá ser condenado a restituir aos cofres públicos o quanto fez despender do Erário. Sucede que o aludido projeto encontra-se em plena tramitação na Câmara Alta. E, a despeito de estar na fase de discussões preliminares, passando pelas Comissões de Constituição e Justiça e do Trabalho, o réu, mentor do projeto, deflagrou, às expensas do Erário, uma campanha publicitária de imensas proporções. Demonstraremos, no corpo da presente peça, que a autoridade ré é responsável pela veiculação de tal campanha, a qual, além de lesiva ao patrimônio público, é maculada por ilicitude do objeto, inexistência de motivos e desvio de finalidade, razões prescritas no art. 2º da Lei n. 4.717/1965 como permissivas da ação popular. 3. A CAMPANHA E VIOLAÇÃO AO PRINCÍPIO DA IMPESSOALIDADE. Além da lesividade econômico-financeira que a campanha comporta, dado o caráter de abrangência nacional e a utilização de todos os meios de imprensa (escrita, falada e televisionada), há uma flagrante violação da ordem institucional. Isso porque a aludida campanha, desconsiderando o fato de que tramita no Senado Federal um projeto de lei nesse sentido, e sem esclarecer à população de que a chamada "REFORMA TRABALHISTA" ainda não constitui um fato consumado, apresenta uma série de irregularidades. A primeira diz respeito à violação do princípio da impessoalidade, insculpido no *caput* do art. 13 de nossa Carta Política. A campanha, não obstante financiada às expensas do dinheiro público, veicula orações de lideranças sindicais que se dizem favoráveis a propositura do projeto de lei (sem sequer o esclarecimento de que se cuida de um projeto de lei), além da mensagem do governo no sentido de que a prevalência da negociação sobre o texto de lei é uma grande evolução das relações capital-trabalho. O princípio que se pretende acolher escarnece do princípio da legalidade: é o da "prevalência do negociado sobre o legislado". Tais líderes sindicais assumiram o papel de garotos-propaganda, escolhidos a dedo pelo Ministério do Trabalho e Emprego, os quais são nominados, tendo sua imagem veiculada em fotografias amplas, filmes para televisão e seus nomes dados a público em grande evidência. Ao promover lideranças sindicais escolhidas arbitrária e irregularmente, o réu acaba por violar o princípio da impessoalidade da administração pública. Não fosse isso bastante, o Ministro promove, com o dinheiro público, a figura pessoal de lideranças sindicais, as quais, a par da vida sindical, ostentam carreiras políticas, que não poderão ser subvencionadas pelo Estado, por mais que tais pessoas venham a ser simpáticas ao ocupante momentâneo do cargo de Ministro do Trabalho. Ao escolher tais pessoas, discricionariamente e sem respeito ao princípio da impessoalidade, o representante do Governo Federal, réu na presente ação popular, acabou por incidir em ilegalidade, a qual, por si só, já macula o ato da determinação de promover tal campanha, a qual merece, por tais razões, seja imediatamente sustada, preservando os cofres públicos dos riscos que a sua continuidade imporá. Há ainda, a par da violação de princípios de ordem constitucional, vulneração da lei eleitoral brasileira, mais especificamente do art. 24 da Lei n. 9.504, setembro de 1997, assim disposto: "Art. 24. É vedado, a partido e candidato, receber direta ou indiretamente doação em dinheiro ou estimável em dinheiro, inclusive DOF meio de publicidade de qualquer espécie procedente de: 1 — *omissis;* II — órgão da administração pública direta e indireta ou fundação mantida com recursos provenientes do Poder Público"; Ora, ainda que o réu negue, não há como deixar de reconhecer o caráter promocional que tais declarações de dirigentes sindicais adquirem. A própria Lei n. 9.504/1997 manifesta o entendimento técnico de que o uso, ainda que indireto, por qualquer meio de divulgação, constitui propaganda para fins de obtenção de resultados eleitorais (art. 26, II). Os aludidos dirigentes não podem ser isoladamente considerados, como meros dirigentes sindicais. Como se verificará, são mais que isso... E por expressa disposição do art. 36 da Lei Eleitoral (n. 9.504/1997), propagandas de cunho eleitoral só poderiam ser veiculadas "após o dia 5 de julho". DA VIOLAÇÃO AO PRINCÍPIO DA MORALIDADE. Ao promover os aliados político-sindicais, numa fase em que o projeto de lei ainda encontra-se em plenos debates, o réu incide em dupla violação ao princípio da moralidade administrativa, que a Ação Popular visa preservar (Constituição Federal, art. 5º, LXXIII e art. 37, *caput.* A uma razão, porquanto não atendido o caráter necessariamente informativo, educativo ou de orientação social que a publicidade do projeto governamental deve ostentar (conforme § 1º do art. 37 da Carta Magna). O propósito mais parece de demonstrar ao Senado Federal a firmeza da intenção governamental, constrangendo os senhores Senadores à aprovação do projeto. Durante o período em que se cuida de um projeto, fosse a moralidade uma das preocupações governamentais, haveria de promover um debate democrático, com a apresentação das diversas correntes de opinião. Mas o réu, como agente público, revela o desapreço pela democracia. Além de valer-se de uma via legislativa rápida, propositalmente impeditiva dos debates, acaba por tentar impor a sua opinião como única admissível, promovendo-a com os recursos públicos ainda antes do término dos debates legislativos. Além disso, nítido o propósito de promoção pessoal de líderes sindicais vinculados aos partidos da base governista. Exemplifica-se com os líderes promovidos Paulo Pereira da Silva, que é, além de presidente da Força Sindical (entidade que a legislação brasileira não acolhe como de natureza sindical), vice-presidente do Partido Trabalhista Brasileiro, no Estado de São Paulo; Roberto Santiago, que, além de dirigente sindical de entidade que congrega trabalhadores de asseio e conservação e diretor do braço sindical do Partido Social Democrático Brasileiro (PSDB), é àquela agremiação partidária filiado, tendo sido e já se apresentando como candidato a deputado federal; Em outras praças, o mesmo sucede, a despeito da Justiça do Trabalho estar proporcionando enormes arrecadações a título de tributos e contribuições decorrentes das ações que ali tramitam. É nesse cenário que se pretende impor a disponibilidade de direitos indisponíveis. A negociabilidade da lei. A cominação da eficácia normativa do Poder Legislativo. O regime de imposição da força negocial como decorrência da força econômica. Tudo sob o generoso patrocínio do Governo Federal. DO PEDIDO DE APRESENTAÇÃO DE INFORMAÇÕES. A ilicitude, a lesividade, a imoralidade e a pessoalidade dos atos do réu ficaram claras. É preciso, destarte, por meio da presente ação, pôr termo ao prejuízo público resultante. Também é de requerer a apresentação, pelo réu, de informações acerca da extensão e do conteúdo de tais mensagens publicitárias, veiculadas nas grandes redes de televisão, rádio e jornais. Deverá o réu trazer o contrato firmado com a agência Artplan, responsável pela divulgação da campanha publicitária, assim como todo o processo licitatório que lhe conferiu essa possibilidade, tudo para a verificação completa da ilegalidade do ato.

Ressalte-se que, nesse ponto e com base nessa ação, há que se fazer referência ao apontamento de Nilton Correia[290], quanto a esse episódio. Embora o projeto de lei interessasse diretamente aos advogados trabalhistas, havia o interesse maior próprio da sociedade quanto ao uso do dinheiro público: "a ABRAT não

---

(290) CORREIA. Entrevista citada.

estava olhando somente para os interesses próprios, e sim para fora, pois, vendo o gasto público, que era absurdo, porque a perspectiva era o dinheiro público".

O projeto, após uma sessão frustrada, passou na Câmara dos Deputados, em 4 de dezembro de 2001, com 269 votos a favor e 182 contra, com quatro abstinências. Houve grande repercussão nacional; vários segmentos de trabalhadores fizeram campanhas, delatando o nome dos deputados que votaram a favor do projeto, o que causou certa movimentação em toda a mídia. "Os senadores, assustados com a repercussão nacional que se emprestava à questão, viram os riscos eleitorais da aprovação de um projeto num ano em que suas atuações seriam julgadas pelo povo".[291]

Além dos debates e atuações político-jurídico, internas e externas, houve produção de importantes manifestos em forma de textos, por integrantes da ABRAT. À guisa de confronto, trouxe à colação o de Luiz Salvador[292], que, em seu texto, analisa o discurso do presidente FHC, publicado na Folha de São Paulo, Editoriais de 30.10.2001 e 13.11.2001. Nele, o conteúdo tratava da defesa da negociação como direito e forma de preservar e criar empregos, sustentando que o Estado devia se ocupar da vida, da saúde, da educação, da segurança e do meio ambiente; e o mercado seria o gestor dos bens.

Salvador criticou que, apesar disso, o governo insistia em manter em regime de urgência o seu Projeto de Lei n. 5.483/2001, para que o negociado prevalecesse sobre o legislado, "deixando os trabalhadores sem a garantia do mínimo assegurado pela legislação de sustento", em razão dos interesses e da força do mercado. Segundo ele, "em nosso entender, além de equivocado o projeto, principalmente neste momento de crise e de desemprego mundial crescente, o projeto colide com o texto constitucional que não autoriza flexibilizações outras da legislação protetiva do trabalho humano".[293]

"Sem dúvida alguma, porém, que havia os que defendiam (e ainda defendem) a importância da negociação coletiva, como Robortella".[294] Ele, avaliando o contexto da economia globalizada, entendeu que os interesses do trabalhador poderiam ser defendidos pelos entes coletivos, pois, conforme sua afirmação: "O grupo é o melhor juiz de seus interesses".

---

(291) MORO. Entrevista citada.
(292) DIAP. Negociado x Legislado. Disponível em: <http://www.diap.org.br/index.php?option=com_content&view=article&id=5998:negociado-x-legislado&catid=46&Itemid=207>. Acesso em: 12.1.2013.
(293) SALVADOR. Matéria publicada no site do DIAP, já citada.
(294) ROBORTELLA, Luiz Carlos Amorim. Prevalência da negociação coletiva sobre a lei. *Revista LTr*, v. 64, n. 10, p. 1236 e ss., out. 2000.

Seguindo esse raciocínio, o autor, traçando um paralelo com as inevitáveis transformações da sociedade e a adequação ao mundo capitalista num sistema de sobrevivência do capital, assegurava que a autonomia das negociações sem a intervenção do estado era mais eficaz para atender ao dinamismo e a rápida transformação social. Para ele, o destino do Direito do Trabalho era a convivência entre a fonte estatal e a coletiva, "devendo a ação sindical se encaminhar no sentido da gestão coletiva do mercado de trabalho".[295] E mais: as perspectivas no Brasil deveriam ser marcadas pela ideia de participação e valorização dos sindicatos e dos trabalhadores na sociedade como legítimos, a estabelecerem as condições de modificações estruturais, como cogestores.

Em sentido oposto, com o peso de quem foi um construtor do Direito do Trabalho, Süssekind compreendia o contexto e as transformações sociais em vários prismas, mas admoestava que:

> os planos estratégicos mundiais e nacionais não podem pretender apenas resultados financeiros e até econômicos. É mister essa política, sociológica e jurídica, sem menosprezar a força normativa da realidade. Ignorar as exigências sociais da humanidade é organizar um mundo para a atividade robótica ou para as relações virtuais propiciadas pela telemática; não para o gênero humano.[296]

Segue, aduzindo que, dessa maneira, a grande questão é que a globalização gera competitividade, força o desprotecionismo e desequilibra a equação até então observada.[297]

No mesmo texto, fez referência a Max Weber, para apoio à sua teoria: "a economia converteu-se no principal signo da sociedade moderna, mas sem ter desenvolvido uma ética específica de poder. Seu aspecto desumano, aliás está na raiz do nascimento do próprio Direito do Trabalho em seus primórdios".[298]

Não se alinhando a essa teoria, a ABRAT, tendo em vista a iminência da aprovação do projeto, buscou cercar-se de todo tipo de ajuda e organização de pessoas e entidades, tanto que "Arnaldo Süssekind colaborou muito, porque era radicalmente contra a prevalência do negociado. Fez um pronunciamento no Congresso Nacional importantíssimo; conseguimos lotar o plenário".[299]

---

(295) ROBORTELLA. *Op. cit.*
(296) SÜSSEKIND, Arnaldo. O futuro do direito do trabalho no Brasil. *Revista LTr*, v. 64, p. 1235, 10.10.2000.
(297) *Idem.*
(298) *Idem.*
(299) CORREIA. Entrevista citada.

É possível perceber de tais movimentos — ação popular, campanhas, textos, pronunciamentos e visitas a gabinetes — que, se ABRAT não foi a principal responsável pelo arquivamento do projeto, deu uma grande e importante contribuição quer seja no plano individual como também coletivo, alindando-se a importantes instituições em patamar nacional. Isso não poderia ser diferente, visto que, se um dos pilares estatutários da instituição era o combate a projetos de leis que visassem à precarização e ao retrocesso, é forçoso perceber que, nesse episódio do Projeto, a ABRAT ofereceu fundamental contribuição, mesmo sem ser a principal responsável pelo sucesso no arquivamento.

5.2.2. Tentativas de desafogamento do judiciário trabalhista com formas alternativas de solução de conflitos — ambiente das fraudes

Um outro projeto que viria a trazer profundas alterações no Direito Processual do Trabalho, quanto à estrutura das ações iniciais e audiência inaugural, foi o que se transformou na Lei n. 9.958/2000, que trouxe as Comissões de Conciliação Prévia — CCP —, acrescentando os arts. 625-A a 625-H à CLT. Com isso, criou-se uma obrigatoriedade de submeter qualquer demanda a essa forma alternativa de solução de conflitos.

Por representar profunda alteração na estrutura da solução dos conflitos trabalhistas, quanto à obrigatoriedade da utilização dessa via alternativa de se resolver a lide, quando o sindicato da categoria criasse em seu corpo o núcleo de conciliação (arts. 625-A e 625-H)[300], trouxe desafios para toda a sociedade, em especial o segmento dos empregados, estabelecendo-se um divisor de posições. A maioria dos membros do Judiciário trabalhista, no entanto, defendia a alteração como forma de "desafogar o judiciário" e reduzir a gama de ações que chegavam diariamente às Varas e aos Tribunais do Trabalho.

Grosso modo, a obrigatoriedade foi vista como positiva, sobretudo pelo fato de o capital oferecer, aos empregadores, solução da demanda, com a quitação dos possíveis demais direitos existentes e ao contrato de trabalho. Para

---

(300) Art. 625-A. As empresas e os sindicatos podem instituir Comissões de Conciliação Prévia, de composição paritária, com representantes dos empregados e dos empregadores, com a atribuição de tentar conciliar os conflitos individuais do trabalho.

Parágrafo único. As Comissões referidas no caput deste artigo poderão ser constituídas por grupos de empresas ou ter caráter intersindical.

Art. 625-D. Qualquer demanda de natureza trabalhista será submetida à Comissão de Conciliação Prévia se, na localidade da prestação de serviços, houver sido instituída a Comissão no âmbito da empresa ou do sindicato da categoria.

os empregados, oferecia uma rápida solução com o recebimento dos créditos postulados, sem a longa espera que a jurisdição ocasionava. De negativo, a submissão obrigatória a ambas as partes, mas sobretudo aos empregados.

A esse tempo, contudo, também estava em vigor outra forma alternativa de solução de conflito: a Lei n. 9.307/96. Ela trazia as alterações acerca da arbitragem e previstas anteriormente no Código Civil. A diferença estava em que o terceiro ingressava em qualquer conflito de natureza privada, e não somente os trabalhistas, diferentemente das CCP, as quais são específicas para as demandas trabalhistas.

Várias foram as denúncias de fraudes igualmente tentadas por esses Tribunais Arbitrais, tanto que o Ministério Público do Trabalho firmou Termos de Ajustamento de Conduta (TAC), a fim de que ficassem excluídas as intervenções nas lides de natureza trabalhista. Seu argumento era de que o art. 1º previa direitos patrimoniais e disponíveis. Na verdade, porém, o grande mote do afastamento dessa via na solução dos conflitos trabalhistas foram as fraudes e os inúmeros tribunais arbitrais que começaram a surgir no Brasil.

A criação das CCP era facultativa, podendo ser criadas no âmbito das empresas ou dos sindicatos. Deveriam ter o mesmo número de representantes dos empregados e dos empregadores, a teor do art. 625-A da CLT. Abstraindo-se as discussões acerca das teorias de que a submissão da lide CCP, antes do ajuizamento da ação, se constituía um pressuposto processual ou uma condição da ação, o certo é que o maior problema, do ponto de vista das interpretações jurídicas, centrava-se em outro aspecto, ou seja, o da obrigatoriedade da submissão da demanda. Além desse, havia outro: o das diversas fraudes que passaram a existir.

Muitas foram as críticas iniciais, razão porque a implementação do instituto das CCP não ocorreu de forma pacífica como imaginaram e desejaram os idealizadores. Essa inovação se comportou, em parte, com abusos e desmandos, quer seja de forma intencional, quer seja por má orientação às empresas. Estas passaram a ver nas CCP, assim como nos próprios tribunais arbitrais, uma via administrativa e imprópria de homologar rescisões com quitação quanto ao contrato de trabalho, sobretudo quando extinto. O empregado, por sua vez, desavisado, entendia estar diante de mero órgão homologador, desconhecendo a quitação geral, notadamente, nos primeiros anos da lei. Isso não ocorreu no segmento de empregados mais esclarecidos ou sindicatos mais organizados, como as categorias de bancários, petroleiros, metalúrgicos, por exemplo.

O ponto nodal e, o mais importante quanto ao aspecto legal sempre foi, contudo, a obrigatoriedade de se passar primeiro pela CCP para, posteriormente, buscar o Judiciário. Tal aspecto inexistia em relação à lei de arbitragem, restando entendido esse artigo por violador ao dispositivo constitucional do amplo direito ao acesso à Justiça — art. 5º, XXXV.[301]

A comunidade jurídica se alvoroçou em debater as alterações e suas implicações de diversas formas. Muitas foram as produções científicas sobre o tema desde então, o que ainda é objeto de estudo, tendo por teorias iniciais as graves violações aos princípios do Direito do Trabalho; a violação constitucional do princípio do acesso à Justiça.

As denúncias de fraudes em desfavor do o trabalhador, sobretudo na utilização indevida e abusiva dessa via para efeitos de homologação das rescisões contratuais, com o fito primordial de quitação geral, impedindo o ingresso e discussão na via judicial, foi outro forte alvo dos debates. Ambas as leis tiveram por escopo desafogar o Judiciário, mas, de forma açodada, a implantação da lei gerou muitos desmandos. Sendo assim, não atingiu o objetivo esperado, tanto que, quanto à arbitragem, o MPT fez um Termo de Ajustamento de Conduta em quase todos os Tribunais do Brasil, no sentido de que não se adotasse a arbitragem nas lides de natureza trabalhista.

A ABRAT não ficou de fora dessa crítica e atuação, como se extrai da Folha de São Paulo a seguinte matéria: "Governo e advogados querem o fim das CCP — O Ministério do Trabalho e a ABRAT (Associação Brasileira de Advogados Trabalhistas) querem o fim das Comissões de Conciliação Prévia (CCP), criadas pela Lei n. 9.958, de 2000". Conforme a matéria, foi criada uma força tarefa do MPF, da Procuradoria Regional do Trabalho de São Paulo e da DRT/SP, que constatou várias irregularidades e fraudes em algumas comissões e crime contra a organização do trabalho, além de sonegação de tributos.

Ainda na mesma matéria, citando o representante da Associação na época: "diz que, se não forem extintas, as CCP devem, no mínimo, ser proibidas de cobrar taxas de empresas ou de trabalhadores para realizar as negociações e emitir recibos que valem como quitação de dívidas trabalhistas".[302] Verificou-se referência à preocupação da ANAMATRA, que, segundo a *Folha de S. Paulo*, "encaminhou à Câmara dos Deputados sugestões para moralizar as CCPs. Entre elas estão o fim da cobrança de taxas, a extensão de dez para 30 dias do prazo

---

(301) Art. 5º Todos são iguais perante a lei, sem distinção de qualquer natureza, garantindo-se aos brasileiros e aos estrangeiros residentes no País a inviolabilidade do direito à vida, à liberdade, à igualdade, à segurança e à propriedade, nos termos seguintes: [...] XXXV — a lei não excluirá da apreciação do Poder Judiciário lesão ou ameaça a direito.
(302) *Folha de S. Paulo*, Caderno Mercado, terça-feira, 30 de setembro de 2003.

para conciliação, a exclusão do número máximo de membros (atualmente é de dez conciliadores) e a exigência de um rodízio entre os integrantes da comissão".[303]

Para confronto, localizaram-se ofícios enviados pela ABRAT, com os ns. 1 e 29, ambos do ano de 2002, destinados ao Procurador Geral do Trabalho e ao presidente do TST. Nele, denunciavam-se os abusos, inclusive nas cobranças para os atos de conciliação, uma vez que a instituição recebia, quase que diariamente, de todo o Brasil, diretamente dos advogados ou das associações filiadas, inúmeras denúncias.

Aqui cabe um destaque e um contraponto, pois a ideia era de que essa forma alternativa de solução de conflitos reduzisse o volume de processos na Justiça do Trabalho, notadamente quando envolvesse matéria mais simples, sujeitando-se a solução por um terceiro estranho à lide, sem pertencer aos quadros do Estado. Isso, por certo, era adotado por muitos advogados trabalhistas. Em termos de posição institucional, contudo, era no sentido de que feria o direito constitucional do acesso à justiça. Esse era o ponto comum, independentemente de compreender que o instituto representava um avanço ou campo para as fraudes e violações a direitos trabalhistas.

A instituição, no entanto, se posicionou, no editorial da *Revista da ABRAT*, por ocasião do XXI CONAT, em 1999, de onde se extrai o seguinte:

> A ABRAT tem se posicionado contra a criação de juizados especiais na Justiça do Trabalho e contra as Comissões Prévias de Conciliação como condição para o ajuizamento de ações. Hoje, diante da conjuntura de recessão com o desemprego crescente, com as dificuldades empresariais acentuadas, deixar às partes a incumbência de negociação sobre os direitos trabalhistas na empresa é como diz o professor e jurista Martins Catharino, 'colocar as galinhas junto com a raposa dentro do galinheiro para negociar'. Só se justifica a criação de comissões prévias neste momento se o objetivo pretendido é a extinção dos direitos trabalhistas ou a redução destes a importância mínimas ou o esvaziamento da Justiça do Trabalho. Em contrapartida propomos a conciliação dentro da Justiça do Trabalho, com a presença da representação paritária, extinguindo-a nos Tribunais.[304]

Veja-se que houve uma compreensão em certo período acerca da importância da conciliação, mas no seio da própria Justiça. Possivelmente, quando do projeto, não se imaginava que haveria desvios e desmandos por parte dos

---

(303) *Folha de S. Paulo*, Caderno Mercado, terça-feira, 30 de setembro de 2003.
(304) *Revista da ABRAT*, p. 1-2, 1999.

núcleos intersindicais e CCP. De qualquer forma, não fossem esses desvios, a obrigatoriedade estaria presente, como de fato está, uma vez que a lei não foi alterada ainda, mas, sim, o entendimento do STF, no sentido de dar uma razoável interpretação ao dispositivo, alinhada à CF/88, o que é acompanhado pelos magistrados.

Atualmente, em razão das liminares concedidas, ADIN ns. 2.139 e 2.160, ajuizadas — a primeira pelo PC do B, PSB, PT e PDT e a segunda pela Confederação Nacional dos Trabalhadores no Comércio —, o Supremo Tribunal Federal entendeu que a exigência viola o direito subjetivo público de submeter ao Judiciário a lesão ou ameaça a direito, a teor do art. 5º, XXXV, da CRFB/88. Isso porque tal norma, além de limitar a liberdade de escolha da via mais conveniente, condiciona a admissão da reclamação trabalhista à juntada de certidão do fracasso da tentativa conciliatória ou da impossibilidade de observância desse rito prévio.

Nessa mesma linha de obstaculizar o acesso à justiça com redução do volume de processo, uma outra novidade do Judiciário, no ano de 1993, foi a edição da Súmula n. 330 do colendo TST. O entendimento inicial era de que, uma vez homologada a cessação do contrato de trabalho pelo Sindicato de classe ou MTE, o trabalhador daria, pelo mesmo ato, quitação ampla e irrestrita quanto ao extinto contrato, com impedido de ingressar na justiça para postular a reparação de outras lesões havidas durante a relação contratual.

Nesse viés, caminhavam vários julgamentos, até quando, em maio de 1994, o órgão especial do TST esclareceu que o sentido de definitividade que parece querer ser atribuído à expressão "eficácia liberatória", contida no Enunciado n. 330 do colendo TST[305], não significa identificar a homologação extrajudicial

---

(305) N. 330 QUITAÇÃO. VALIDADE — Redação dada pela Res. n. 108/2001, DJ 18.4.2001.

A quitação passada pelo empregado, com assistência de entidade sindical de sua categoria, ao empregador, com observância dos requisitos exigidos nos parágrafos do art. 477 da CLT, tem eficácia liberatória em relação às parcelas expressamente consignadas no recibo, salvo se oposta ressalva expressa e especificada ao valor dado à parcela ou parcelas impugnadas.

I — A quitação não abrange parcelas não consignadas no recibo de quitação e, consequentemente, seus reflexos em outras parcelas, ainda que estas constem desse recibo.

II — Quanto a direitos que deveriam ter sido satisfeitos durante a vigência do contrato de trabalho, a quitação é válida em relação ao período expressamente consignado no recibo de quitação.

Histórico:
Revisão da Súmula n. 41 — RA 41/1973, DJ 14.6.1973.
Explicitação dada pela RA n. 4/1994, DJ 18.2.1994.
N. 330. Quitação. Validade. Revisão da Súmula n. 41.

dos recibos de rescisão contratual com a autoridade de coisa julgada. Esse posicionamento se alinhava com a compreensão de que a interpretação extensiva para alcançar parcelas que não constem do termo rescisório feriria garantias constitucionais (art. 5º, inciso XXXV, da Constituição Federal). Até se chegar a esse ponto, entretanto, várias ações tiveram como resultado a extinção, com arquivamento definitivo do processo.

A busca pela conciliação e desafogamento do judiciário retornou nessa segunda década do século XXI, tanto assim que o CNJ vem criando metas de conciliação, que, no final das contas, têm a mesma função: reduzir o número de ações. Quanto a isso, trouxe à consideração a importante posição de um respeitável membro integrante da magistratura trabalhista, Jorge Luiz Souto Maior, em entrevista feita pelo repórter Caê Batista. Assim:

> A conciliação virou a solução de todos os males do Judiciário. Mas os males do Judiciário, pensada a questão a partir do grande número de demandas que lhe são apresentadas, não são próprios do Judiciário. São, em verdade, reflexos do grande desajuste social e no que se refere, especificamente, às relações de trabalho, ao enorme desrespeito que se estabeleceu, culturalmente, frente à legislação trabalhista. Conciliar para eliminar processos representa uma forma de legitimar o desrespeito deliberado e reiterado da lei o que, reflexamente, volta-se contra o próprio interesse institucional, vez que essa política míope acaba sendo geradora de mais conflitos que vão desembocar no Judiciário.

Ao mesmo tempo, as metas, que representam a incorporação de um ideal capitalista, baseado em estratégias de produção, pensada sempre na perspectiva numérica, tende a suprimir o necessário cuidado com os valores humanos, seja do trabalhador, que leva sua angústia ao Judiciário, seja dos juízes e servidores, que passam a ser tratados, tal qual o operário reificado da produção fordista,

---

A quitação passada pelo empregado, com assistência de entidade sindical de sua categoria, ao empregador, com observância dos requisitos exigidos nos parágrafos do art. 477 da Consolidação das Leis do Trabalho, tem eficácia liberatória em relação às parcelas expressamente consignadas no recibo, salvo se oposta ressalva expressa e especificada ao valor dado à parcela ou parcelas impugnadas.

Redação original — Res. n. 22/1993, DJ 21.12.1993.

N. 330 Quitação. Validade. Revisão da Súmula n. 41.

A quitação passada pelo empregado, com assistência de Entidade Sindical de sua categoria, ao empregador, com observância dos requisitos exigidos nos parágrafos do art. 477 da Consolidação das Leis do Trabalho, tem eficácia liberatória em relação às parcelas expressamente consignadas no recibo.

como peças de uma engrenagem que, ademais, serve à produção de peças que são deslocadas de qualquer funcionalidade estrutural e estruturante.[306]

Na verdade, embora o texto se refira às conciliações no âmbito da Justiça, o fundamento quanto à violação ao princípio protetor é o mesmo. Por isso, optou-se por incluir essa matéria, para se demonstrar que o projeto anterior da CCP teve não só apoio do TST, como também este foi o incentivador do projeto. Inclusive, a conciliação volta com as metas estabelecidas pelos CNJ, numa outra roupagem, porém hostilizada pela maioria da magistratura.

Ainda que se reconheçam todas as mazelas estruturais do Judiciário Trabalhista, as metas estabelecidas pelo CNJ representam, para boa parte da advocacia, uma anomalia. A razão disso é a busca de números e resultados em detrimento da qualidade, do exame acurado da ação, do direito dos elementos existentes nos autos e de uma prestação jurisdicional satisfatória às partes. Isso, para não falar no adoecimento e na insatisfação para alguns magistrados. Como desdobramento de todo esse processo, está o prejuízo causado à advocacia trabalhista e aos jurisdicionados.

5.3. O incêndio no fórum Arnaldo Süssekind

Os advogados trabalhistas são marcados por uma situação bem atípica, qual seja o episódio do histórico incêndio do fórum Arnaldo Süssekind, no Rio de janeiro, ocorrido em fevereiro de 2002. Esse acontecimento trouxe graves consequências às partes e aos advogados que militam naquele Tribunal ou Varas do Rio, já que ficou fechado pela Defesa Civil, sem uso.

Dos documentos pesquisados, verificou-se que o prédio do TRT da primeira região, localizado na Av. Presidente Antonio Carlos, n. 251, construído e inaugurado em 1939, sofreu, no ano de 2002, dia 8 de fevereiro, que coincidia com o período de recesso pelas festas de Carnaval, grave incêndio, que atingiu os quatro últimos andares em uma das alas onde estavam instalados gabinetes de juízes e setores do MTE. Somente em outubro desse ano, uma parte do prédio foi liberada.

Nas memórias do desembargador Cesar Marques Carvalho[307], "as chamas lambiam rapidamente um dos mais memoráveis monumentos históricos do Brasil,

---

(306) MAIOR, Jorge Luiz Souto. *A crise econômica reforça a necessidade e a relevância dos direitos sociais*, afirma Souto Maior. Disponível em: <http://www.sintrajud.org.br/clicks/cadastraComentario.php>. Acesso em: 5.6.2013.
(307) CARVALHO, Cesar Marques. Lições deixados pelo incêndio do edifício sede do tribunal regional do trabalho da primeira região Rio de Janeiro. *Revista do TRT*, Rio de Janeiro, 1ª Região, n. 31, p. 25-31, jan./ago. 2002.

a antiga sede do Ministério do Trabalho, Indústria e Comércio, onde instalado o Tribunal Regional do Trabalho da Primeira Região, em pleno centro da cidade do Rio de Janeiro, sem que ninguém tivesse condições de impedir a expansão do incêndio".

Com o fogo que destruiu quase todos os andares ocupados pelos gabinetes e sala de sessões das turmas, estimou o autor a perda de cerca de dez mil processos, mas que "não é o número de folhas que incomoda, e sim o volume de pessoas envolvidas nas lides". Com isso, a defesa civil interditou o prédio, durante alguns meses.[308]

O incêndio foi motivo de várias matérias em mídias escritas e faladas. Os advogados, individualmente, a OAB-RJ e a ACAT (Associação Carioca dos Advogados Trabalhistas) envidaram inúmeros protestos, manifestos e esforços no sentido de restabelecer o funcionamento, inclusive na busca de prédios em que fosse possível albergar as Varas. Com isso, os prejuízos aos advogados foram imensos, não só do ponto de vista de processos incendiados — alguns restaurados outros não —, como também a impossibilidade de atuação, notadamente dos que militavam na capital, nas Varas, de forma mais direta, estendendo-se aos próprios jurisdicionados, pois nem acordos eram homologados. Isso é comprovado pelas pesquisas feitas ao documento denominado Relatório Anual de Atividades do ano de 2002, no setor de documentos do TRT, 1ª Região, do qual se verificam inúmeros laudos das autoridades, como Defesa Civil, Corpo de Bombeiros e atos da então presidente do TRT Ana Maria Passos Cossermelli. Entre eles, figuraram a suspensão de todos os prazos, a paralisação das atividades das Varas e Tribunal e o acesso a pessoas ao prédio.[309]

Foi editado o ato n. 544/2002 do TRT, que teve por objetivo a criação da central de restauração de autos, ante o grande número de processos destruídos. Aqui, outro ponto de graves prejuízos aos advogados trabalhistas do Rio de Janeiro, e estado, especialmente em razão da dificuldade da restauração. Muitos deles, inclusive, não chegaram a ser restaurados devido à ausência de documentos mínimos para tal mister, o que se contabiliza em desdobramento nos prejuízos às partes de forma direta e, indiretamente, aos advogados trabalhistas patronos.

A ABRAT, como instituição nacional, teve que se posicionar, pois o problema do incêndio era nacional, e não somente dos advogados do Rio de Janeiro,

---

(308) CARVALHO, Cesar Marques. Lições deixados pelo incêndio do edifício sede do tribunal regional do trabalho da primeira região Rio de Janeiro. *Revista do TRT*, Rio de Janeiro, 1ª Região, n. 31, p. 25-31, jan./ago. 2002.
(309) TRT. *Relatório Anual de atividades do ano de 2002*. 1ª Região. Rio de Janeiro: Setor de documentos do Rio de Janeiro, 2002.

portanto desafiando a várias viagens alguns membros da diretoria ao Estado do sinistro, ao TRT, ao TST, inclusive na busca por prédios que pudessem acomodar, ainda que precariamente, as Varas. Para o restabelecimento do funcionamento da Justiça do Trabalho na cidade do Rio de Janeiro, interferiu-se, inclusive, na discussão sucedânea acerca ao nome do prédio, pois havia uma tentativa de atribuir o nome do novo prédio ao então presidente do TRT, fatos que suscitavam profundas divergências.

Em solidariedade aos advogados trabalhistas do Rio de Janeiro, a ABRAT adotou, como tema central do XXIV CONAT, "O Direito do Trabalho em chamas", ocorrido em Guarujá, SP, em setembro de 2002, que incluiu, na pauta dos debates, os problemas enfrentados pelos advogados cariocas.

5.4. Um período de ampliação dos espaços políticos

Como os ataques aos direitos sociais continuavam, por consequência, as mesmas frentes de trabalho se mantinham nas gestões posteriores. Alguns temas, porém, já estavam resolvidos ou abrandados, outros careciam de reforço e continuidade.

No biênio 2002/2004, assumiu a direção da ABRAT o baiano, radicado em Brasília, Nilton da Silva Correia, juntamente com grande e coesa diretoria.[310] Nesse período, ocorre a exata transição da era FHC para o governo petista de Lula, que marca a passagem do neoliberalismo para um regime mais social, ou um socialismo moreno, na expressão de Darcy Ribeiro, também utilizada por Gilberto Gil.

---

(310) Presidente: Nilton da Silva Correia (DF); Vice-presidente Nacional: Osvaldo Sirota Rotbande (SP); vice-presidente região norte: Ali Jesini (AM); Vice-presidente região nordeste: Raimundo César Britto Aragão (SE); Vice-presidente região centro Oeste: Arlete Mesquita (GO): Vice-presidente região sudeste: Benizete Ramos de Medeiros (RJ); vice-presidente região sul: Prudente José de Silveira Melo (SC); Vice-presidente Distrito federal: Roberto Figueiredo Caldas (DF); Secretária geral: Araçari Baptista de Santana (RJ); Diretor financeiro: João Pedro Ferraz dos Passos (DF); Diretor de imprensa e divulgação: Lucio César Moreno Martins (RJ); Diretor de Assuntos Internacionais: Reginado Delmar Hintz Felker (RS); Diretor de assuntos legislativos: José Eymard Loguercio (DF); Diretor de eventos jurídicos: Sergio Novais dias (BA); Diretora social: Mirela Barreto (BA); Diretor de informática: Luiz Salvador (PR); Diretora de especialização: Bernadete Laú Kurtz (RS); Diretora de Revista: Silvia Lopes Burmeister (RS); Diretor de relações Associativas:— Mary Cohen (PA); Diretor de temas estratégios: Celso da Silva Soares (RJ); diretor representante da ABRAT junto a ALAL: Luís Carlos Moro (SP); representante acadêmico da ABRAT junto à ALAL: Ari Possidônio Beltran (RJ) — Informações da ata oficial datada de 31 de agosto de 2002.

Não havia encerrado, ainda, a luta pela extinção do Projeto do Negociado *versus* Legislado, mas menos arrefecida em razão dessa transição política. A ABRAT aproveita, portanto, o momento de menos refrega e avança, com maior intensidade, em outra direção, criando outros espaços institucionais, reativando algumas associações estaduais que estavam sem atuação, recriando o CNPJ da ABRAT, que se tinha perdido.

Busca estreitar o relacionamento com várias entidades, principalmente o TST. Inclusive, no ano de 2003, foi feita revisão das súmulas, conforme Resolução n. 121/2003, publicada no DJU de 19 de novembro de 2003, sendo convidada a ABRAT para sugestões. Para levar propostas e afinar os interesses nacionais, foram feitas várias campanhas com as associações estaduais para que enviassem propostas, chegando, portanto, a mais de 100 proposições, algumas delas, objeto dos debates no CONAT anterior.[311]

Nesse ponto, há que se fazer a observação de que essa posição acerca do relacionamento da ABRAT com o TST pode ter sido de natureza pontual ou até mesmo periódica, uma vez que, nas entrevistas realizadas, não houve a unanimidade de que era um relacionamento difícil, como observa Nilton Correia. De toda sorte, nessa época — iniciada nas gestões imediatamente anteriores —, a proximidade com os Tribunais Superiores foi bem maior, com participação também em vários eventos não só técnicos, bem como seminários, posses, embora — relembre-se — já tenha havido propostas de extinção do TST, por entender ser moroso e ineficiente.

Nesse período, foi criado o colégio de presidentes da ABRAT, e houve integração de forma importante na CNDS do CFOAB, com a nomeação de Nilton da Silva Correia para presidir a comissão. Atualmente, a ABRAT é a única entidade que vem garantido espaço com a indicação de um membro. A Comissão tem 12 membros ao todo, e o Conselho Federal tem direito a indicar 11. A ABRAT, por um acordo político recente, indica um; já tendo sido indicados Reginaldo Felker; Clair da Flora Martins; Luís Carlos Moro, Nilton Correia, Luiz Salvador e, Jefferson Calaça, todos ex-presidentes da ABRAT.[312] Por ser Conselheiro Federal, Nilton Correia (2014) também preside comissão e, portanto, somam-se dois integrantes da ABRAT, no atual mandato do Conselho Federal.[313]

---

(311) CORREIA. Entrevista citada.
(312) Portarias da CNDS do CFOAB ns. 28, de 6.1.1993; 14/2000 de 31.7.2000; 28/2002 de 13.8.2002, respectivamente para nomeação de Reginaldo Felker; Clair da Flora Martin e Nilton da Silva Correia (primeira nomeação deste). Documento enviado por e-mail a esta pesquisadora em 13.8.2015. Não foram localizadas as portarias dos demais ex-presidentes citados.
(313) Portaria n. 005-A/2013 do CFOAB, datada de 7 de fevereiro de 2013, nomeia como presidente da Comissão Nilton da Silva Correia. Documento enviado por e-mail a esta pesquisadora em 13 de agosto de 2015.

A Associação também se engaja, junto com o Conselho Federal da OAB, na luta contra nepotismo. Em seguida, obtém, em dependências do Conselho Federal, o espaço para instalação da sua sede, onde, posteriormente, foi inaugurada a galeria de ex-presidentes com presença do presidente do CFOAB.[314]

Houve participação da ABRAT na Comissão de reforma de Direito Material e Processual do Trabalho, o que ocorreu até 2010, quando o ministro saiu para se candidatar a governador do Rio Grande do Sul.[315] "Faziam parte, além da ABRAT, três ministros do TST, a ANPT, a ANAMATRA, a OAB, o Ministro do Trabalho, o Ministro da Previdência e o Ministro da Justiça".[316]

5.4.1. A criação do colégio de presidentes

Avançando em processo mais democrático do ponto de vista de deliberações mais federativas e com o intuito de aproximar as associações, a ABRAT criou, no ano de 2002, o colégio de presidentes, oficialmente instalado durante a XVII Conferência Nacional dos Advogados, em Salvador, BA, em novembro 2003. O ato de n. 001/2002 é datado de 3 de outubro de 2002[317], do qual se extrai o seguinte trecho:

> Fica instituído o colégio de Presidentes (CP) das associações vinculadas e pelos ex-presidentes da ABRAT. No item 3, se verifica o principal objetivo, que é "troca de experiências, convergindo todas as associações quanto a modalidades de atividades associativas, ações que podem ser uniformizadas, delineamentos temáticos, tudo de forma que haja, sempre que possível, uniformização, de objetivos e de procedimentos, dando uma identidade nacional as nossas reivindicações e lutas em benefícios dos advogados trabalhistas".

A dinâmica consiste na reunião anual, durante o Congresso Nacional de Advogados Trabalhistas — CONAT, para deliberações e anotações de situações

---

(314) No *site* da OAB, "ABRAT inaugura Galeria de ex-presidentes com presença da OAB", segunda-feira, 9 de outubro de 2006. Acesso em: 10.10.2014.
(315) Tarso Fernando Herz Genro (São Borja, 6 de março de 1947) é um advogado, jornalista e político brasileiro, filiado ao Partido dos Trabalhadores (PT). Foi duas vezes prefeito de Porto Alegre e ministro da Educação, das Relações Institucionais e da Justiça durante o governo de Luiz Inácio Lula da Silva. Em 3 de outubro de 2010, foi eleito governador do Rio Grande do Sul no primeiro turno, com mais de 54% dos votos válidos. Disponível em: <http://pt.wikipedia.org/wiki/Tarso_Genro>. Acesso em: 20.10.2014.
(316) CORREIA. Entrevista citada.
(317) Documento consubstanciado no ato da ABRAT de n. 001/2002 é datado de 3 de outubro de 2002.

das associações estaduais, afinando-se com a diretoria da entidade nacional. Até mesmo tomadas de posição ocorrera em importantes episódios que a Associação viria a enfrentar posteriormente, como as férias dos advogados, o PJe, os honorários de sucumbência na Justiça do Trabalho. Com isso, foi trazida maior representatividade das associações estaduais e identificação, para unificação, dos problemas locais.

No ano de 2006, por sugestão do colégio de presidentes, é instituída a comenda José Martins Catharino. O agraciado, nesse mesmo ano, foi Benedito Calheiros Bomfim, por ocasião do XXVIII CONAT, no Rio de Janeiro.[318] Não se tem notícias, entretanto, da continuidade da homenagem.

5.4.2. A fundação da JUTRA

Na mesma linha estatutária proposta na alínea "e" do art. 2º, quanto ao incentivo para criar novas associações, houve, nessa gestão, a criação da Associação Luso-Brasileira de Juristas do Trabalho — JUTRA, para estudos e ligações políticas entre os juristas do trabalho do Brasil e Portugal. Nasceu de um contato feito com o advogado português José Augusto Ferreira, que viria ao Brasil para participar de um simpósio no TST, a pedido do presidente Francisco Fausto. Assim, conforme Correia, "entrei em contato com a Ordem em Portugal, com a pessoa que eu tinha um belo relacionamento e disse: estou precisando de um português, um cara que tenha conhecimento de Direito, um cara bom, que tenha conhecimento para falar de flexibilização, globalização [...], e a pessoa não podia vir. E me encaminhou o Zé Augusto Ferreira da Silva [...], e era a primeira vez que ele vinha ao Brasil, não conhecia o Brasil".[319]

Essa aproximação gerou a ideia de criação de uma Associação luso-brasileira, organizando-se uma reunião que ocorreu no Rio de Janeiro, nos dias 3 e 4 de abril de 2004, com participação de membros brasileiros e portugueses, nominata dos participantes e objetivos da Associação que se encontra no documento denominado "Carta do Rio de Janeiro", examinado e disponível no *site* da JUTRA.[320]

---

(318) Ato da presidência n. 032/2006. Brasileira, 13 de novembro de 2006, assinado pelo presidente da ABRAT, Osvaldo Sirota Rotbande.
(319) CORREIA, Entrevista citada.
(320) CARTA DO RIO DE JANEIRO. Juslaboralistas portugueses e brasileiros, abaixo identificados, reuniram-se na cidade do Rio de Janeiro, em 3 e 4.4.2004, em continuação de anteriores encontros realizados no Brasil e em Portugal, com o propósito de criar uma Associação Luso-Brasileira de Juristas do Trabalho. Na sequência dessa intenção, deliberaram, com caráter preliminar, instituir uma associação, com personalidade jurídica em ambos os

Após os acertos iniciais, a Associação, efetivamente, veio a ser constituída em Portugal, no mesmo ano, em 2 de julho de 2004. Estiveram presentes ao ato formal os brasileiros: Arnaldo Lopes Süssekind, Nilton da Silva Correia, Silvia Lopes Burmeister, Arlete Mesquista, Auta de Amorim Gagliardi Madeira, José Jadi dos Santos, João Pedro Ferraz dos Passos, Miriam Serpentino, Oswaldo Sirota Rotbande, Luís Carlos Moro. Da ata estatutária, verifica-se a sede fixada em Coimbra, Portugal, na Pracêta de Pêro, n. 17, Freguesia da Sé, com delegação em Coimbra e Brasília, onde também existe uma sede nacional. Cada uma delas pode criar sua própria diretoria, ou subdelegações, inobstante à direção geral.

De seus estatutos, extrai-se a sua natureza e os objetivos que levaram os seus mentores a criarem uma Associação binacional, cujo artigo se prefere transcrever parcialmente, para maior fidelidade:

> Art. 3º A Associação Luso-Brasileira de Juristas do Trabalho é uma associação autônoma, com funções estritamente científicas, técnicas e culturais, sem fins lucrativos e actuação preferencial em Portugal e no Brasil.

---

países, e fundada nos princípios estabelecidos nos seguintes enunciados: Promover a universalização, assegurar e aperfeiçoar os princípios fundamentais do Direito do Trabalho, como instrumentos de dignificação da pessoa humana; Defender, em todos os planos, os fundamentos e os princípios do Direito do Trabalho e sua correspondente autonomia; Ocupar-se do estudo, difusão, promoção e defesa do Direito do Trabalho, para contribuir para o seu conhecimento, prestígio, progresso e efectiva aplicação prática, em benefício dos seus destinatários finais; Para a prossecução dos enunciados fins, deverá promover, nomeadamente, conferências, colóquios, debates, seminários, congressos e publicações, a partir dos quais poderão resultar tomadas de medidas práticas e procedimentos legalmente admissíveis em cada um dos países; Promover a harmonização dos princípios laborais, especialmente, no espaço de língua oficial portuguesa; Promover a dignificação dos juristas do trabalho, na advocacia, na docência, na magistratura, no ministério público, na fiscalização do trabalho e noutros sectores de actividade; Emitir opinião fundamentada a respeito dos projectos legislativos que, nos países de língua oficial portuguesa, tenham incidência sobre a matéria laboral e processual laboral e trocar informações sobre os mesmos; Estabelecer e manter relações entre organizações congêneres; Promover a participação em organismos internacionais onde se debatam questões do trabalho, nomeadamente na Organização Internacional do Trabalho. Deliberaram, também, que deverá haver em breve um encontro em Coimbra, no qual serão ultimados os atos de constituição dessa Associação, nos termos definidos por comissões que serão designadas para tanto, no Brasil e em Portugal. Rio de Janeiro, 4.4.2004. Nilton da Silva Correia; José Augusto Ferreira da Silva; Álvaro Matos; Amaro Jorge; Amélia Valadão Lopes; Antonio Fabrício de Matos Gonçalves; Araçari Baptista de Santana; Benedito Calheiros Bonfim; Benizete Ramos de Medeiros; Bernadete Lau Kurtz; Celso da Silva Soares; Henrique Cláudio Maués; Hildebrando Barbosa de Carvalho; José Augusto Caiuby; João Pedro Ferraz dos Passos; Lucio César Moreno Martins; Luís Carlos Moro; Luiz Salvador; Moema Baptista; Osvaldo Sirota Rotbande; Pedro Luiz Correia Osório; Salete Maria Polita Maccalóz. Disponível em: <http://www.jutra.org.pt/>. Acesso em: 26.10.2014.

Art. 4º São fins da associação:

a) Promover a universalização, assegurar e aperfeiçoar os princípios fundamentais do Direito do Trabalho, como instrumentos de dignificação da pessoa humana;

b) Defender, em todos os planos, os fundamentos e os princípios do Direito do Trabalho e sua correspondente autonomia;

c) Ocupar-se do estudo, difusão, promoção e defesa do Direito do Trabalho, para contribuir para o seu conhecimento, prestígio, progresso e efectiva aplicação prática, em benefício dos seus destinatários finais.

Para consecução de seus fins, devia promover encontros, colóquios, estudos, publicações, estabelecer contato com outras organizações, emitir opiniões pareceres. Um outro objetivo que importa realçar e transcrever é, ainda, "c) Promover a dignificação dos juristas do trabalho, na advocacia, na docência, nas magistraturas judicial e do Ministério Público, na fiscalização do trabalho e noutros sectores de atividade". Observa-se aqui um aspecto relevante que é a motivação, quando se refere a promover a dignificação dos juristas do Trabalho, o que converge com as ideias iniciais da ABRAT, quando o grupo de advogados precisava conquistar o respeito e o espaço no cenário jurídico e social, já que discriminados. A JUTRA continuou a promover encontros anuais, um ano em Portugal, outro ano no Brasil. O primeiro deles foi denominado I Encontro Luso-Brasileiro de Juristas do Trabalho, realizado em Salvador, Bahia, com o tema central "O Descobrimento de novos rumos". As capitais Salvador, Aracaju e Brasília, a cidade de Ouro Preto (MG), São Paulo e Olinda (PE) sediaram os I, III, V, VII, IX e XI Encontro Luso-Brasileiro, respectivamente. Os demais — III, IV, VI, VIII e X — ocorreram em Portugal, em Coimbra, Lisboa, Porto, Braga e, novamente, Coimbra (o X encontro).

No viés dos estudos e publicações a que se propôs estatutariamente, lançou, sob a coordenação dos diretores José Augusto Ferreira, Paula Forjaz (ambos portugueses), Nilton Correia e Auta Madeira (ambos brasileiros), duas edições do livro *Temas Laborais Luso Brasileiros*, em 2006 e 2007, editado pela editora brasileira LTr. Também, ainda no ano de 2007 pela LTr, sob a coordenação de José Luciano Castilho e Nilton Correia (brasileiros), foi lançada outra obra com o tema "A prescrição Trabalhista".

A JUTRA, assim como a ALAL, são filhas da ABRAT. Nasceram do interesse de fortalecimento de ideais comuns, para além da fronteira nacional.

Nesse período neoliberal, a associação procurou estimular os encontros regionais promovidos em conjunto com as associações estaduais de cada região. Na região sudeste, foram realizados o I e o II Encontros, respectivamente, em

Vitória, ES, no ano de 2003 e Armação dos Búzios, RJ, no ano de 2004, ambos no mês de maio. Deles, resultaram dois importantes documentos, quais sejam as Cartas de Vitória e de Armação de Búzios.[321]

5.4.3. A participação na OIT

No biênio 2004/2006, um carioca radicado em São Paulo, Osvaldo Sirota Rotbande[322] assumiu a presidência da Instituição, junto com grande diretoria. Era a décima quinta diretoria. As propostas foram de continuidade dos movimentos da gestão anterior, segundo ele, "a inserção social, com a necessidade de reformulação de leis que pensem o trabalhador atual, que se relaciona internacionalmente e que, fundamentalmente, está se qualificando dia a dia para poder fazer frente a esta responsabilidade".[323]

Nesse período, outro registro para a história da Instituição, quanto à valorização do nome de um membro do grupo por circunstâncias infelizes da vida, está no fato de que, cerca de um mês antes da eleição dessa nova diretoria (2004/2006), o advogado e presidente da ACAT, Lucio César Moreno Martins sofreu grave mal súbito cardíaco, permanecendo por muitos anos em estado vegetativo. Como, no entanto, era um combativo e militante na política associativa de classe e as conversas de composição da chapa já haviam sido feitas, a considerar a expectativa de que houvesse recuperação de seu estado de saúde, foi mantido seu nome no cargo de secretário geral, quando das eleições. Todavia jamais o exerceu, pois nunca se recuperou, haja vista seu falecimento cerca de oito anos depois. Quem efetivamente exerceu tais funções foi a também abratiana

---

(321) Documentos denominados Carta de Vitória, ES, datada de maio de 2003 e Carta de Armação dos Búzios, datada de 22 de maio de 2004.
(322) Presidente: Osvaldo Sirota Rotbande; vice-presidente: João Pedro Ferraz dos Passos; vice-presidente região norte: Silvia Marina Ribeiro de Miranda Mourão; vice-presidente região nordeste: Jefferson Calaça; vice-presidente região centro oeste- Clovis Teixeira Lopes; vice-presidente região sudeste: Sergio Vieira Cerqueira; vice-presidente região Sul: Silvia Lopes Burmeister; vice-presidente Distrito Federal: José Eymard Loguércio; secretário geral — Lucio Cesar Moreno Martins; tesoureiro: Marcelo Ramos correia diretor de imprensa, divulgação e revista: Ronaldo Ferreira Toletino; diretor de assuntos internacionais: Raimundo Cezar Britto Aragão; diretor de assuntos jurídicos: Antonio Fabricio de Matos Gonçalves; diretora de especialização: Benizete Ramos de Medeiros; diretora de relações associativas: Mary Cohen; diretor de temas estratégicos: João José Sady; diretor representante da ABRAT junto ALAL: Luiz Salvador; diretor representante da ABRAT junto a JUTRA — Joselice Cerqueira de Jesus; coordenador do colégio de presidentes — Pedro Luiz Correa Osório.
(323) ROTBANDE, Osvaldo S. A ABRAT está unida nas lutas sociais dos trabalhadores brasileiros. *Revista da ABRAT*, Distrito Federal, 6. ed., p. 5, nov. 2004.

e membro da ACAT Araçari Baptista (RJ), sem que houvesse alteração oficial na composição da diretoria.

Entre algumas outras campanhas e alianças com demais instituições, apoiou a campanha contra os produtos fabricados com amianto, sendo correalizadora do evento em São Paulo, no dia 28 de abril de 2005, em parceria com ALAL, JUTRA, ABREA, USP e outros, inclusive recebendo moção da Câmara Municipal de Campinas, em 04 de maio de 2005.[324]

Nesse ponto, registre-se que havia membros integrantes da diretoria dessa gestão que eram advogados de empresas que utilizam amianto em seus produtos. Isso, de certa forma, resultou em ausência de coesão e rusgas no campo individual, o que não abalou contudo, a linha ideológica institucional.

Nesse período, a ABRAT participou, pela primeira vez, da conferência anual da OIT, em junho de 2005, em Genebra, juntamente com a recém-criada JUTRA.[325] Na conferência, a ABRAT e demais entidades se reuniram com o presidente do TST para elaboração de uma agenda de atividades que seriam implementadas no segundo semestre daquele ano no Brasil. De lá, seguiu viagem para participar, ainda, do Seminário Mundial de Advogados Democratas em Paris.[326]

Em 2014, a ABRAT retornou à OIT como convidada do governo brasileiro. Nesse aspecto de projeção internacional, houve uma movimentação da Instituição, mas, na perspectiva de mobilização para eventos mais expressivos e de avanços de ideias, não houve seguimento ao que já se vinha fazendo.

Na visão da associação objeto desta pesquisa, à época havia, com efeito, forte interferência estrangeira no Brasil, sobretudo do FMI, cuja clara intenção era de estado mínimo para se vender as estatais, e o Estado cuidar somente de alguns setores. Com isso, a comitiva do FMI ditava uma política a ser seguida pelos países endividados, a fim de conseguir receber os empréstimos, mas a condição, a contrapartida, era obrigá-los a adotar não só a precarização dos direitos sociais, mas também outras medidas que eram permeadas pelo neoliberalismo. Inclusive, os projetos de lei no Brasil, nessa época, foram quase todos nesse sentido, ou seja, de adotar a precarização e flexibilização do trabalho.[327]

Refundando a ALAL e trazendo para o Brasil os dois II Encontros Latinos (1998 e 2000), a ABRAT buscou não só discutir com os países vizinhos, mas tam-

---

(324) Moção n. 76/05, da Câmara Municipal de Campinas, SP, assinada pelo vereador Paulo Bufalo (PT), em 4 de maio de 2005.
(325) AAFIT-MG. Disponível em: <http://aafitmg.org.br/pages/1_news_old/2005/05_30_05.html>. Acesso em: 10.10.2014.
(326) *Idem.*
(327) *Idem.*

bém fazer alianças internas com outras instituições, notadamente a OAB. É o que se constata, entre outros, na carta dirigida à Ordem, com data de 9 de novembro de 1998, assinada pela então presidente da Associação. Nela, concitava apoio para uma campanha nacional em prol dos direitos sociais e da modernização da Justiça do Trabalho, bem como postulava revitalização da comissão Nacional de Direitos Sociais.[328]

Esse documento expressava o posicionamento ideológico da Instituição acerca do cenário neoliberal, bem como a busca de apoio político da entidade maior, a OAB, razão pela qual se entende importante transcrever algumas partes do documento:

> [...] É com este objetivo que vimos a esse Conselho conclamar a OAB para que assuma conosco esta luta pela preservação da Justiça Especializada, tendo em vista que, de acordo com pesquisa elaborada por esse Conselho, 45% dos advogados militam nessa área, e, temos certeza que apoiam a sua manutenção.
>
> [...] A ABRAT tem consciência de que essas ideias, que resultam em projetos de lei e medidas provisórias, visando desregulamentar direitos trabalhistas, fazem parte do ideário neoliberal que norteia a política governamental em nosso país.
>
> A ABRAT considera inoportuno desregulamentar direitos no momento que os sindicatos estão fragilizados e há uma massa de desempregados sem poder de preservar as conquistas obtidas ao longo do tempo. Conclamamos, assim a OAB para que caminhemos juntas no sentido de conscientizar a sociedade de que não são os direitos sociais que inibem o crescimento do país, e sim a falta de política de desenvolvimento do setor produtivo nacional.
>
> Para contrapor a esse movimento de extinção da Justiça do Trabalho e destruição de direitos, a ABRAT constituiu comissão para analisar as diversas propostas de reforma juntamente com a OAB, NAMATRA e entidades representativas das classes produtivas, envolvendo empregados e empregadores, oferecendo alternativas de modernização do Direito e da Justiça do Trabalho.
>
> [...] Estes problemas enfrentados por todos os advogados trabalhistas merecem especial atenção, com a inclusão do tema em comissão es-

---

(328) Documento encontrado nos arquivos pessoais do ex-presidente Reginaldo Felker, RS, em novembro de 2015 e, então, digitalizado para esta pesquisa.

pecífica na próxima conferência nacional da OAB e destaque especial no jornal dessa entidade.

A ABRAT tem certeza que a Ordem dos Advogados do Brasil pode mudar os rumos que o Governo Federal tenta implementar na reforma do Direito e da Justiça do Trabalho [...].

Estabelecendo-se a posição firmada pela ABRAT no âmbito da lógica neoliberal, passou a analisar, de forma mais específica, alguns projetos de lei relacionados aos direitos sociais e à Justiça do Trabalho. Dessa maneira, forçou uma conclusão de convergência no sentido de que, na década desde a gestão que se iniciou, em 1998/2000 até a que finalizou em 2010[329], ocorreram vários projetos com alterações da legislação trabalhista, tanto no corpo da CLT quanto em leis periféricas.

5.5. Foco na saúde do trabalhador — segunda reeleição na ABRAT

Uma segunda reeleição na história na ABRAT ocorreu, quando assumiu a décima sexta diretoria para o biênio 2006/2008, como presidente, o paranaense Luiz Salvador[330], que ficaria por duas gestões seguidas. Se, em algumas gestões anteriores as mudanças necessárias tinham por objetivos iniciais a organização

---

(329) As gestões referidas são dos presidentes Clair da Flora Martins e Luiz Salvador, respectivamente.
(330) Primeira gestão: Presidente: Luiz Salvador (PR); vice-presidente nacional: Nilton da Silva Correia (DF); Vice-presidente região norte: Ophir Cavalcanti Jr. (PA); vice-presidente região Nordeste: Jefferson Callaça (PE); vice-presidente região Centro-Oeste: Arlete Mesquista (GO); vice-presidente região sudeste: Hildebrando Carvalho (RJ); vice-presidente região sul: Antonio Escostegui Castro (RS); vice-presidente (DF): Mauricio Campos Bastos (DF); secretário geral: João Pedro Ferraz dos Passos (DF); diretor financeiro: Marcelo Ramos Correia (DF); diretor de imprensa, divulgação e revista: Ronaldo Ferreira Tolentino (DF); diretor de assuntos legislativos: Antonio Fabricio de Matos Gonçalves (MG); diretor de assuntos jurídicos: Clovis Teixeira Lopes (TO); diretor social: Sandra Mara de Lima Rigor (MS); diretor de informática: Rubens Leite (SP); diretor de especialização: Raimundo Cezar Britto Aragão (SE); diretor de temas estratégicos: Valter Usso (SP); diretor de eventos: Silvia Marcia Nogueira (PE); diretor de relações institucionais: Benizete Ramos de Medeiros (RJ); diretora de relações entre ABRAT e JUTRA: Silvia Burmeister (RS); diretor de relações entre ABRAT e ALAL: Silvia Mourão (PA); coordenador do colégio de presidentes: Renato Kliemann Paese (RS); diretor de relações com a Venezuela e Caribe: Clair da Flora Martins; diretora de relações com países Sul-americanos: Aldacy Rachid Coutinho (RR); diretor de convênios: Osvaldo Sirota Rotband (RJ); diretor de revista da ABRAT: Cristiano de Lima Barreto; diretor de relações entre associações: Araçari Batista de Santana (RJ); diretor de direitos coletivos: Cláudio Santos (DF); diretor de jornal virtual da ABRAT: Mirela Barreto (BA); diretor de as-

suntos doutrinários: José Afonso Dallegrave Neto (PR); diretor de assuntos jurisprudenciais: José Sady (SP); diretor de recursos: Robinson Neves Filho (DF) e Silvia Mourão (PA); escola da advocacia trabalhista: Aldacy Rachid Coutinho (PR); Antonio Fabricio de Matos Gonçalves (MG); Antonio Pereira (PA); Ari Possidonio Beltran (SP); Benizete Ramos de Medeiros (RJ); José Affonso Dallegrave Neto (PR); Luís Carlos Moro (SP); Magda Barros Biavaschi (RS); Marthius Sávio Cavalcanti Lobato (DF); Osvaldo Miquelluzi (SC); Roberto Parayba de Arruda Pinto (SP); Sidnei Machado (PR); Valena Jacob (PA); diretores do Departamento de Saúde do Trabalhador: Luiz Salvador (PR); Benizete Ramos de Medeiros (RJ); Luiz Gomes (RN): José Augusto de Oliveira Amorim (RN); Marina da Silva Gaya (SP); Gustavo Linhares (MG); Silvia Marina Mourão (PA); Nilton da Silva Correia (DF); Luís Carlos Moro (SP); João Pedro Ferraz dos Passos (DF); Luciana Cury Calia (SP); Sidnei Machado (PR); José Affoso Dallegrave Neto (PR); Silvia Burmeister (RS); Arlete Mesquita (GO); Olimpio Paulo Filho (PR); Antonio Fabricio de Matos Gonçalves (MG); diretor de departamento de Direito do Trabalho Desportivo: Paulo Rogerio Amoretty.

Segunda gestão: Presidente: Luiz Salvador (PR); vice-presidente nacional: Nilton da Silva Correia (DF); secretária geral: Silvia Lopes Burmesteis (RS); tesoureiro: Marthius Sávio Cavalcante Lobato (DF); coordenador do colégio de presidentes: Geraldo Frazão (AM); vice-presidente região Norte: Silvia Mourão (PA); vice-presidente região Nordeste: Jefferson Callaça (PE); vice-presidente região Centro- Oeste: Arlete Mesquista (GO); vice-presidente região Sudeste: Joel Rezende Jr. (MG); vice-presidente região Sul: Oswaldo Miqueluzzi (SC); vice-presidente Distrito Federal: José Eymar Loguércio (DF); diretor de imprensa e divulgação: Cristiano de Lima Barreto (RJ); diretor de assuntos legislativos: Magda Barros Biavaschi (RS); coordenador da Escola da advocacia Trabalhista: Antonio Fabricio de Matos Gonçalves (MG); diretor de assuntos jurídicos: Clóvis Teixeira Lopes (TO); diretora social: Sandra Mara de Lima Rigor (MS); diretor de informática: Rubens Leite Filho (SP); diretor de especialização: Raimundo Cezar Britto Aragão (SE); diretor de temas estratégicos: Bernadino Grecco (PA); diretor de eventos: Silvia Marcia Nogueira (PE); diretor de relações institucionais e revista da ABRAT: Benizete Ramos de Medeiros (RJ); diretor de relações entre ABRAT e JUTRA: Luiz Gomes (RN); diretor de relações entre ABRAT e ALAL: José Augusto de Oliveira Amorim (RN); diretora de relações com a Venezuela e Caribe: Clair da Flora Martins (PR); diretora de relações com países Sul-americanos: Aldacy Rachid Coutinho (RR); diretor de convênios: Osvaldo Sirota Rotband (RJ); diretor de relações entre associações: Araçari Batista de Santana (RJ); diretor de direitos coletivos: Cláudio Santos (DF); diretor de jornal virtual da ABRAT: Mirela Barreto (BA); diretor de assuntos doutrinários: José Afonso Dallegrave Neto (PR); diretor de assuntos jurisprudenciais: Rodrigo Waughan de Lemos (AM); diretor de recursos: Robinson Neves Filho (DF) e Luís Carlos Moro (SP); escola da advocacia trabalhista: Aldacy Rachid Coutinhi (PR); Antonio Fabricio de Matos Gonçalves (MG); Antonio Pereira (PA);Ari Possidonio Beltran (SP); Benizete Ramos de Mederos (RJ); José Affonso Dallegrave Neto (PR); Luís Carlos Moro (SP); Magda Barros Biavaschi (RS); Marthius Sávio Cavalcanti Lobato (DF); Osvaldo Miquelluzi (SC); Roberto Parayba de Arruda Pinto (SP); Sidnei Machado (PR); Valena Jacob (PA); diretores do Departamento de Saúde do Trabalhador: Luiz Salvador (PR); Benizete Ramos de Medeiros (RJ); Luiz Gomes (RN); José Augusto de Oliveira Amorim (RN); Marina da Silva Gaya (SP); Gustavo Linhares (MG); Silvia Marina Mourão (PA); Nilton da Silva Correia (DF); Luís Carlos Moro (SP); João Pedro Ferraz dos Passos (DF); Luciana Cury Calia (SP); Sidnei Machado (PR); José Affoso Dallegrave Neto (PR); Silvia Burmeister (RS); Arlete Mesquita (GO); Olimpio Paulo Filho (PR); Antonio Fabricio de Matos Gonçalves (MG); diretor de departamento de Direito do Trabalho Desportivo: Eliomar Pires (GO).

burocrática da ABRAT, o restabelecimento de alianças com outras Instituições e/ou uma luta mais aguerrida e intensa perante certos projetos de Lei, reunião do grupo, nesse a plataforma de trabalho se apresentava numa dinâmica diferente. Houve, desde logo, a criação de mais departamentos, pois "entendia que a questão corporativista era uma função das Associações estaduais, e não a função da ABRAT". Portanto, numa linha mais presidencialista, avançou em aliança com diversos atores sociais, provocou, participou e organizou diversos eventos para discutir grandes temáticas nacionais e internacionais; "então a minha gestão de quatro anos ela foi voltada com este perfil, razão porque, depois, eu cheguei até a entrar em conflito de posicionamento".[331]

Salvador era extremamente seleto na aliança com outras entidades, já que refutava a parceria com as que não tivessem identidade ideológica da ABRAT, o que, nesses dois mandatos, ficou mais delineado no aspecto da busca da efetividade dos direitos sociais, no repúdio de toda e qualquer forma de retrocesso social e jurídico. Viviam-se os resquícios de alguns projetos neoliberais, propugnando a adoção de um modelo econômico que atendesse à primazia do social. Defendia também a parceira com o Estado para os fins de seu principal objetivo: a promoção de todos, sem exclusão, e contra o retrocesso social.[332]

Nessa linha presidencialista, a ABRAT atuou na luta contra o amianto, engajou-se em campanhas para prevenção dos adoecimentos de um modo geral e "direitos humanos, direitos sociais e, especial do meio ambiente de trabalho", inclusive com vários artigos, palestras em todo o Brasil, cujos convites ao Salvador, de forma pessoal, se mantêm até os dias atuais.[333]

Esse sentir é confirmado por importante documento, que é a Carta de Belo Horizonte, datada de 5 de setembro de 2009. Veja-se:

> À Associação Brasileira de Advogados Trabalhistas (ABRAT) somaram--se o Conselho Federal da Ordem dos Advogados do Brasil, a OAB-MG, a Associação Luso-Brasileira de Juristas do Trabalho, a Associação dos Advogados Trabalhistas da Argentina, a Associação Nacional dos Procuradores do Trabalho.

E, tendo em conta o contexto da crise global e a ameaça do poder econômico e financeiro de transferir aos trabalhadores os seus efeitos, estabeleceu-se o compromisso de promover a defesa dos seus direitos, como princípio demo-

---

(331) SALVADOR, Luiz. Entrevista gravada em Curitiba, em 24 de maio de 2013.
(332) Consultor Jurídico. *Luiz Salvador é eleito novo presidente da ABRAT*. Disponível em: <http://www.conjur.com.br/2006-nov-23/luiz_salvador_eleito_presidente_abrat>. Acesso em: 28 de julho de 2012.
(333) SALVADOR. Entrevista citada.

crático fundamental, expressão da cidadania numa perspectiva inclusiva. A crise do sistema capitalista é fruto e proporciona oportunidade histórica de ampliar a dimensão tuitiva do Direito do Trabalho. Ao contrário de fragilizá-lo, a crise fortalece esse ramo do direito, por ser a ocasião em que o trabalhador mais necessita de proteção. O Direito do Trabalho não teme a crise, pois dela é fruto e com ela convive.

Deve-se garantir o direito ao emprego digno e de qualidade, sem que se permita a dispensa arbitrária ou imotivada, fruto da violência do poder privado, que não se sobrepõe à ordem pública, na qual se insere o Direito do Trabalho.

É preciso assegurar garantias fundamentais de proteção dos trabalhadores em defesa da democratização das relações de trabalho, como expressão de cidadania na empresa, proporcionando, também, aos trabalhadores, o exercício pleno dos direitos de personalidade, em atendimento aos imperativos da dignidade da pessoa humana.

E para tanto, propõe-se a mundialização de um núcleo essencial de direitos trabalhistas e sociais, a integrar uma Carta Social Internacional, que se aplique indistintamente a todos os trabalhadores.

Além destes, o Congresso adotou, como bandeiras fundamentais os vetores de orientação da ação institucional da Associação, os seguintes princípios:

1) Direito à efetiva proteção da saúde e da vida do trabalhador, frente aos riscos do trabalho;

2) Direito à Previdência Social, que cubra as necessidades vitais do trabalhador e sua família, frente às contingências sociais que possam afetar sua renda econômica, recusado qualquer processo de privatização;

3) Direito à organização sindical democrática e financeiramente sustentável, com negociação coletiva livre e progressiva, de âmbito nacional e transnacional, vedado o retrocesso social;

4) Direito de greve, sem restrições regulamentares que o limitem ou anulem;

5) A extinção da necessidade de autorização patronal, sob o eufemismo do "comum acordo", para instauração do dissídio coletivo;

6) Extinção da figura do *Jus Postulandi*, em qualquer grau de jurisdição;

7) Lutar perante o Congresso Nacional para aprovação de projeto de lei que institua amplamente em todas as fases do processo honorários advocatícios na Justiça do Trabalho, pela mera sucumbência;

8) Garantia de cobrança dos créditos de trabalho, inclusive em caso de insolvência patronal, estabelecendo-se a responsabilidade solidária de todos aqueles que na cadeia produtiva se aproveitam ou se beneficiam da força de trabalho assalariada;

9) Conclamar a sociedade brasileira a acompanhar e exigir o julgamento imediato dos criminosos da chacina de Unaí, não permitindo que a luta contra o trabalho análogo ao escrevo seja refreada pela violência dos escravocratas. [...]

Houve, quanto ao tema adoecimento e saúde do trabalhador, um grande congresso temático realizado em São Paulo, no ano de 2009, em parceria com diversas entidades, como ALAL, JUTRA, OAB, ANAMATRA, ANPT e AMATRA.

Nesse ponto, nas gestões 2006/2008 e 2008/2010, o sentimento era da real necessidade e importância das parcerias, tanto que, em entrevista específica para esta pesquisa, Salvador admitiu que "tinha a dimensão que não é possível fazer uma luta social sozinho. Ou você consegue um trabalho de unidade e de solidariedade com os diversos atores sociais e com as entidades progressistas ou, sozinho, você não chega a nada".[334]

Credita ele, a essas parcerias inclusive, a vitória contra o projeto do negociado *versus* legislado, pois "conseguimos fazer uma aglutinação da OAB que estava na gestão do Cézar Britto, do Ministério da Justiça, cujo Ministro era Tarso Genro, homem experiente do mundo laboral, com a ANAMATRA".[335]

É fácil perceber, com base na entrevista e análise dos documentos, que não foi um período voltado para a valorização do grupo dos advogados trabalhistas, para o exercício da profissão, até porque se entendia que tais questões deveriam estar a cargo das associações estaduais.

5.6. PLn. 1.987/2007 — *Projeto Vaccarezza ou reforma da CLT*

Como o período de propostas neoliberais (década de 1990 do século XX e primeira década do século XI) não havia encerrado, novamente a CLT é alvo de graves ofensivas, agora com o chamado "Projeto Vaccareza" que era o de n. 1.987/07, do deputado Cândido Vacarezza, cuja intenção, segundo o próprio deputado, era a atualização da CLT. Tinha como proposta defender a sua defa-

---

(334) SALVADOR. Entrevista citada.
(335) *Idem.*

sagem e descompassos com o momento social e político do país. Apresentava, no entanto, uma reforma quase total do texto celetista. Era o maior desafio dessa gestão.

Acessando o *site* do referido deputado, pôde-se observar que o projeto gerou, à época, acirradas polêmicas, chegando mesmo a afirmar que havia engano e ansiedade dos profissionais da área trabalhista nas equivocadas manifestações contra o projeto. O motivo seria, conforme ele, "a falta de conhecimento quanto à finalidade e método de elaboração de projetos de consolidação". Chegou a afirmar, em defesa, que era "uma grande conquista para a população".[336]

Na verdade, dos 922 artigos da CLT, o projeto tinha por escopo revogar 2/3 deles, ou seja, do art. 1º ao art. 642 e mais de 240 leis referentes ao Direito Material Trabalhista. A explicação dada, no sentido de dissuadir a aprovação do projeto, foi encontrada no *site* da Câmara, cujos trechos ora se transcreve:

> A consolidação das leis consiste em evitar a confusão de textos contraditórios, eliminar os preceitos ultrapassados, revisar e organizar as normas existentes sobre um mesmo assunto, e condensá-las em uma só lei, evitando que se sustente a morosidade da justiça, a aplicação inadequada de penas e de impunidades. A consolidação das leis federais será feita mediante a reunião em códigos e consolidações integradas por volumes contendo matérias conexas ou afins, constituindo em seu todo a Consolidação da Legislação Federal. Consistirá na integração de todas as leis pertinentes a determinada matéria num único diploma legal, revogando-se formalmente as leis incorporadas à consolidação, sem modificação de seu alcance nem interrupção da força normativa dos dispositivos consolidados. Ao Grupo de Trabalho de Consolidação das Leis compete a apreciação dos projetos de consolidação apresentados à Mesa, restringindo-se aos aspectos formais, não adentrando no mérito da matéria.[337]

Outro grave problema encontrado era o regime de urgência para projeto de tamanha gravidade. Uma vez apresentado, deveria ir para o Grupo de Consolidação, seria publicado no Diário Oficial e se aguardariam 30 dias para sugestões da sociedade civil. Depois, tramitaria no grupo e, quando aprovado, deveria ir para a CCJ, plenário e sanção presidencial. Essa era a preocupação das entidades nacio-

---

(336) VACCAREZZA. *Esclarecimentos pontuais:* reforma da CLT ainda pode receber sugestões. Disponível em: <http://vaccarezza.com.br/esclarecimentos-pontuais-reforma-da-clt-ainda-pode-receber-sugestoes>. Acesso em: 25.9.2014.
(337) Câmara dos Deputados. Disponível em: <http://www2.camara.gov.br/comissoes/temporarias53/grupos/gtcl>. Acesso em: 20.10.2014.

nais ligadas à defesa dos direitos sociais, sobretudo ABRAT, OAB, ANAMATRA, ANPT, Centrais Sindicais, ou seja, a total ausência de discussão com a sociedade.

Nos arquivos da CONLUTAS[338], pôde-se extrair a movimentação das Centrais Sindicais no sentido de vencer o projeto. Era consenso, na maioria das instituições, o entendimento de prejudicialidade às conquistas dos trabalhadores. Para tanto, houve intensa atuação no Congresso Nacional e no governo federal, por meio do Ministério do Trabalho.

Segundo a matéria, o deputado recebeu uma comissão da CONLUTAS, para explicação do referido projeto, que, de acordo com ele, o objetivo era meramente fazer uma atualização, sem mudança de mérito na CLT. A comissão da CONLUTAS, porém, entendeu o projeto como perigoso, com base em que "o projeto revoga e substitui os arts. 1º ao 642 da CLT e ainda afirma que pretende revogar leis extravagantes e obsoletas. O deputado afirmou que aquilo que o grupo considerava obsoleto eram leis em desuso, como a regulamentação da profissão de motorneiro (motorista de bonde), que já não existia mais. "Mas o que um patrão considera obsoleto pode não ser obsoleto para o trabalhador".[339]

Na visão de Salvador, era importante um trabalho de unidade e de solidariedade com os diversos atores sociais e com as entidades progressistas, para vencer o referido projeto. Sendo assim, "nesse sentido, nós fomos vitoriosos porque nesse projeto do Vaccarezza, por exemplo, aconteceu exatamente isso". Isto é: os diálogos com o Conselho Federal da OAB; o Ministro da Justiça, que era Tarso Genro; a ANAMATRA, cujo presidente, na época, era o Claudio Montesso e o ANPT, conforme ele, foi o que contribuiu para o arquivamento desse projeto.[340] Essas informações foram confirmadas no *site* do Conselho Federal da OAB e das Associações Estaduais, cujo título da matéria era o seguinte: "OAB diz a Tarso: PL que muda CLT é grave agressão a trabalhador", complementando-se "que, mais uma vez a ABRAT se uniu a OAB e [às] outras entidades", cujos trechos importa transcrever:

> Brasília, 2.4.2008 — "É a maior agressão já vista à estrutura sindical e ao trabalhador brasileiro. O projeto do deputado Vaccarezza está demolindo a CLT". A afirmação foi feita hoje (2) pelo presidente nacional da Ordem dos Advogados do Brasil (OAB), Cezar Britto, ao manifestar ao ministro da Justiça, Tarso Genro, a preocupação da advocacia com

---

(338) PSTU. Congresso prepara nova CLT e Ministério resgata reforma trabalhista. Disponível em: <http://www.pstu.org.br/node/12966>. Acesso em: 25.9.2014.
(339) CONLUTAS. Projeto citado.
(340) SALVADOR, Luiz. *Quem paga mal, paga duas vezes*. Disponível em: <http://avancosocial.blogspot.com.br/2009/04/quem-paga-mal-paga-duas-vezes.html>. Acesso em: 20.10.2013.

o teor do Projeto de Lei n. 1.987/07, que propõe graves alterações à Consolidação das Leis do Trabalho (CLT). O tema foi tratado em reunião no gabinete do ministro, da qual também participaram diretores do Conselho Federal da OAB, da Associação Brasileira dos Advogados Trabalhistas (ABRAT) e o secretário da Reforma do Judiciário, Rogério Favreto. Na oportunidade, Britto rebateu as afirmações que têm sido divulgadas pelo autor do projeto, o deputado federal Cândido Vaccarezza (PT-SP), de que o projeto de lei apenas propicia uma mera atualização da CLT, afastando os dispositivos que não estão mais em uso, sem fazer qualquer tipo de juízo de valor. "Há sim juízo de valor em vários trechos e esse projeto praticamente extingue a valoração que se dá hoje às negociações coletivas", relatou Britto ao ministro da Justiça. Ainda segundo o presidente da OAB, o projeto de lei, se aprovado, traria mudanças para muito pior às interpretações constitucionais e até o nome CLT, já bastante conhecido do trabalhador como sinônimo de proteção de direitos, seria alterado conforme o PL.[341]

É possível observar, na mesma matéria, a posição do Ministro da Justiça à época, Tarso Genro, que sempre militou como advogado na seara trabalhista. "Tarso diz à OAB que CLT não está caduca e precisa ser mantida — quarta-feira, 2 de abril de 2008 às 13h3.0"[342]

Segundo ainda a mesma matéria, o Ministro, que recebeu em audiência o presidente da OAB Cezar Britto, defendeu também nessa perspectiva de que a CLT precisava ser mantida, porque era a garantia de uma relação justa para a maioria dos trabalhadores brasileiros: "O trabalhador pode e deve confiar na CLT". Apontou, contudo, novas regulações para o novo mundo do trabalho, lembrando, quanto a essa questão: "é de se verificar quais as novas regulações que devem emergir para que esse novo mundo do trabalho que surge, não fique na informalidade e não seja desculpa, inclusive, para que a CLT seja revogada ou seja desconstituída nos seus elementos fundamentais".[343]

Nesse tom, a ABRAT adotou a posição de que se tratava de um verdadeiro retrocesso social, com roupagem de atualização da CLT: "nós chegamos a caracterizar essa proposta do Vaccarezza como de golpe e conseguimos trabalhar

---

(341) ACAT. Disponível em: <http://acat.mikonos.uni5.net/index.php?option=com_content&task=view&id=23&Itemid=2>. Acesso em: 26.9.2014. Disponível em: <http://www.oab.org.br/noticia.asp?id=13093>. Acesso em: 26.9.2014.
(342) OAB. *Tarso diz à OAB que CLT não está caduca e precisa ser mantida*. Disponível em: <http://www.oab.org.br/noticia/13094/tarso-diz-a-oab-que-clt-nao-esta-caduca-e-precisa-ser-mantida>. Acesso em: 26.9.2014.
(343) OAB. *Tarso diz à OAB que CLT não está caduca e precisa ser mantida*. Site citado.

essa questão, fizemos muitos artigos a respeito, muitos debates e conseguimos uma vez".[344]

Foi possível encontrar, em diversas postagem de mídia, indicativos de tenaz atuação não só da ABRAT, mas também de outras entidades. Elas tinham a finalidade de impedir o avanço do projeto e sua aprovação, uma vez que, se aprovado, provocaria uma completa reforma na legislação trabalhista consolidada. Assim, poriam fim às garantias arduamente conquistadas, estabelecendo, inclusive, a revogabilidade de cláusulas contratuais. Veja-se a seguinte publicação:

> ABRAT — Associação Brasileira de Advogados Trabalhistas (<www.abrat.adv.br>), por seu Presidente Luiz Salvador, assim que tomou conhecimento do Projeto Vaccarezza. PL n. 1.987/2007, nomeou uma comissão de juristas para exame prévio, ainda que superficial do projeto; e diante dos esclarecimentos manifestados por membros integrantes da comissão nomeada, o plenário do XXIX CONAT — Congresso Nacional dos Advogados Trabalhistas realizado em Recife-PE, de 31.10 a 3.11.2007, aprovou a proposta de retirada do projeto de tramitação e respectivo arquivamento, por sua inoportunidade, ao entendimento de que a pretensão é "golpista" e que não se trata de mera consolidação da atualização da CLT, conforme os entendimentos constantes dos artigos abaixo indicados, publicados: A Nova CLT: Acorda Brasil! Mudança golpista — Proposta da CLT torna direitos conquistados precários.[345]

Com fincas à solidez e sustentação jurídica, a direção da ABRAT constituiu uma comissão a qual denominou "comissão legislativa", para elaboração de um projeto substitutivo ao Vacarezza, apresentando sugestões. A comissão foi formada por Luiz Salvador (então presidente da ABRAT) e os juristas Aldacy Rachid Coutinho, Ivan Alemão, Julio Bebber, Jorge Luiz Souto Maior, Jorge Pinheiro Castelo, Luís Carlos Moro, Magda Biavschi, Manoel Antonio Teixeira Filho, Nilton Correia, Sidnei Machado e Silvia Nogueira, conforme relatório enviado pelo próprio Luiz Salvador a esta pesquisadora.[346]

Importa realçar que essa comissão não era formada somente por membros da diretora da ABRAT, mas também por professores e magistrados da Justiça do Trabalho, de vários estados, exatamente para se trabalhar com várias visões do

---

(344) SALVADOR. Entrevista citada.
(345) *Consultor Jurídico*. Disponível em: <http://conjur.estadao.com.br/static/text/60663,1>. Acesso em: 20.2.2015.
(346) Exemplar do estudo formulado pela comissão, foi enviado em 2013, para esta pesquisadora por Luiz Salvador (presidente da ABRAT nos biênios 2006/2008 e 2008/2010).

mesmo objeto de estudo. A intenção era, pois, afastar a postura excessivamente corporativa.

Para facilitação dos trabalhados, foi criado um grupo de discussão por *e-mail* — groups.google.com.br/group/abrat-comleg — abrat-com.leg — cujo documento foi publicado, em parte, por Luiz Salvador, ao abrir discussão sobre a modernização da CLT, informando que diversos juristas já estavam se debruçando sobre o PL n. 1.987/2007. Afiava-se com José Carlos Arouca (por ele citado), o qual, embora não fosse membro da comissão da ABRAT, apresentava crítica ao projeto, sobretudo quanto ao fato de que não havia sido feita a divulgação da "nova" Consolidação das Leis do Trabalho[347], como fruto da revisão da legislação trabalhista a cargo da Comissão constituída no âmbito da Câmara dos Deputados e coordenada pelo Deputado Cândido Vaccarezza (PT-SP) para dar cumprimento à Lei Complementar n. 107, de 26 de abril de 2001, art. 13. Desse modo, Arouca concluiu que o projeto era um perigo para a sociedade ao abrir possibilidades para a terceirização e flexibilização:

> Encontro em uma primeira leitura, falhas gritantes da Comissão, mantendo dispositivos que induvidosamente ou foram derrogados pela Constituição Federal diante da consagração da autonomia sindical (p. ex.: intervenção do Ministério do Trabalho na administração dos sindicatos, (*quorum* para eleições sindicais, associações pré-sindicais, registro de livros etc.), rechaçados pela Justiça do Trabalho (p. ex.: *quorum* para assembleias etc.) ou alterados (como a disciplinação do direito de greve para os servidores públicos por lei específica e não mais por lei complementar etc.). Naturalmente não foi dado à Comissão competência para legislar, mas apenas para excluir os dispositivos que já não mantém. Mesmo assim, a "reconsolidação" adota ora contribuição ora imposto sindical. Olvida as alterações decorrentes do novo Código Civil relativas ao conteúdo mínimo do estatuto social (arts. 46, 54 e ss.), da Lei n. 10.192, de 2001 pertinentes à mediação, acordos e convenções coletivas, das Convenções da OIT, n. aprovada pelo Decreto Legislativo n. 49, de 1951 e promulgada pelo Decreto n. 33.196, de 1953, n. 135, aprovada pelo Decreto Legislativo n. 86, de 1089 e promulgada pelo Decreto n. 1.321, de 1991.[348]

Esse estudo da ABRAT apresentou várias sugestões quanto à modificação dos artigos, cuja conclusão foi a seguinte: "Referendada por decisão assembleiar,

---

(347) SALVADOR, Luiz *apud* AROUCA José Carlos. Texto que circulou na rede ABRAT, como também no *site*: <www.defesadotrabalhador.com.br>. Acesso em: 30.9.2013.
(348) SALVADOR *apud* AROUCA. Documento citado.

a proposta da ABRAT é no sentido da retirada de tramitação do PL n. 1.987/2007 e, consequente arquivamento do projeto Vaccarezza por contrário aos interesses dos trabalhadores, da sociedade de modo geral, por inoportuno na atual conjuntura, implicando grande parte das alterações legislativas em verdadeiro retrocesso social".[349]

Também verifica-se que a OAB entendeu pela necessidade de ampla discussão e retrocesso do projeto, unindo-se à ABRAT, nesse sentido. Diante das denúncias já havidas e por se tratar de verdadeiro "golpe contra a classe trabalhadora", Cezar Britto, Presidente do Conselho Federal da Ordem dos Advogados do Brasil à época, de imediato, enviou Ofício ao Deputado Cândido Vaccarezza. Nele, solicitava dilação do prazo exíguo de apenas 30 dias que foi concedido à sociedade para manifestação sobre o malsinado projeto. Este foi indeferido, entretanto, ao argumento de que o regimento interno da casa não permitia tal dilação.

O pedido de dilação de prazo foi fundamentado com base em parecer elaborado pela Comissão Nacional de Direitos Sociais — CNDS, que entendeu impossível se manifestar em tão exíguo tempo:

> Seria temeridade querer, em prazo tão exíguo (trinta dias), tomar posição com relação às questões de fundo de um projeto que — repita-se — propõe uma Nova CLT com quase mil e setecentos artigos e revoga, no todo ou em parte, mais de duzentas normas jurídicas (...). A título ilustrativo, se tomássemos o tempo (absolutamente reduzido) de cinco minutos para a análise de cada artigo da Nova CLT, bem como o período de noventa minutos (também temerário, pela sua exiguidade) para a verificação de cada uma das mais de duzentas normas jurídicas atingidas pela alteração, teríamos, ao final, um total de mais de quatrocentas e quarenta e seis horas, ou seja, quase dois meses de trabalho (considerando-se os limites previstos no art. 7º, inciso XIII, da Constituição Federal) (...). Afigura-se inaceitável que um projeto de um Código do Trabalho seja encaminhado sem a realização de um amplo debate com a sociedade civil, com as entidades sindicais representativas das categorias econômicas e profissionais, com a OAB, a Anamatra, a ANPT, a ABRAT e demais entidades ligadas ao Direito do Trabalho, requisito este irrealizável no prazo de trinta dias" (Ass. Roberto de Figueiredo Caldas — Presidente da Comissão Nacional de Direitos Sociais e Renato Paese, relator).[350]

---

(349) SALVADOR apud AROUCA. Documento citado.
(350) Parecer da CNDS em abril de 2004. Disponível em: <http//jusvi.com/doutrinas-e-pecas/ver/29502>, extraído do blog de Luiz Salvador <http://avacosocial.blogspot.com.br/2009/04/quem-paga-mal-paga-duas vezes.html>. Acesso em: 20.9.2013.

A ABRAT cobrou da OAB as posturas ante o pedido de apoio formalizado anteriormente, como se viu na carta transcrita acima.

Nesse episódio do projeto de reforma da CLT, é bem possível que a força das Associações, do próprio Conselho Federal da OAB, do Ministro da Justiça, além da preocupação que o político teve com sua imagem — fator que não pode ser desconsiderado — tenham contribuído para o arquivamento do projeto referido. De toda sorte, é uma comprovação de que houve uma intensa e incansável atuação da ABRAT, não só nos enfrentamentos políticos de forma direta no Congresso, mas também com estudos sérios do projeto, feitos por juristas renomados, os quais se doaram para o cometimento, criando um projeto substitutivo, analisando-se artigo a artigo.

O CONAT do ano de 2009, que gerou importante documento — a Carta de Belo Horizonte — cujo conteúdo já referido revelou as alianças, realçando: "O Direito do Trabalho não teme a crise, pois dela é fruto e com ela convive". E ainda o seguinte trecho:

> E, tendo em conta o contexto da crise global e a ameaça do poder econômico e financeiro de transferir aos trabalhadores os seus efeitos, estabeleceu-se o compromisso de promover a defesa dos seus direitos, como princípio democrático fundamental, expressão da cidadania numa perspectiva inclusiva. A crise do sistema capitalista é fruto e proporciona oportunidade histórica de ampliar a dimensão tuitiva do Direito do Trabalho. Ao contrário de fragilizá-lo, a crise fortalece esse ramo do direito, por ser a ocasião em que o trabalhador mais necessita de proteção.[351]

Lembra-se, aqui, de que não foi a primeira vez que a ABRAT formou grupo e participou de comissão. Como visto anteriormente, em setembro de 1992, solicitou, ao Ministro do Trabalho João Mellão Neto, a participação na comissão específica que o Presidente da República e o ministérios iriam implantar para discutir a legislação trabalhista e processual trabalhista.

Para tanto, foi nomeada uma comissão de estudos. Veja-se no *site* da ABRAT, com o seguinte teor:

> A ABRAT — Associação Brasileira de Advogados Trabalhistas (www.abrat.adv.br), por seu Presidente Luiz Salvador, assim que tomou conhecimento do Projeto Vaccarezza. PL n. 1.987/2007, nomeou

---

(351) *Carta de Belo Horizonte*, 1998. XX CONAT. Belo Horizonte, 29 de setembro de 1998.

uma comissão de juristas para exame prévio, ainda que superficial do projeto; e diante dos esclarecimentos manifestados por membros integrantes da comissão nomeada, o plenário do XXIX CONAT — Congresso Nacional dos Advogados Trabalhistas realizado em Recife-PE, de 31.10 a 3.11.2007, aprovou a proposta de retirada do projeto de tramitação e respectivo arquivamento, por sua inoportunidade, ao entendimento de que a pretensão é "golpista" e que não se trata de mera atualização da consolidação da CLT, conforme os entendimentos constantes dos artigos abaixo indicados, publicados [...].[352]

A análise desse projeto será retomada no capítulo seguinte.

Do ponto de vista institucional, observa-se outra alteração estatutária, permitindo-se a segunda reeleição na ABRAT, conforme se faz constar na pauta de reunião, convocada para esse fim.[353] Esse estatuto, inclusive, ampliou, com a criação de diversas diretorias, até as relações institucionais entre a ALAL e a JUTRA (inciso XX e XXI do art. 19), bem como as atribuições de cada diretoria, de forma específica quanto às relações institucionais entre a ABRAT e ALAL e ABRAT e JUTRA (arts. 36 e 38).[354] Todavia a reeleição não era uma posição unânime dentro da Associação, embora se tenha a conta de uma boa administração. A ideia de continuidade não era bem vista, tanto que, nesse caso — especificamente a segunda gestão —, o perfil presidencialista ficou mais forte, segundo a opinião dos abratianos.

Curioso notar que velhas questões retornaram atualmente, quando o país atravessa, em 2015, séria crise moral e econômica, com desempregos, inflação, entre outros. É o caso da terceirização, da reafirmação pelos direitos trabalhistas e previdenciários conquistados, da Justiça do Trabalho (agora com greves) e do *jus postulandi*.

O período neoliberal suscitou intensos debates de temas altamente relevantes do ponto de vista dos direitos sociais, do interesse do grupo de advogados trabalhistas e do próprio funcionamento do Judiciário trabalhista, alguns menos agressivos, mas, igualmente reveladores das tentativas de desmonte e flexibilização das normas trabalhistas e, exatamente por interpenetrarem no tempo, optou-se por abordar alguns deles ocorridos nas décadas relacionadas ao período neoliberal.

---

(352) Disponível em: <www.abrat.adv.br>. Acesso em: 2008 e arquivado com esta pesquisadora.
(353) Convocação para diretoria em e-mail, emitido pelo Presidente Luiz Salvador, em 21 de fevereiro de 2008.
(354) Quarto estatuto da ABRAT, datado de 11 de setembro de 2008, Goiânia.

5.7. Outros projetos do período — aprovados ou não — com interferência direta no contrato individual de trabalho

Para os neoliberais, a degradação dos resultados do mercado de trabalho na década de 1990 seria indicativo da inadequação das normas vigentes e da urgência cada vez maior da Reforma Trabalhista. Tal situação garantiria um ambiente favorável ao investimento privado, encurtando a transição do país para uma economia aberta e competitiva.

Sem justificar politicamente o período, mas compreendendo a globalização e as políticas implementadas, alguns autores sustentam não ser possível recusar as transformações desse período interferindo nas relações de emprego. Chegou-se a alargar as fronteiras do direito individual do trabalho para se alcançar novos tipos de atividades empresariais e de profissões diferentes daquelas anteriormente estabelecidas. O contrato a tempo pleno e duração indeterminada servia, e ainda serve, para disciplinar a típica relação de emprego prestada por alguém em jornada integral e por tempo indeterminado.

Segundo Nascimento[355], outras formas de trabalho também entraram no mercado. Com elas, vieram as necessárias modificações, como o contrato a tempo parcial e o contrato temporário diferente dos limites legais anteriormente estabelecidos. Os contratos de trabalho foram o setor do Direito do Trabalho mais atingido pelas transformações da sociedade. Mudaram os tipos de empregadores e os tipos de trabalhadores. Assim, o autor assevera:

> Com isso, novas necessidades exigiram respostas do direito do trabalho. Foram dadas, com peculiaridades não coincidentes, de país para país, mas inegavelmente não vivemos mais a estrutura produtiva e os tipos de profissões que inspiraram o primeiro período do direito do trabalho, e basta dizer que, se antes era possível falar em contrato individual do trabalho no singular — como até hoje anacronicamente faz a CLT — no período atual o singular não tem mais sentido, pois todos os sistemas pluralizam os contratos individuais de trabalho.[356]

Dentro dessa perspectiva, passa-se, então, a analisar algumas dessas mudanças ocorridas no período.

A primeira delas foi o contrato a tempo parcial com a implementação de uma forma de trabalho que alteraria o tempo de trabalho do empregado,

---

(355) NASCIMENTO, Amauri Mascaro. *Curso de direito do trabalho*. 26. ed. São Paulo: Saraiva, 2011. p. 1014.
(356) NASCIMENTO. *Op. cit.*, p. 1014.

com igual proporcionalidade ao salário, o chamado trabalho a tempo parcial. A Medida Provisória n. 2.164/41, de 2001, inseriu o art. 58-A da CLT, sendo, pois, considerado, como tal, o trabalho cuja duração não excedesse a 25 horas semanais, caso em que o salário a ser pago ao trabalhador poderia, igualmente, ser proporcional à duração reduzida da jornada, comparando-se com os que cumprissem, nas mesmas funções, tempo integral.

Essa MP veio por influência da Convenção n. 175 da OIT, que a justificou, reconhecendo a importância que apresenta para todos os trabalhadores de contar com um emprego produtivo. Ao mesmo tempo, importante para a economia, em razão de que, nas políticas de emprego, se levar em conta a função do trabalho a tempo parcial como modo de abrir novas possibilidades de emprego com proteção dos trabalhadores nesse tipo de contrato.[357] Essa alteração quebrou o princípio da isonomia e do salário mínimo fixado na CF/88, mas relativizou o tempo de trabalho, o que pode ser compreendido como forma de benefício a ambas as partes.

A segunda foi o contrato temporário advindo da Lei n. 9.601/98, em cujo ambiente localizou-se a exceção do contrato de emprego. Com ela, os contratos de emprego nos quais as partes, na sua constituição, fixavam o termo final eram denominados contratos a prazo (CLT, art. 443). Eles representaram uma flexibilização ao modelo tradicional de contrato de duração indeterminada, que vinha vigorando por décadas, até o advento da Lei n. 6.019/74, para atender demanda de serviço em toda e qualquer atividade. Ademais, tinham em consideração algumas situações específicas, como Leis de Safra (Lei n. 5.889/73, art. 14), atleta profissional (art. 30 da Lei n. 9.615/98), artistas (Lei n. 6.533/78, art. 9º), técnico estrangeiro (Dec.-Lei n. 691/69), obra certa (Lei n. 2.959/58) e de aprendizagem (art. 428 da CLT).

A par e passo das possibilidades existentes tanto na CLT como nas hipóteses apresentadas, com a justificativa de ampliar o trabalho e conter o desemprego, o governo encaminhou mais um projeto de adequação ao regime neoliberal, o que se transformou na Lei n. 9.601/98. Nela, previa-se a contratação por prazo determinado, com duração máxima de dois anos, com a possibilidade de ocorrer várias prorrogações dentro desse prazo. Ademais, poderia ser ajustado sem os limites previstos no art. 443, § 2º, a, b, c, da CLT.

Alguns requisitos para sua validade foram estabelecidos: a dependência de norma coletiva; a contratação representar aumento no número fixo de empre-

---

(357) NASCIMENTO. Op. cit., p. 980.

gados da empresa (empresas com 50 empregados poderiam contratar 50% de empregados regidos pela supracitada lei; de 51 até 199 empregados, 35%; e de 200 empregados em diante, 20%); os empregados que possuíam estabilidade (gestantes, representantes dos empregados nos sindicatos, representante da CIPA etc.) só poderiam ser dispensados quando do término do contrato e deveria ficar estabelecida uma indenização a ser paga em face da dispensa antecipada. Aqui, destaca-se um ponto da lei que representa uma ofensa ao princípio da isonomia: o depósito do FGTS corresponder a 2% da remuneração do empregado. A norma coletiva deveria estipular uma complementação desse depósito.

Essa lei não surtiu o efeito que se esperava na perspectiva do aumento do emprego no Brasil. Ao contrário, passou a ser objeto de inúmeras críticas.

A terceira está relacionada à jornada de trabalho. Se as duas modificações acima apresentadas não representaram à época grandes celeumas na perspectiva da quebra do princípio da proteção, as alterações relacionadas à jornada de trabalho, com sistema de compensação, sobretudo pela via do chamado banco de horas, tiveram grandes repercussões no mundo do trabalho e na vida das partes envolvidas.

Vale esclarecer que banco de horas consiste num sistema em que as horas extras trabalhadas em um dia ou em um certo período são compensadas com folgas e não remuneradas. Elas podem ser compensadas, a critério do empregador no prazo máximo de até um ano. Como a Constituição Federal de 1988 previu uma jornada semanal de 44 horas e oito diárias, sempre que ultrapassadas, deverão ser remuneradas com 50%, ou seja, o salário-hora mais 50%. No sistema de compensação, a paga inexiste, substituindo-se com folgas.

A compensação é o gênero que comporta duas espécies. A compensação tradicional, na qual o aumento da jornada em um dia é substituído pela correspondente diminuição em outro, de forma a garantir o módulo semanal de 44 horas e o banco de horas. O foco principal dessa abordagem, entretanto, por perceber muito nociva à classe trabalhadora, é o banco de horas. Ele foi criado por uma MP n. 1.709/98 para compensação, inicialmente, em até 120 dias; mais tarde, em 2001 (MP n. 2.164-41), para compensar em até um ano. Essa alteração foi integrada à Consolidação pelo § 2º do art. 59 e também acolhida pelo TST na Súmula n. 85[358], que, até 2011, admitia a compensação pela via individual.

---

(358) SÚM-85. COMPENSAÇÃO DE JORNADA (inserido o item V) — Res. n. 174/2011, DEJT divulgado em 27, 30 e 31 de maio de 2011.
I. A compensação de jornada de trabalho deve ser ajustada por acordo individual escrito, acordo coletivo ou convenção coletiva. (ex-Súmula n. 85 — primeira parte — alterada pela Res. n. 121/2003, DJ 21 de novembro de 2003)

Essa forma de compensação gerou muitas discussões, sobretudo pelo fato de ser admitida pela via individual entre empregado e empregador, quando a Constituição Federal já estabelecia essa possibilidade desde que com assistência sindical, de forma obrigatória, nos termos do art. 7º, XIII. O grande prejuízo ao obreiro estava na violação aos fundamentos que regulavam os descansos, fossem diários, semanais, mensais, de ordem biológica, na prevenção da fadiga; social, segundo o qual o empregado precisava ter convivência social com grupos diversos — e o excesso de trabalho retirava esses laços; econômica, que levava em conta o salário do empregado, assim aferido, o aumento de produção e a diminuição do desemprego.

Para Vólia Bomfim Cassar[359], um trabalhador cansado, estressado e sem diversões produziria pouco, portanto, não teria vantagens econômicas para o patrão. Atualmente, desenvolveu-se a teoria do dano existencial e o fator humano que implica a diminuição dos acidentes.

O certo é que, tendo em vista o fato de ser ajustado individualmente e que, dependendo do setor, como o comércio, a via era pela adesão no momento do ingresso do empregado, muitos desmandos e abusos surgiram. Isso poderia se dar desde a ausência da compensação até mesmo a feita de forma bastante fragmentada e sem prévio aviso. Essa foi uma razão por que o confronto entre a Constituição Federal e a lei infraconstitucional seguida pelo TST gerou acirradas controvérsias.

O TST, em julho de 2011, procedeu alteração, acrescentando o inc. V da súmula, ficando com a seguinte redação: Súmula n. 85. Compensação de Jornada (...) V — "As disposições contidas nesta súmula não se aplicam ao regime compensatório na modalidade 'banco de horas', que somente pode ser instituído por

---

II. O acordo individual para compensação de horas é válido, salvo se houver norma coletiva em sentido contrário. (ex-OJ n. 182 da SBDI-1 — inserida em 8 de novembro de 2000).

III. O mero não atendimento das exigências legais para a compensação de jornada, inclusive quando encetada mediante acordo tácito, não implica a repetição do pagamento das horas excedentes à jornada normal diária, se não dilatada a jornada máxima semanal, sendo devido apenas o respectivo adicional. (ex-Súmula n. 85 — segunda parte — alterada pela Res. n. 121/2003, DJ 21 de novembro de 2003).

IV. A prestação de horas extras habituais descaracteriza o acordo de compensação de jornada. Nesta hipótese, as horas que ultrapassarem a jornada semanal normal deverão ser pagas como horas extraordinárias e, quanto àquelas destinadas à compensação, deverá ser pago a mais apenas o adicional por trabalho extraordinário.

V. As disposições contidas nesta súmula não se aplicam ao regime compensatório na modalidade "banco de horas", que somente pode ser instituído por negociação coletiva.

(359) CASSAR, Vólia Bomfim. *Direito do trabalho*. 9. ed. Grupo Gen. Rio de Janeiro: Forense, 2014. p. 681-681.

negociação coletiva". Com isso, ficou afastada a compensação do ajuste individual quando se tratava de banco de horas de forma individual. Essa decisão permitiu aos sindicatos regularem as condições, mas ainda algumas críticas continuam, como a de Vólia Cassar, para quem:

> a compensação de jornada pode ser utilizada de forma benéfica para as partes ou de forma nociva ao trabalhador. A compensação anual, variável mesmo ajustada coletivamente, que exige o labor extra sem prévia comunicação, utilizada para aumentar os lucros, favorecendo exclusivamente os interesses do empregador, normalmente é abusiva. Isso porque as horas extras são laboradas aleatoriamente sem qualquer pré-aviso e as folgas, quando concedidas não são programadas para que o empregado tome conhecimento prévio [...]. Em virtude disso, o banco de horas anual variável, quando prejudicial ao trabalhador, deve ser considerado como abuso de direito com base N. — art. 187 do CC, que se equipara a ato ilícito.[360]

Nesse lapso da entrada em vigor, em 1998, seguido pelo TST, até a nova redação da Súmula n. 85, com o inciso V, em 2011, muitas discussões se estabeleceram. Houve muitas reações, sobretudo dos trabalhadores, em razão de inúmeros abusos, até mesmo pelo descuido de algumas entidades sindicais de categorias menores, principalmente do interior dos estados. Não se localizaram, todavia, documentos que comprovassem a movimentação da ABRAT sobre o tema. Suspeita-se, entretanto, que, em razão dos inúmeros projetos de lei nesse período, alguns, aparentemente menos nocivos, tenham sido deixados em segundo plano, não por descaso, mas em virtude do necessário remanejamento dos pontos de atuação.

A quarta foi projeto de autoria do deputado José Mucio Monteiro, de n. 1.445/99, visando alterar o art. 134 da CLT, com a proposta do parcelamento das férias em três períodos. O objetivo, segundo o autor, era favorecer o empregado, mediante a justificativa de permitir o acompanhamento dos filhos menores.

A ABRAT posicionou-se contra, com o fundamento de violação à Convenção n. 132 da OIT, ratificada internamente, sob ameaça de denúncia de descumprimento. Seu teor foi encontrado no ofício n. 3/2002, endereçado ao presidente da comissão de trabalho e serviço público, e continha o trecho seguinte: "A ABRAT entidade atenta aos trabalhos do Congresso Nacional, solicita a imediata retirada do projeto de Lei".

---

(360) CASSAR. *Op. cit.*, p. 682.

O projeto não avançou. Mantiveram-se as férias em período único de 30 dias (com possibilidade de conversão em pecúnia de somente 10 dias). Nesse cenário, por certo a imagem do político poderia ficar desgastada perante os eleitores.

A quinta foi o Projeto de Lei n. 4.330/04[361], de autoria do deputado Sandro Mabel (PMDB-GO) projeto da terceirização que sofreu grande repúdio de entidades sindicais, magistrados, procuradores, OAB, ABRAT e até mesmo parlamentares. A proposta era de uma amplitude exacerbada de terceirização, destruindo os limites impostos pela Súmula n. 331 do TST e as legislações referidas. Por isso, esteve, por certo tempo, paralisado.

Na ocasião, houve percepção da ABRAT e demais instituições acerca da nocividade do projeto, se aprovado. Com a vinda do governo Lula, as forças pró-projeto se reduziram.

O Projeto de Lei n. 4.330/2004 nasceu, portanto, no período em estudo, mas é na atualidade que ele ganhou uma dinâmica, inclusive com onerosas campanhas em diversas mídias, pagas pelo segmento empresarial do país. Exatamente por esse contexto atual, tendo em vista iminente aprovação e a grave nocividade no mundo do trabalho — se aprovado, alterará profundamente a estrutura da relação bilateral que marca o Direito do Trabalho —, opta por tratá-lo de forma extensa no próximo capítulo.

---

(361) BRASIL. Câmara dos Deputados. *Projeto de Lei n. 4.330, de 2004*. Disponível em: <http://www.camara.gov.br/proposicoesWeb/prop_mostrarintegra;jsessionid=EFB9B67CD96905C-44CD9A637566488D4.proposicoesWeb2?codteor=246979&filename=PL+4330/2004>. Acesso em: 20.11.2014.

Capítulo 6

MUITOS AVANÇOS E NOVOS DESAFIOS

> *"Nós perdemos o complexo de vira lata há algum tempo."*
> (Antonio Fabricio de M. Gonçalves)

A ABRAT entra no que se passa a denominar de quarta fase, deixado para traz o momento de sua criação, solidificação e árduo reconhecimento do grupo dos advogados trabalhistas na primeira fase; a segunda fase é marcada pela primeira eleição direta no país e na ABRAT, proposta de extinção e globalização; e a terceira fase marcada pelos grandes desafios dos projetos legislativos e do executivo de retrocesso social ante o período neoliberal.

Nessa quarta fase em estudo, a desvalorização e desprestígio dos advogados trabalhistas já ficaram no passado, embora ronde a sombra, o que faz necessário a luta pela ocupação dos espaços políticos com a participação das principais discussões que envolvem os interesses da advocacia trabalhista e os direitos sociais, notadamente pela continuidade de alguns projetos e o surgimento de outros.

O país havia atravessado alguns anos de garantida tranquilidade econômica e social com a economia aquecida, pleno emprego e de poucos projetos com objetivos de desmontes da legislação trabalhista e retrocessos. Os existentes, estavam parados. Nesse espaço de tempo a atenção foi mais voltadas para os interesses do próprio grupo de advogados trabalhistas, trabalhando-se arduamente com os problemas gerados pela implantação açodada do Processo Judicial Eletrônico — PJe; com a renovação do projeto dos honorários advocatícios, as discussões em torno do Novo Código de Processo Civil e a interiorização da ABRAT, consolidando-se, com isso a valorização e ascensão dos advogados trabalhista.

6.1. A ABRAT percorrendo o Brasil— mudança de paradigma

Nas eleições seguintes para diretoria da Associação, duas chapas se apresentaram como candidatas. Uma delas, inicialmente indicada pelo próprio presidente em exercício Luiz Salvador, tendo à frente o advogado Felipe Borba Calienda (PR). A outra, advinda do desejo de outros membros da ABRAT, então capitaneada por Jefferson Lemos Calaça (PE), com a bandeira "ABRAT QUE QUEREMOS".

As conversas foram de tentativa de composição, embora não muito amistosas, para se evitar a disputa sempre desgastante vindo a ser eleita, para o biênio 2010/2012, a diretoria de oposição ao presidente da situação.[362] A proposta trazia uma dinâmica diferente, especialmente em relação às três últimas gestões, quanto à implantação das chamadas caravanas da ABRAT e ao resgate da coesão do grupo, tanto em nível de diretoria, quanto desta com as Associações Estaduais, com propostas iniciais, mais democratizantes no aspecto de participação institucional dos advogados trabalhistas em patamar nacional.

O ponto forte e marcante dessa gestão foi a criação das chamadas caravanas da ABRAT. Tinha-se como objetivo percorrer o Brasil nos dois anos de mandato, utilizando-se de seminários, debates, reuniões para identificação das questões locais ligadas ao Direito do Trabalho e aos advogados trabalhistas, juntamente com as associações anfitriãs de cada Estado. Para esses eventos, foram escolhidos temas atuais do interesse da advocacia trabalhista, para discussões e tomadas

---

(362) Presidente — Jefferson Calaça (PE); vice-presidente nacional — Joel Rezende Junior (MG); vice-presidente da região norte — Bernardino Greco (PA); vice-presidente da região nordeste — Harley Ximenes (CE); vice-presidente da região centro oeste — Eliomar Pires Martins (GO); vice-presidente da região sudeste — Ana Amélia Mascarenhas Camargo (SP); vice-presidente da região sul — Maria Cristina Carrion Vidal de Oliveira RS); vice-presidente do distrito federal — João Pedro Ferraz dos Passos (DF); secretário geral — Nilton Correia (DF); diretor financeiro — Sílvia Burmeister (RS); diretor de imprensa, divulgação e revista — Cláudio Menezes; diretor de assuntos legislativos — Arlete Mesquita (GO); diretor de assuntos jurídicos — Luciano Almeida (AL); diretor social — Letícia Sanches Ferranti (MT); diretor de informática — José Luiz Campos Xavier (RJ); diretor de especialização — Roseline Rabelo de Jesus Morais (SE); diretor de temas estratégicos — José Augusto Amorim (RN); diretor de eventos — Izabel Dourado (MG); diretor de relações institucionais — Jocelino Pereira da Silva (SP); diretor de relações entre ABRAT e JUTRA — Antonio Alves Filho (DF); coordenador do colégio de presidentes — Carlos Alberto Tourinho Filho (BA); diretor de convênios — Carlos Alfredo Cruz Guimarães; diretor da revista da ABRAT — José Marcelo Pinheiro Filho; diretor de relações entre associações — Paulo Reis; diretor do jornal virtual da ABRAT — Araçari Batista; diretor de assuntos jurisprudenciais — Rodrigo Waughan de Lemos (AM); Diretor da Escola de Advocacia — Antonio Fabrício de Matos Gonçalves (MG); comissão da revista da ABRAT: Araçari Baptista, Claudio Pinho Menezes, Paulo Reis, José Luiz Campos Xavier e João Pedro Ferraz dos Passos.

de posições com alinhamentos estadual e nacional. Quem melhor pode justificar sua criação é o seu mentor Jefferson Calaça[363]:

> Os advogados trabalhistas no país inteiro conheceram a sua entidade nacional de perto através da Caravana da Abrat, em que percorremos 19 cidades em dois anos de mandato, conhecendo e discutindo temas e problemas que afetam os advogados no cotidiano. No ano de 2011, elegemos o Processo Eletrônico como tema central dos debates, já em 2012, transformamos os Honorários Advocatícios na justiça do Trabalho não apenas como um título a ser tratado por onde passamos, mas uma verdadeira bandeira de luta da advocacia trabalhista nacional. Ao mesmo tempo em que tentávamos convencer a magistratura da justeza desse pleito, também atuamos na esfera legislativa, ocupando os gabinetes e plenários do Congresso nacional para acelerar a aprovação do PL n. 3.393/2004, de autoria da ex-presidente da Abrat, Clair da Flora Martins e obtermos uma vitória histórica.

Assim sendo, os temas centrais eleitos como bandeiras de discussão para percorrer todo o país para esse período foram: (i) o Processo Judicial Eletrônico e (ii) os honorários de sucumbência na Justiça do Trabalho. Isso sem se distanciar de outros que viriam depois, como, por exemplo, (iii) as férias dos advogados (ou suspensão dos prazos em período de dezembro a janeiro), que começavam a ser reivindicadas de unificação. As caravanas reuniam uma média de 300 advogados. Muitos deles não haviam, ainda, conhecido a ABRAT, seus diretores, sua forma de organização, quer porque não tivessem condições materiais de viajarem para frequência nos Encontros Nacionais, quer mesmo por ausência de maior divulgação em algumas regiões ou leniência das associações estaduais em certas épocas do movimento para filiações associativas.

Desse texto inicial de apresentação da Revista, ensaia-se uma outra evidência da linha filosófica da instituição. Segundo Calaça[364], "a nossa luta é a mesma do nosso povo trabalhador: a conquista de uma sociedade justa e fraterna, e sabemos que, nessa tarefa, os advogados são atores essenciais na garantia do Estado Democrático de Direito".

Para alguns advogados, a proposta das caravanas ficaria inviável ante a ausência de recursos financeiros. Consciente disso, seu mentor dizia que era necessário criar condições, trazer recursos materiais para implementação do que representava, no aspecto político, a regionalização da ABRAT. Algumas delas

---

(363) CALAÇA, Jefferson. A ABRAT conheceu o Brasil. *Revista da ABRAT*, Montes Claros, n. 2, p. 3, set. 2012.
(364) *Ibidem*, p. 3.

geraram lucros com as inscrições para os seminários e a busca de patrocínios, de acordo com a influência e dinamismo da Associação estadual.

Outra forma encontrada de viabilizar seu custo era alguns diretores ou ex-diretores da ABRAT integrarem o corpo dos palestrantes, notadamente em razão da qualidade técnica e aderência aos temas. Para tanto, alguns chegavam a arcar, pessoalmente, com todos os custos de viagens e, na maioria das vezes, com a hospedagem. Assim, as caravanas se solidificaram e representaram o marco indelével para os advogados trabalhistas, no aspecto político e de representatividade da ABRAT, ampliando, com isso, imensamente o número de filiados indiretos (com filiação direta às associações estaduais) fatos que, motivaram esta autora a apelidar o então presidente Calaça de um desbravador dos sete mares.

6.2. O PJe e o caos inicial

O Processo Judicial eletrônico, popularmente conhecido como PJe, seguindo a ideias de modernização e redução de custos do Poder Judiciário, teve seu início de discussão bem antes de sua implementação. Lembra Salvador que no ano de 2007, já havia saído uma resolução disciplinando o tema, mas transferindo para os advogados da responsabilidade pelos eventuais erros, impropriedades ou ausência de funcionamento, o que gerou firme posicionamento da Instituição, segundo ele:

> Saiu uma resolução disciplinando a atuação e a responsabilização do advogado que se cadastrasse no TST para utilizar o sistema eletrônico e aí toda responsabilidade do problema que tivesse recairia sobre o advogado. Aí a ABRAT fez um requerimento, aliás, fez um expediente por escrito ao presidente do TST, mostrando os problemas que estão querendo jogar essa problemática toda sobre os advogados, e nós estivemos lá para conversar. Eu e o Nilton Correia tivemos lá na presidência do TST para discutir o início dessa implantação e aí, na defesa do ministro, ele estava muito empolgado com o sistema e disse: "O advogado agora vai ser um folgado, ele vai estar na praia, de chinelo, de bermuda, sentado ao lado da sua piscina, comendo o seu churrasquinho com notebook do lado. Ele vai peticionar o seu recurso nessas condições, e o seu recurso vai ser recebido aqui no TST. Ele não vai precisar de botar isso no correio para chegar e protocolar e tal.[365]

---

(365) SALVADOR. Entrevista citada.

As atenções e tensão com o tema iniciaram-se nesse período, mas se intensificaram nos anos seguintes, já que a Justiça brasileira iniciou uma revolução tecnológica sem precedentes, com a implantação desse eletrônico. Em breves esclarecimentos, trata-se de um sistema unificado de processamento de informações em todos os 24 Tribunais Regionais do Trabalho do país, desde as Varas mais longínquas até o TST. O projeto foi precipuamente, capitaneado pelo Ministro João Oreste Dalazen, sob a coordenação do Tribunal Superior do Trabalho e do Conselho Superior da Justiça do Trabalho. Tinha como meta "a implantação com brevidade do novo sistema". O objetivo era (e é ainda) abolir, de vez, a utilização do papel e de qualquer documento físico.

A posição da ABRAT foi para que não houvesse a implantação do PJe de forma açodada, pelo fato se ser um programa com graves falhas, além da ausência de estrutura do judiciário e dos próprios advogados em absorver tamanha mudança. Para isso, buscou novamente parceria com a OAB e o próprio TST. No ano de 2011, foram vários estados visitados, e em forma de seminários, discutiu a questão tomando conhecimento das ocorrências em cada tribunal, como as decisões tomadas pelos juízes de Vara e os desembargadores. Os resultados eram nefastos e as denúncias as mais diversas. O grupo dos advogados trabalhistas estava em pânico. Alguns, os mais velhos, até acharam um bom motivo para a aposentadoria, em virtude da inadaptação com a implantação do sistema eletrônico e ausência de condições materiais de reestruturação dos escritórios. De fato, uma grande mudança, uma grande revolução na forma de trabalhar, um novo desafio.

6.2.1. A ABRAT integra comitê criado pelo TST

Compulsando os boletins mensais editados pela Instituição no período 2012/2014, constata-se que, em quase todos os meses há registros acerca de episódios envolvendo o tema com tomadas de posição, desmandos de membros do Judiciário trabalhista, avanços, problemas do sistema, suscitando a busca de parcerias e posicionamentos em artigos e em palestras. A posição que consolida o entendimento da Associação é dada pela diretora à época, Roseline Moraes (Aracaju), que passou a integrar o comitê criado pelo TST. Assim:

> Não estamos nos furtando ao novo! O que se busca é tão somente a análise acurada da realidade local para fixação de prazos factíveis para implantação do sistema. Sabemos que o PJe é uma realidade inexorável, assim como foi a digitação de peças em substituição à máquina de datilografia e como foi a máquina de datilografia em substituição

à escrita, o que aconteceu há bem pouco tempo: menos de 90 anos. Mas o PJe ainda tem muito a ensinar.[366]

Perante o TST, três importantes atos revelam a marcação de posicionamento da advocacia trabalhista ocorridos na gestão seguinte sob a presidência de Antônio Fabricio de Matos Gonçalves. O primeiro foi a visita de comitiva da Associação, recebida pelo presidente do TST, à época, Min. Carlos Alberto de Paula; o Segundo, e em razão disso, os ofícios recebidos do TST (n. 33/2013) sobre calendário de implantação do PJe, no Brasil, significando a abertura de diálogo com a advocacia trabalhista, que conseguiu, dessa forma, ampliar os prazos de implantação em alguns estados e o terceiro foi a integração da ABRAT ao Comitê Técnico de homologação dos sistemas PJe no Tribunal Superior do Trabalho (TST), para o qual foram indicados a diretora de Especialização Roseline Morais (SE) e o diretor da Associação Mineira de Advogados Trabalhistas (AMAT), Carlos Schimer (MG). A indicação foi feita pelo Conselho Federal da OAB, após convênio firmado com a ABRAT.[367]

Além disso, houve diversos cursos, inclusive com a AASP, transmitidos ao vivo para 172 cidades brasileiras, a fim de preparar advogados e os diretores de Associações trabalhistas estaduais para o suporte técnico necessário em cada estado.

Os boletins da ABRAT e o *site* do Conselho Federal da OAB ofertam muitas matérias, identificando a participação da ABRAT, tais como: "CNJ acata pontos importantes de manifesto da OAB, com participação da ABRAT", bem como uma gama de material que ratificam essa movimentação, cuja transcrição ficaria extremamente prolixa se se debruçasse sobre todas elas. Algumas, porém, são confirmadoras do envolvimento e das alianças entre as duas instituições. Esse processo seguiu de modo tal, que, 2013 foi considerado o ano de luta da ABRAT pela humanização do PJe e pelos honorários advocatícios, conforme Boletim n. 17, cujo título foi "A epopeia do PJe", no qual se apresentam as diversas ações da ABRAT, com o manifesto pela transição segura do processo em papel pelo eletrônico. O Boletim n. 16 traz matéria em que a ABRAT e a OAB requereram, ao CNJ, uma transição segura, conforme o seguinte título e trecho:

> CNJ acata pontos importantes de manifesto da OAB, com participação da ABRAT, sobre PJe. No fim da tarde de terça feira, 17 de dezembro, o Conselho Nacional de Justiça (CNJ) aprovou a resolução que determina a implantação do Processo Judicial Eletrônico (PJe) em todo o Brasil,

---

(366) MORAIS, Roseline. *Informativo da ABRAT*, n. 11, jul. 2013.
(367) *Boletim da ABRAT*, Brasília, jun./jul./ago. 2013.

no prazo compreendido entre 3 e 5 anos. Ainda em fase de testes, a resolução é alvo de críticas por parte de advogados, juízes e desembargadores, que alegam falta de infraestrutura em algumas localidades do País, e, em outras, um possível atraso tecnológico para os tribunais que já usam sistemas eletrônicos próprios e mais modernos.[368]

O empenho era grande, e o Conselho Federal da OAB não se furtou ao total apoio. Veja-se: "representantes das seccionais e de entidades da advocacia entregarão às 9h, da próxima terça-feira (17), ao Conselho Nacional de Justiça (CNJ) o manifesto em favor de uma transição segura do processo em papel para o Processo Judicial eletrônico (PJe)". Segue no sentido de que os advogados interessados em apoiar podem aderiam ao manifesto por meio de link indicado. O documento apresenta 20 medidas urgentes para que o PJe não seja um perigoso retrocesso e uma ameaça à segurança jurídica. Além da OAB, assinam o manifesto a Associação Brasileira de Advogados Trabalhistas (ABRAT), a Associação dos Advogados de São Paulo (AASP), o Instituto dos Advogados de São Paulo (IASP) e o Movimento de Defesa da Advocacia (MDA).

Ante a gravidade dessa nova forma de operar dos advogados trabalhistas e, confirmando a pareceria com o Conselho Federal da OAB, localizou-se, no *site* do Conselho Federal da OAB, as seguintes matérias:

> Brasília — Ao designar, nesta quinta-feira (7), o advogado Nilton Correia para presidir a Comissão Nacional de Direitos Sociais do Conselho Federal da OAB, o presidente nacional da entidade, Marcus Vinicius Furtado, definiu como primeira missão estabelecer um diálogo com o Tribunal Superior do Trabalho (TST) com vistas a definir um cronograma que torne viável a adesão dos advogados trabalhistas ao Processo Judicial Eletrônico (PJe). Nesta sexta-feira (8), Correia já se reunirá com o coordenador do PJe no âmbito do TST, juiz Rubens Curado, *para* expor as preocupações da advocacia. "A adesão ao PJe é inevitável, mas da forma como está sendo feita, ao invés de aderirmos estamos sendo, literalmente, empurrados", afirmou Nilton Correia, que também é presidente da Associação dos Advogados Trabalhistas do DF e vice-presidente da Associação Brasileira dos Advogados Trabalhistas (Abrat). Segundo ele, é mais do que razoável que se pleiteie junto ao TST um cronograma para instalação do sistema, ao tempo em que serão discutidas as consequências que falhas operacionais podem causar ao direito de defesa dos jurisdicionados. "Todos sabemos que mesmo sendo capital do País, Brasília possui imensos problemas nas

---

(368) *Boletim da ABRAT*, n. 16, dez. 2013.

redes de telefonia", disse. "O que dizer de regiões onde a Internet ainda está engatinhando".[369]

Ainda, reforçando o discurso do presidente do Conselho Federal Marcos Vinicius Coêlho:

> O presidente nacional da Ordem dos Advogados do Brasil (OAB), Marcus Vinicius Furtado, afirmou nesta sexta-feira (1º), ao participar do encerramento do simpósio "O PJé?", promovido pela Associação Brasileira de Advogados Trabalhistas (Abrat), que as duas entidades devem trabalhar juntas para garantir uma implantação do Processo Judicial Eletrônico (PJe) que melhor atenda os profissionais da advocacia e, consequentemente, a sociedade brasileira. "Nossas pautas comuns não são coincidências, são união de propósitos", disse Marcus Vinicius no evento. A advocacia não é contrária ao PJe, mas, conforme explicou o presidente nacional da OAB, a implementação do novo sistema não deve ser conduzida de forma açodada, como vem fazendo o Judiciário, com graves prejuízos aos advogados e jurisdicionados. "Se o peticionamento eletrônico vier para dar acesso à Justiça, terá o aplauso da advocacia. Se vier para excluir, terá nossa ojeriza", disse Marcus Vinicius, referindo-se aos inúmeros problemas encontrados pelos advogados de todo o País ao peticionarem *online*.[370]

Nessa esteira, quando realizada a reunião com o colégio de presidentes, cujo documento foi denominado "Carta de Foz do Iguaçu", datado de 9 de novembro de 2013, se extrai o seguinte trecho:

> ABRAT divulga a "Carta de Foz do Iguaçu", com as posições da advocacia trabalhista sobre o PJe. O Colégio de Presidentes da ABRAT, reunido em Foz do Iguaçu, no dia 9.11.2013, na forma prevista em seus Estatutos, contando com a presença de 14 (quatorze) representantes de Associações Estaduais, e do Conselho Federal da OAB, após debatidas as questões apresentadas pelas associações estaduais relativas a implantação do PJE-JT, deliberou e editou a presente CARTA que, em face do Acordo de Cooperação Técnica n. 73/2009, é dirigida ao CNJ — Conselho Nacional de Justiça, acompanhada das seguintes considerações: CARTA DE FOZ DO IGUAÇU.1. Os advogados trabalhistas do Brasil, por sua associação nacional e associações regionais,

---

(369) Disponível em: <http://www.oab.org.br/noticia/25105/oab-defende-cronograma-para-processo-eletronico-na-justica-do-trabalho?argumentoPesquisa=formsof(inflectional,%20%22ABRAT%22)%20and%20formsof(inflectional,%20%22PJe%22>. Acesso em: 12.2.2015.
(370) *Idem.*

entendem que o PJE ou qualquer outro sistema de processo eletrônico que venha ser desenvolvido, para atendimento aos princípios constitucionais vigentes, deverá: [...] 3. A ABRAT manifesta seu repúdio a qualquer declaração relativa as questões de acessibilidade do sistema, veiculadas ou proferidas nos órgãos de gestão da implantação do mesmo, que não sejam pelo pleno atendimento daqueles que esse encontram excluídos do acesso ao PJE, considerando-as discriminatórias e contrárias ao pensamento da advocacia brasileira, que luta e defende a igualdade e inclusão social, sem qualquer forma de distinção e discriminação. 4. A ABRAT recomenda e requer, veementemente, ao CNJ, que suspenda de imediato a implantação do PJE em todo o país, até que as questões principais, relativas a acessibilidade e publicidade, sejam corrigidas, com a participação da advocacia brasileira, por seu Conselho Federal.[371]

Como um dos objetivos da Associação é também melhorar e preparar o advogado trabalhista para mudanças, houve cursos "ABRAT e AASP realizaram curso sobre PJe transmitido ao vivo para 172 cidades brasileiras" para treinamento do sistema do TST e organizado por advogados trabalhistas e não por membros de comissão de tecnologia, visando preparar os dirigentes da ABRAT e os diretores de associações trabalhistas estaduais para os auxílios necessários em cada Estado, seguindo uma agenda de discussão que já vinha na gestão anterior, ou seja, a movimentação da Instituição no Brasil inteiro, foi grande, com alguns êxitos, sobretudo quanto a prazos e ajustes necessários ao sistema.

A movimentação em torno do tema não se restringiu aos lançamentos acima. Foi muito mais, o que deixa, contudo, de trazer a colação, por não ser o objeto central desta pesquisa. Em todo caso, se o fez de forma mais demorada, justifica-se em razão de representar a maior alteração na estrutura dos processos ocorridas na história da Justiça e, em especial, na Justiça do Trabalho no Brasil. Aqui, a Instituição marcou uma firme posição em prol dos interesses do grupo, reagindo de maneira dinâmica nos diversos pontos que se ligavam ao tema, para isso, as gestões sob a presidência de Antônio Fabricio e Jefferson Calaça, foi incansável sobretudo na arte da boa política com as demais instituições.

6.3. Honorários de sucumbência na Justiça do Trabalho — a epopeia

Na Justiça do Trabalho, os honorários advocatícios sucumbenciais, só são devidos quando na hipótese da Lei n. 5.584/70, ou seja, se a parte estiver assistido

---

(371) Documento publicado no *Boletim da ABRAT* n. 16, dez. 2013.

por seu sindicato de classe e mesmo assim, tiver salário igual ou inferior igual ao dobro do salário mínimo legal. No mais os horários são de natureza contratual. Esse o entendimento pacificado nas Súmulas ns. 219 e 319 do TST que muito recentemente foi alterada.[372]

No entanto, é uma luta antiga dos advogados trabalhistas, notadamente após a CRFB/88, em razão do conteúdo do art. 133, que dispõe acerca da indispensabilidade do advogado à Justiça serem contemplados com o direito à honorários de sucumbência. Nesse particular, há um projeto do ano de 2004, PL n. 3.392/2004 da deputada federal pelo PT (hoje filiada á rede) Clair da Flora Martins, ex-presidente da ABRAT, pela aprovação do direito aos honorários sucumbenciais, cuja campanha se manteve em todas as gestões a partir de 2004. Em algumas ocasiões, com mais movimento como foi o caso desse período, marcado pelas visitas a gabinetes de deputados, com o fito de sensibilizá-los acerca desse importante direito dos advogados trabalhistas, em alinhamento ao art. 133 da Constituição. De acordo com ele, o advogado é indispensável à Justiça e, se assim é, queria-se saber por que somente na Justiça do Trabalho não havia honorários de sucumbência. A resposta não era simples. Muitas eram as hipóteses e divergências sobre elas.

Dentro do próprio subgrupo profissional de advogados, existem, ao menos, três teorias acerca do tema, que dividem opiniões. Alguns advogados chegaram a entender que era melhor não ser aprovado, pois, se o fosse, com as propostas substitutivas de sucumbência recíproca, haveria redução do número das ações que envolvem matérias controvertidas, as chamadas matérias de direito, que, na hipótese de improcedência da ação, gera condenação a ser paga pelo empregado em sendo o autor da ação, ocasionando possibilidade de retraimento do mercado de trabalho.

---

(372) Súmula n. 219 e OJ n. 305. Alteração do Item I da Súmula n. 219 do TST e cancelamento da Orientação Jurisprudencial n. 305 da SDI-1.
HONORÁRIOS ADVOCATÍCIOS. CABIMENTO.
    I — Na Justiça do Trabalho, a condenação ao pagamento de honorários advocatícios, nunca superiores a 15% (quinze por cento), não decorre pura e simplesmente da sucumbência, devendo a parte, concomitantemente: a) estar assistida por sindicato da categoria profissional; b) comprovar a percepção de salário inferior ao dobro do salário mínimo ou encontrar-se em situação econômica que não lhe permita demandar sem prejuízo do próprio sustento ou da respectiva família. (art. 14, § 1º, da Lei n. 5.584/1970). (ex-OJ n. 305 da SBDI-1).
    II — É cabível a condenação ao pagamento de honorários advocatícios em ação rescisória no processo trabalhista;
    III — São devidos os honorários advocatícios nas causas em que o ente sindical figure como substituto processual e nas lides que não derivem da relação de emprego. Alterada em 12 de março de 2015 em sessão do pleno do TST.

O segmento patronal até apoiava o projeto, desde que houvesse sucumbência recíproca. Grosso modo, raramente haveria honorários a favor de um ou outro advogado, mormente nas ações trabalhista com cumulação objetiva de pedidos, que é a grande maioria.

No Judiciário Trabalhista, ocorreram no mês de outubro de 2012, intensos debates como forma de pressão para cancelamento da súmula restritiva do direito aos honorários. A despeito do empenho da diretoria e da comissão destinada a acompanhar os trabalhos, foi mantida a Súmula n. 329 do TST[373] e em 15 de março de 2016, pela Resolução n. 204 (TST), foi alterada a Súmula n. 219, mas mantendo o entendimento anterior de restrição aos honorários.

Vale registrar o desabafo do presidente Calaça, na rede ABRAT, por ocasião da revisão das sumulas, pois se mantinha firme esperança que o TST, iria cancelar as Súmulas ns. 219 e 319 que mantém o entendimento de que não cabe honorários de sucumbência na Justiça do Trabalho:

> [...] honorários na Justiça do Trabalho Infelizmente o TST não foi sensível ao nosso pleito e manteve as Súmulas ns. 219 e 329. Os honorários advocatícios na Justiça do Trabalho ainda incomodam e muito, a magistratura nacional. Infelizmente aqueles que afirmam em alto e bom som que, a Justiça do Trabalho não é uma JUSTIÇA MENOR e concordamos com isso, insistem em mantê-la pequena, mantendo um preconceito inaceitável contra os advogados trabalhistas. Tivemos apenas 5 (cinco) votos favoráveis de um Pleno de 27 (vinte e sete). Votaram conosco os Ministros: João Oreste Dalazen; Delaíde Arantes; Valmir Costa; Caputo Bastos e Kátia Arruda. Agora vamos buscar no Congresso Nacional este legítimo direito da advocacia trabalhista brasileira e lamentamos este posicionamento do TST que frustou a todos nós. Um abraço fraterno, Jefferson.[374]

A Instituição não desanimou, ao contrário, manteve o empenho e a movimentação nas gestões seguintes, como se verificou na análise dos boletins, como

---

(373) BRASIL.TST-SUM-329 HONORÁRIOS ADVOCATÍCIOS. ART. 133 DA CF/1988 (mantida) — Res. n. 121/2003, DJ 19, 20 e 21.11.2003 — Mesmo após a promulgação da CF/1988, permanece válido o entendimento consubstanciado na Súmula n. 219 do Tribunal Superior do Trabalho. Histórico: Redação original — Res. n. 21/1993, DJ 21, 28.12.1993 e 4.1.1994 — *N. 329 Honorários advocatícios. Art. 133 da Constituição da República de 1988 Mesmo após a promulgação da Constituição da República de 1988, permanece válido o entendimento consubstanciado no Enunciado n. 219 do Tribunal Superior do Trabalho.*
(374) CALAÇA, Jefferson. Nota na rede ABRAT em 14 de setembro de 2012.

o de n. 16, de dezembro de 2013[375], no qual se encontra o resumo das ações feitas pela Instituição, que, em síntese, são as seguintes.

Em 20 de novembro de 2013, a ABRAT visita ao Senador Fernando Collor, que havia declarado apoio ao Projeto dos Honorários; 3.12.2013, reunião na sede da CNI em Brasília, com participação da ABRAT e CFOAB, em que se conseguiu consenso sobre vários pontos do projeto; 4.12.2013, reunião com as centrais sindicais na sede do CFOAB, coordenada pelo presidente da OAB e pelo presidente da ABRAT, com a presença de cinco centrais sindicais e dos presidentes da CUT e UGT; 10.12.2013, segunda rodada de negociação com o setor produtivo na sede da OAB.

Ainda do mesmo Boletim número 16, se extraem os informes sobre a existência de Reunião da ABRAT com o CFOAB para avaliação do tema; 19.11.2013, reunião no Palácio do Planalto, na Secretaria Geral da Presidência da República, na qual se discutiu o projeto e a posição das centrais; 18.12.2013, ABRAT e CFOAB se reuniram com o Senador Sérgio Souza para apresentar os resultados das negociações, visando ao seu acatamento. E o então presidente Antônio Fabricio Gonçalves registrou: "É importante reabrir o diálogo, e o senador se mostrou disposto a construir novo relatório com base nas conversas com advogados, setor produtivo e representantes dos trabalhadores".[376]

A própria autora do projeto acompanhou os presidentes Antônio Fabricio e Jefferson Calaça e demais diretores da ABRAT em várias reuniões, até mesmo em razão de conhecer como os projetos eram "negociados" e como a pressão de determinados segmentos da sociedade poderia interferir na aprovação ou não. A luta foi encapada pela OAB Federal. Veja-se, a esse propósito o boletim n. 17:

> Em abril, as peças do jogo de xadrez do projeto de lei que trata dos honorários advocatícios na Justiça do Trabalho foram movimentadas. Com a desistência de 33 deputados ao recurso do Requerimento n. 7.506/2013, de autoria do deputado Amauri Teixeira (PT-BA), o tema foi aprovado pela Câmara dos Deputados. O recurso subscrito por 62 deputados (de n. 110/11) vinha obstando a apreciação de modo conclusivo da proposta. O PL foi então encaminhado ao Senado Federal.[377]

O Informativo Mensal de abril enfatizou a vitória da advocacia trabalhista, da ABRAT e do Conselho Federal da OAB, sempre enaltecendo a importância da participação desta entidade, que acenava na pessoa do presidente da OAB

---

(375) *Boletim da ABRAT*, n. 16, Brasília, 16.12.2013.
(376) *Idem*.
(377) *Boletim da ABRAT*, n. 17, Brasília, 31.1.2014.

Marcus Vinícius Furtado Coêlho: "trata-se de uma vitória que é da cidadania, porque trata o advogado trabalhista com igualdade em relação aos demais".

Em 21 de maio de 2013, o referido PL foi aprovado em caráter definitivo pela Comissão de Constituição e Justiça (CCJ) da Câmara dos Deputados. a matéria seguiu diretamente para apreciação do Senado, sem a necessidade da votação no plenário da Câmara. O texto aprovado pela CCJ determinou que, nas causas trabalhistas, a sentença condenaria a parte vencida, inclusive a Fazenda Pública, ao pagamento de honorários de sucumbência aos advogados da parte vencedora, fixados entre o mínimo de 10% e o máximo de 20% sobre o valor da condenação.

Uma comitiva formada por diretores da ABRAT, o presidente do Conselho Federal da OAB e a autora do projeto Clair Martins visitou o presidente do senado Renan Calheiros, que alegou: "Comprometo meu empenho pessoal para agilizar a apreciação da matéria no senado". O sentimento foi de que, mesmo após dez anos do projeto, não havia tido um desânimo do grupo, que permaneceria na expectativa de aprovação. Para o presidente do CFOAB, ao tempo dessa visita, a "aprovação acabará com a discriminação ao advogado trabalhista, pois este é um setor da advocacia e que, assim como os demais ramos da profissão, é complexa e exige permanente aperfeiçoamento profissional".

Até o final desta pesquisa (abril de 2016), entretanto, não houve aprovação do projeto de honorários.

6.4. Novas formas de comunicação e integração da advocacia trabalhista

Já se registrou que alguns períodos da história da ABRAT foram marcados por ausência de atividades, tanto que se pensou até na sua extinção.[378] Houve alguns outros, quase esquecimento do movimento associativo; outros com um viés presidencialista, embora intenso; alguns outros mais desbravadores e outros, ainda, férteis e criativos. Pode-se dizer que as caravanas, os boletins e informativos eletrônicos representaram importantes ferramentas de comunicação e integração da advocacia trabalhista no Brasil, atingido capitais e interiores.

Assumiu, para o biênio 2012/2014, o mineiro, professor e advogado trabalhista Antônio Fabricio de Matos Gonçalves.[379] Com um jeito mineiro de ser,

---

(378) Sobre a proposta de extinção da ABRAT ver o capítulo quarto.
(379) Diretoria biênio 2012/2014 — Presidente: Antônio Fabrício de Matos Gonçalves (MG); Vice-presidente nacional — Nilton Correia (DF); Secretário Geral — Roberto Parahyba Arruda Pinto (SP); Diretora Financeira — Sílvia Lopes Burmeister (RS); Vice-presidente da Região

marcado pela arte de saber fazer a boa política, com simplicidade e inteligência atuou, abrindo novas perspectivas para Associação, como a participação, pela segunda vez, na OIT; o lançamento dos informativos semanais (três vezes na semana); os boletins mensais; a reativação da Revista Científica[380]; o lançamento do concurso universitário nos CONAT. Foram mantidas as propostas das caravanas, no primeiro momento interiorizando a ABRAT. Nesse viés, foram visitados e feitos seminários, discutindo-se temas novos, como as (i) férias do advogado trabalhista, (ii) a execução trabalhista e a continuidade da discussão (iii) sobre o PJe, este com intensos trabalhos que se interligaram entre uma gestão e outra, como se viu das fontes acima citadas.

Gonçalves, também visitou em sua gestão importantes personalidades construtora dos Direitos sociais como Arnaldo Süssekind e Benedito Calheiros Bomfim que referendaram sua gestão.

6.4.1. Os informativos e boletins eletrônicos

Os boletins e informativos pela via eletrônica foram uma grande marca desse período (os boletins mensais são mantidos na atual gestão), levando de forma gratuita, informações via e-mail, a mais de 6000 advogados trabalhistas

---

Norte — Rodrigo Walghan (AM); Vice-presidente da Região Nordeste — Marcondes Oliveira (PE); Vice-presidente da Região Centro-Oeste — Eliomar Pires Martins(GO); Vice-presidente da Região Sudeste — José Luiz Xavier (RJ); Vice-presidente da Região Sul — Miriam Klahold (PR); Vice-presidente do Distrito Federal — Antônio Alves (DF); Diretor de Imprensa, Divulgação e Revista — Benizete Ramos (RJ); Diretor de Assuntos Legislativos — Ronaldo Tolentino (DF); Diretor de Assuntos Jurídicos — Felipe Caliendo (SC); Diretor Social — Izabel Dorado (MG); Diretor de Informática — Jefferson Calaça (PE); Diretor de Temas estratégicos — Carlos Alfredo (BA); Diretor de Especialização — Roseline Rabelo de Jesus Morais (SE); Diretora da eventos — Luciana Slosbergas (SP); Diretor de Relações Institucionais — Cezar Britto (SE); Diretor de Relações ABRAT/JUTRA — Maria Cristina Vidal de Oliveira Carrion (RS); Diretor de Convênio — Juscelino da Silva (SP); Diretor de Relações ABRAT/ALAL — Luiz Gomes (RN); Diretor da Relações entre Associações — Araçari Baptista (RJ); Diretor de Jornal Virtual — Carlos Tourinho (BA); Diretor de Assuntos Jurisprudenciais — Pedro Mauro (MS); Diretor da Escola de Advocacia — Luciana Serafim (MT); Diretor da ABRAT Jovem — Marcos Antônio de Oliveira Freitas (MG); Coordenador do Colégio de Presidentes — Luciano Almeida (AL); Departamento de Pje — Arlete Mesquita (GO) Sílvia Mourão (PA); Departamento de Direito Desportivo -Paulo Reis (RJ) e Afonso Celso Razzo (MG).

(380) Importante esclarecer que o uso da expressão reativar se deu pelo fato de que, até o advento do lançamento do que se chamou I Revista científica, no ano de 2013, pensava-se que esse trabalho ainda não havia sido feito. No entanto descobriu-se, posteriormente, para esta pesquisa, que, na gestão do Reginaldo Felker, haviam sido editados dois números de revista de cunho científico.

brasileiros e estrangeiros, bem como estudantes ou profissionais do Direito inscritos no *site* da ABRAT. O objetivo dessas publicações foram (e continuam sendo), além de atualizar os advogados com alterações legislativas, súmulas e notícias diversas inclusive das associações estaduais, informar sobre os projetos de lei em tramitação, trazendo advertências sobre alguns que representem risco, retrocesso ou perigosas mudanças. Para tanto, tem o auxílio permanente de uma jornalista, Mellissa Mendes, o que vem sendo fundamental para garantir a qualidade do veículo de informação.

Ademais, teve um papel fundamental na divulgação das alianças e dos feitos da Instituição, aproximando os advogados trabalhistas do Brasil e afinando os discursos numa identidade centralizada e de coesão. A esse propósito, quase todos os números trouxeram e concitaram o grupo e demais artífices do Direito para as discussões e atenções em torno de temas que estavam — ainda se mantêm — requerendo muita atenção, por se relacionar ao pleno exercício da atividade profissional, como a execução trabalhista, as férias dos advogados, o prosseguimento da discussão em torno dos honorários advocatícios e o PJe, o projeto da terceirização e outros.

Mas, não fosse o incansável desejo de avançar e levar a ABRAT de forma efetiva e eletrônica, na esteira das caravanas, aliado a uma grande capacidade criativa e de percepção política e social de Fabricio Gonçalves, os informativos e boletins teriam sucumbidos às primeira tentativas, pois como ele mesmo revelava eram momentos de tensão fazer o boletim, experiência que igualmente partilha a atual presidente Silvia Burmeister, com várias chamadas nos grupos de diretoria executiva, diretoria colegiada e outro denominado amigos da ABRAT (atualmente, amigos trabalhistas) por informações dos diversos estados para garantir o dinamismo e a extensão desse instrumento.

Os informativos, com esse poder de chegar até o interior pela via eletrônica, justificam um outro importante fato e isso o seu mentor tinha pensado que é o crescimento do número de participantes nos CONAT, já que, no ano de 2014, foram 1.700 inscritos (além dos convidados), como também a maior credibilidade para intervenções no Congresso Nacional e no TST, as quais passaram a ocorrer com maior frequência.

6.4.2. O restabelecimento das revistas científicas e criação do concurso universitário

Com uma visão de quem também é docente, o presidente Fabricio, estimulou a criação de outros importantes instrumentos de integração entre estudantes, juristas e a ABRAT por meio dos concursos universitários e a recriação da revista científica.

Os concursos universitários, resgatando o antigo concurso de teses, teve o intuito de aproximar os estudantes de graduação e pós-graduação *stricto sensu* da ABRAT e dos CONAT, mediante a produção de artigos à serem julgados por uma comissão científica formada por professores e advogados especificamente para esse fim, escolhidos nos diversos estados brasileiros. Esse trabalho até a presente data (início 2016) vem sendo coordenado por esta autora.

Nas duas primeiras versões — anos 2013 e 2014 — os artigos eram selecionados de acordo com os parâmetros do edital previamente publicado e, se com as condições mínimas eram encaminhados para os membros da banca julgadora, que após avaliarem segundo critérios também estabelecidos fixavam notas, ao final, devolvidos à coordenação geral para confronto de notas e deliberação dos três primeiros lugares.

Não havia nessas duas versões, sustentação oral, somente anúncio e premiação dos vencedores no encerramento do CONAT respectivo.

Na versão 2015, para o XXXVII CONAT, a presidente Burmeister acolheu a sugestão da coordenação em se avançar em formato de teses, com bancas de defesas. A primeira edição — em Campo Grande, MS — se deu com êxito e surpresa positiva quanto a qualidades dos candidatos que se posicionaram diante das bancas ofertando, a maioria deles, uma verdadeira aula magna. Aguarda-se o avanço da ideia para XXVIII CONAT que será sediado por Gramado, RS.

Sempre alinhado ao tema central dos CONAT, trouxe importantes discussões pela visão acadêmica, por meio de teses publicadas, sendo os três primeiros lugares no *site* da ABRAT, bem como, na revista científica, o 1º lugar. A versão de 2014 homenageou o Prof. Plínio Pedreira. Assim, conforme a matéria veiculada no Boletim de n. 23, datado de agosto de 2013:

> O concurso visa estimular a produção de trabalhos acadêmicos voltados à reflexão e à valorização do tema central do XXXVI CONAT. A Banca examinadora é presidida pela diretora da ABRAT, Benizete Ramos de Medeiros, tendo como examinadores os professores Antonio Raimundo Junior Castro Queiróz, Ellen Mara Ferraz Hazan, João de Lima Teixeira Filho, Marcelo Moura, Valena Jacob Mesquista, Jair Teixeira dos Reis, Fernando César Teixeira e Luiz Otávio Linhares Renaut.
>
> Já a revista científica da ABRAT, na verdade foi criada anteriormente, nos anos de 1986 e 1987, como se relatou no capítulo três. Tal fato era, contudo, desconhecido por esta pesquisadora e até mesmo pela

maioria dos abratianos. Aqui, portanto, é necessário fazer esse reparo, uma vez que veio a coordenar no ano de 2013, a criação do que se denominou de primeira revista científica da ABRAT, então lançada no XXXV CONAT em 2013; a segunda em 2014, no XXXVI CONAT, e a terceira no XXXVII CONAT realizado em outubro de 2015.

As editadas atualmente têm um conselho editorial internacional, contando com sete membros brasileiros, um cubano, um português e um argentino.[381] São editadas pela editora Forum, de Belo Horizonte. Buscou-se, para o primeiro número dessa segunda fase das edições, o tema central "Execução", uma vez que coincidia com um dos temas eleitos para as caravanas da ABRAT, na época (2013). O segundo número (2014) teve os artigos em torno do título "Temas atuais de Direito do Trabalho". A terceira (2015), apresentou o tema "Adoecimentos no mundo laboral", eleito pela maioria dos membros do conselho editorial. E a quarta, prevista para lançamento n XXXVIII CONAT (2016), em fase de confecção terá como tema o Direito Coletivo.

As revistas têm sido lançadas nos CONAT e ofertadas aos conferencistas e aos membros das diretorias. São vendidas durante os eventos nos quais são lançadas; posteriormente, enviadas às bibliotecas de universidades de vários países, sobretudo do Brasil; ofertadas aos gabinetes no TST e outras instituições. Representam importante veículo de debates de teses, já que são estabelecidos critérios técnicos para a publicação, alinhados sempre a uma qualidade no conteúdo. Há vendas na forma *e-book* no *site* da editora Fórum e, após certo período fica disponível no *site* da ABRAT.

Importa anotar que algumas outras revistas mencionadas anteriormente neste texto são criadas para os CONAT, das quais tem se valido esta pesquisadora como fonte primária da pesquisa, também comportam artigos científicos — inclusive de alto valor técnico. Nessas edições, contudo, prevalece o estilo mais informativo, magazine da Associação, com notas editoriais, propagandas e fotos da diretoria e das participações em eventos políticos e jurídicos.

Pensando nessa perspectiva acadêmica e com a intenção de discutir temas de relevância para o país, foi criada, nessa diretoria, uma outra estrutura de debates, denominada Tribunal Popular do Júri, para discutir, com vários segmentos da sociedade, projetos de lei do interesse do grupo, como, por exemplo, o de

---

(381) São membros: Benizete Ramos de Medeiros (BR); presidente do Conselho editorial; Luis Carlos Moro (BR); Antônio Fabricio de matos Gonçalves (BR); Otavio Pinto e Silva (BR); José Affonso Dallegrave Neto (BR); Sidney Machado (BR); Valena Jacob Mesquita (BR); João Leal Amado (Portugal); Ligia Guevara (Cuba) e Luis Enrique Ramirez (Argentina).

execução trabalhista e o neoprojeto ressuscitado do Negociado *versus* Legislado (Acordo Coletivo de Trabalho). Este ocorreu em 7 de dezembro de 2012, na faculdade de Direito da UFMG, em Belo Horizonte.

Assim, nesse formato a ABRAT promoveu o primeiro debate em nível nacional, acerca da proposta do Sindicato dos Metalúrgicos do ABC em favor da prevalência do negociado sobre o legislado em negociações trabalhistas. O sindicato propôs que as negociações pudessem se dar por meio do chamado ACE (Acordo Coletivo Especial).

O ACE proposto por esse sindicato prevê a autorização legislativa para se flexibilizar a legislação em negociações entre empregador e empregado, observados, para tanto, os direitos fundamentais mínimos previstos constitucionalmente. Leva em conta, ainda, o número de sindicalizados e a deliberação da assembleia dos trabalhadores. No tribunal do júri, o corpo de jurados foi composto por representantes de entidades da sociedade civil, como Conselho Federal da OAB, ABRAT, ANAMATRA, CUT, Força Sindical, CONLUTAS, Nova Central Sindical, CTB, AASP, além de representantes da comunidade acadêmica. A sessão foi dirigida pelo juiz do Trabalho Antônio Gomes de Vasconcelos, do TRT da 3ª Região e professor de Direito da UFMG, que assumiu o papel de relator do processo. A decisão do Conselho de Sentença rejeitou a proposta de prevalência do negociado sobre o legislado em negociações trabalhistas por nove votos a dois. O Tribunal do Júri foi assunto nos principais *sites* jurídicos e políticos do Brasil, sendo noticiado por mais de 20 portais, com destaque para o Conjur.[382] O segundo Júri popular ocorreu em São Paulo, no dia 21 de março de 2013, e foi sobre o Projeto de Lei do Senado n. 606, de 2011, de autoria do senador Romero Jucá (PMDB-RR). Ele tratava de mudanças na execução trabalhista e foi presidido pelo deputado federal Gabriel Guimarães (PT/MG), coordenador da frente parlamentar dos Advogados no Congresso Nacional. Foi realizado na sede da AASP e teve transmissão ao vivo para 170 cidades atendidas pela AASP.

Contra o projeto, estavam Estêvão Mallet, Ophir Cavalcanti e Luiz Carlos Robortella e, na defesa do projeto, o Juiz do Trabalho Marcos Fava, o advogado Luís Carlos Moro e, esta autora Benizete Ramos de Medeiros. Esse júri foi composto pelo Procurador Geral do Trabalho, Luís Antônio Camargo; pela presidente da Amatra 2 Patrícia Ramos; pelo representante da ANAMATRA João Bosco Coura; pelo representante da Academia Nacional de Direito do Trabalho Nelson Manrrich; pelo presidente da Associação de Advogados Trabalhistas de São Paulo Ricardo Dagre Schmidt; pelo presidente da Comissão Nacional de Direitos Sociais

---

(382) ABRAT eletrônico. *Informativo mensal da Associação Brasileira de Advogados Trabalhistas*, n. 4, brasileira, setembro de 2012.

do Conselho Federal da OAB Nilton Correia; pelo presidente da JUTRA João Pedro Ferraz dos Passos; pelo jurista português Amaro Jorge e por representante do Instituto de Advogados de São Paulo (IASP).[383]

Após análise, os jurados aprovaram por seis votos a três, o projeto de Execução Trabalhista, que visou unificar, na Justiça do Trabalho, as regras para a efetividade da prestação jurisdicional, harmonizando, inclusive, com a Lei n. 11.232/2006, que trouxe alterações ao CPC. Até a presente data (segundo semestre de 2015), nenhum dos dois projetos foi aprovado, como também não ocorreram mais debates com esse modelo.

6.5. A criação do dia dos advogados trabalhistas

Outro aspecto quanto aos interesses do grupo de advogados foi a criação do Dia do Advogado Trabalhista, comemorado em 20 de junho. Os motivos e as razões estão na matéria publicada no *site* da OAB, de cujo trecho se extrai:

> O presidente nacional da Ordem dos Advogados do Brasil (OAB), Marcus Vinicius Furtado, parabenizou a Associação Brasileira de Advogados Trabalhistas (ABRAT), na pessoa de seu presidente Antonio Fabrício Gonçalves, pela instituição da data de hoje (20/6) como o Dia Nacional do Advogado Trabalhista. A data, segundo o presidente da Abrat, Antonio Fabrício de Matos Gonçalves, foi escolhida em função do fato de que 20 de junho marca a data de fundação, há exatos 50 anos, da Associação Carioca dos Advogados Trabalhistas, a primeira entidade da categoria no país. Marcus Vinicius recebeu convite do deputado Domingos Brazão para sessão solene, nesta quinta-feira, em comemoração ao Dia do Advogado Trabalhista.[384]

Nesse ponto, harmoniza-se com alguns estados, que, de forma tímida já comemorava o Dia do Advogado Trabalho. Dos informativos, extraem-se chamadas singulares como "Nós somos advogados trabalhistas! A ABRAT tem o orgulho de representar todos os advogados trabalhistas do Brasil e, sempre com a certeza de lugar por melhorias par a classe, parabeniza todos os advogados

---

(383) Informativos mensais da ABRAT. ns. 3 e 7, Brasília, novembro de 2012 e março de 2013.
(384) OAB-PA. *OAB parabeniza ABRAT pela criação do dia do advogado trabalhista*. Disponível em: <http://www.oabpa.org.br/index.php?option=com_content&view=article&id=3236:oab-parabeniza-abrat-pela-criacao-do-dia-do-advogado-trabalhista&catid=30:noticias&Itemid=110>. Acesso em: 21.6.2013.

trabalhistas brasileiros pelo 20 de junho". Criando alguns adesivos com a imagem de um coração.[385]

Nesse mesmo boletim, Nilton Correia, declara seu amor à advocacia trabalhista, cujo trecho se transcreve:

> Caros colegas trabalhistas. De uma coisa sinto orgulho [...] Mas, ser advogado trabalhista está, sem dúvida no pódio. Atuar no nervo da sociedade. Estar no centro das discussões que envolvem o direito de viver com dignidade, o direito à vida, o direito à saúde, o direito a bom ambiente, o direito ao lazer, o direito ao respeito, direito de estar integrado na vida econômica, na vida social e na vida cultura do país. O Direito de ser verdadeiramente pessoa, gente, ser humano, enfim o Direito ao trabalho. Atuar na justiça social! Tudo é e dá uma sensação diferenciada. [...][386]

Esse sentimento não é único, ao contrário, compõe uma das características dos abratianos.

6.6. As chamadas férias dos advogados

Outra grande movimentação dessa gestão foi o início da busca pela chamada férias do advogado, ou seja, a suspensão dos prazos e ausência de audiência, a partir de 19 de dezembro a 20 de janeiro, de cada ano. Na verdade, essa busca teve início em 2011 e permanece, tendo sido exitosa em vários tribunais, mas não em todos, o que fez com que a ABRAT buscasse intensificar, perante o TST e os TRT, diálogos para a unificação nacional quanto ao direito.

No ano de 2014, uma resolução do CNJ viria trazer interpretações diversas, fazendo com que alguns tribunais entendessem pela restrição a essa possibilidade, suscitando, da OAB nacional e da ABRAT, fortes alianças. Para isso, veja-se a matéria, publicada pela OAB, de 10 de novembro de 2014, que resume a última agitação provocada. Nela, a entidade apresentou questão de ordem no CNJ para suspender a eficácia da Recomendação n. 17/14, expedida pela Corregedoria Nacional de Justiça, no sentido de que todos os tribunais observassem a Resolução n. 8/05 do Conselho quanto à suspensão de expediente forense no período

---

(385) *Informativo Mensal da Associação Brasileira de Advogados Trabalhistas*, Brasília, n. 10, 30 de junho de 2013.
(386) CORREIA, Nilton da Silva. *Boletim* n. 12, jun. 2013, já referido.

de 20/12 a 6/1, "assim sem restringir, reduzir ou de qualquer forma diminuir a prestação de serviços jurisdicionais em outros períodos".

Pretendendo integrar o PCA do MP ação sob o argumento de que não se tratava de fechamento dos fóruns, e sim suspensão dos prazos, pois: "Cada dia que o advogado consiga de distensionamento além de 6 de janeiro para ele é como conseguir oxigênio, conseguir sangue, conseguir vida. São dias de estar com a família, de estar com vida social, de se dedicar um pouco ao lazer". Com isso, em 5 de novembro de 2014, a Corregedoria Nacional editou o ato, recomendando a não restrição dos prazos. A pretensão era de anular a Recomendação n. 17/14.[387] Atualmente, está enfraquecida, já que fica a cargo de cada Tribunal conceder a suspensão dos prazos e, para isso, a ABRAT vem atuando com força no sentido de uniformizar.

6.7. Participação no CONATRAE

A ABRAT integrou, nessa fase, a Comissão Nacional de Combate ao Trabalho Escravo (CONATRAE) e passou a discutir o trabalho escravo no Brasil, sobretudo com a aprovação da PEC n. 57A/99, que levou 15 anos em tramitação, gerando a alteração do art. 243 da CF/88. Nele, previa-se a expropriação de imóveis rurais e urbanos onde se verificasse a prática de trabalho escravo ser destinados à reforma agrária ou a programas de habitação popular, sem indenização ao proprietário. A definição de trabalho escravo, entretanto, dependerá de regulamentação, uma vez que foi aceita subemenda na qual se incluiu a expressão "na forma da lei" no texto. Uma proposta de regulamentação (PLS n. 432/13), que tem o senador Romero Jucá (PMDB-RR) como relator, já aguarda votação em uma comissão mista formada por senadores e deputados.

O CONATRAE é uma comissão mista que atua no combate ao trabalho em condições análogas a escravidão. Para isso, vem realizando debates em nível nacional e regional. Atualmente, ocupa essa cadeira, como representante da instituição, a diretora Luciana Soslesberg.

A ABRAT traz informações em seu veículo a seguinte matéria:

> [...] o conceito não necessita de mudança. Aos olhos de quem entende do assunto ele está perfeito. Já para aqueles que tem interesse

---

(387) *Migalhas*. OAB pede que recomendação contra férias dos advogados seja suspensa. Disponível em: <http://www.migalhas.com.br/Quentes/17,MI210848,21048.OAB+pede+que+recomendacao+contra+ferias+dos+advogados+seja+suspensa>. Acesso em: 20.12.2014.

escusos, a mudança é necessária. Trabalho escravo não se regulamenta, se proíbe!, ressalta Luciana. Segundo a Organização Internacional do Trabalho (OIT), existem 20 milhões de pessoas no mundo submetidas ao trabalho forçado, a maioria na América Latina. Dados do Ministério do Trabalho apontam ainda que foram contabilizados 46.478 trabalhadores libertados em condições análogas à de escravos desde 1995, ano em que os grupos móveis de fiscalização passaram a atuar no país. Em média, a cada dia, mais de 5 pessoas são libertadas, no país. Minas Gerais lidera a lista de estados com mais resgates (2.000), seguido por Pará (1.808), Goiás (1.315), São Paulo (916) e Tocantins (913).[388]

6.8. Apoio a problemas pontuais nas Associações

Ainda de forma pontual, essa gestão, participou de alguns movimentos, apoiando associações estaduais, como a de São Paulo e Rio de Janeiro, com as propostas de descentralização das Varas do Trabalho desses Estados. Quanto ao Rio, a ideia era transferir 22 varas trabalhistas para o bairro do Recreio dos Bandeirantes, na Zona Oeste. Do ponto de vista da advocacia trabalhista, a concretização desse projeto configuraria sério prejuízo para o exercício profissional de milhares de advogados trabalhistas que atuam no foro carioca, pois passariam a ser forçados a se deslocar fisicamente pela capital para atender os interesses de seus clientes em processos trabalhistas. Para a ABRAT, foi a união das instituições — OAB, ACAT, ABRAT — que contribuiu para o resultado da não transferência.

O pleno do TRT 1ª, no dia 5 de dezembro de 2013, decidiu, após acalorado debate, por 19 votos a 15. Os desembargadores acataram o pleito da advocacia e se manifestaram a favor do arquivamento da proposta de descentralização das varas trabalhistas, o que, segundo as entidades, foi a união das instituições.

6.9. Painel na XII conferência da OAB

No campo da conquista de espaços políticos, na XII Conferência Nacional da OAB a ABRAT organizou um painel específico dos interesses da advocacia trabalhista que foi levado a efeito com grande sucesso de público em razão das discussões acerca do Pje. Veja-se no site do CFOAB:

---

(388) *Boletim da ABRAT*, n. 5, 2013.

Abrat realizará encontro de trabalhistas na XXII Conferência. Fonte: site do Conselho Federal. O presidente nacional da OAB, Marcus Vinicius Furtado Coêlho, recebeu na manhã desta quinta-feira, dia 9, a diretoria da Associação Brasileira de Advogados Trabalhistas — Abrat. A reunião tratou da organização do Encontro Nacional de Advogados Trabalhistas, que ocorrerá no dia 22/10, na programação especial da XXII Conferência Nacional dos Advogados. O evento marcará também a diplomação da nova diretoria eleita da ABRAT, composta por Silvia Burmeister (presidente), Roberto Parahyba de Arruda Pinto (vice), Eliomar Pires Martins (secretário-geral) e Araçari Baptista (diretora financeira).O ex-presidente da associação, Antonio Fabrício de Matos Gonçalves, aproveitou a oportunidade para agradecer ao presidente da OAB pelo apoio da entidade ao longo de sua gestão. Ele destacou a participação ativa da entidade na defesa dos honorários de sucumbência na Justiça do Trabalho, na busca de melhorias no sistema de Processo Judicial eletrônico, na busca de suspensão de prazos junto aos TRTs e TST, além de apoio na interiorização da entidade e na realização do Conat. A reunião contou ainda com a presença do patrono da advocacia trabalhista, ex-vice-presidente da entidade e presidente da Comissão de Assuntos Sociais, Nilton da Silva Correa, além de ex-diretores da associação.[389]

Já em conferências anteriores diretores já havia tido oportunidade de participar de painéis, e mesmo de indicar palestrantes.

O ex-presidente Antônio Fabricio, autor de frases como "A vida me deu o Direito e o Trabalho e eu fiz do direito do trabalho a minha vida" ou Nós da ABRAT somos assim: simplicidade sofisticada", foi eleito em 2015 o presidente da OAB, seccional de Minas Gerais para o triênio 2015/2108, já tendo, entretanto, participado das diretorias anteriores naquela estado. É um advogado trabalhista ocupando um espaço numa OAB estadual e, no sentir desta pesquisadora, parece que os desafios estão sempre rondando esse segmento da advocacia, uma vez que, foi eleito em meio a uma grande cisão no cenário político-social e mesmo no seio da advocacia mineira.

Em sua gestão na ABRAT, explodira as manifestações de rua de junho de 2013, convidando a Associação a interpretar tais movimentos sociais e tomar partido. Os boletins desse período contam com textos, inclusive da professora Daniela Muradas. É, também o início da chamada operação lava jato que é

---

(389) Disponível em: <http://www.oabrj.org.br/noticia/88410-abrat-realizara-encontro-de-trabalhistas-na-xxii-conferencia>. Acesso em: 20.12.2015.

sucessora de outra muito semelhante o chamado "mensalão", os desafios dos contratos de trabalho com a Copa do Mundo que se realizou no Rio de Janeiro no ano de 2013.

6.10. *O retorno da tentativa da ampla terceirização*

Em 2004, veio à tona a discussão de um perigoso Projeto de Lei, de autoria do deputado Sandro Mabel (PMBB/GO), de n. 4.330/04, cujo escopo era trazer uma nova modalidade de flexibilização, qual seja a terceirização de forma mais ampla do que a permitida por lei e tolerada pelo TST na Súmula n. 331. Depois de inúmeras tentativas de ser aprovado no período neoliberal, o projeto ficou adormecido por nove anos, e, em 2013, o PL voltou à pauta de discussão, sendo o relator o deputado baiano Arthur Oliveira Maia (PMDB). Os debates intensificaram-se, sobretudo por prever que qualquer atividade de uma empresa pudesse ser terceirizada, desde que a contratada estivesse focada em uma atividade específica. Outra polêmica envolveu a permissão de contratação de serviços terceirizados nas chamadas atividades-fim de uma empresa.

Necessário relembrar os contornos do que seja terceirização e as modalidades permitidas pela lei e alargadas pelo entendimento do TST para, posteriormente, tratar o projeto de lei. De acordo com Mauricio Godinho Delgado[390], o vocábulo terceirização resulta de neologismo oriundo da palavra "terceiro", compreendido como intermediário, interveniente. Ressalta, ainda, que é o fenômeno pelo qual se distingue a relação econômica de trabalho da relação justrabalhista que lhe seria correspondente. Sendo assim, consiste numa relação trilateral, formada entre trabalhador, intermediador de mão de obra — o empregador aparente —, e o tomador de serviços — o real empregador. Tal relação é caracterizada pela não coincidência do real empregador com o empregador aparente. Considera-se, assim, uma exceção à regra da bilateralidade do contrato de trabalho.

É Vólia Cassar[391] quem faz o diálogo histórico com o aparecimento das terceirizações no Brasil. A primeira referência à terceirização no Brasil foi feita por meio da CLT no art. 455, o qual delimitava a subcontratação de mão de obra, nas hipóteses de empreitada e subempreitada. Em 1967, o Decreto-Lei n. 200/67, com o objetivo de promover a descentralização da Administração Pública, ampliou a terceirização em seu art. 10, § 7º, o qual foi regulamentado

---

(390) DELGADO, Mauricio Godinho. *Curso de direito do trabalho*. 12. ed. São Paulo: LTr, 2013. p. 436.
(391) CASSAR. *Op. cit.*, p. 540-553.

pelo art. 3º, parágrafo único, da Lei n. 5.645/70 (revogado pela Lei n. 9. 527/97). A partir da década de 1970, a terceirização também abrangia o setor privado, com as Leis do Trabalho Temporário (Lei n. 6.019/74) e dos Vigilantes (Lei n. 7.102/83), sendo restrita aos vigilantes bancários.

A Lei n. 6.019/74 permitia contratos de forma terceirizada, apenas por três meses, com possibilidade de prorrogação por igual período. Isso estaria condicionado a autorização do órgão competente, com a finalidade de suprir uma necessidade transitória de substituição de seu contingente de trabalhadores regular e permanente, nas atividades-fim da empresa.

Já a Lei n. 7.102/83 permitia a terceirização da segurança bancária, em caráter permanente, conforme seu art. 3º: "A vigilância ostensiva e o transporte de valores serão executados: I — por empresa especializada contratada". Alterada em 1994, com a Lei n. 8.863, para dar maior amplitude, consentiu a terceirização para toda a área de vigilância patrimonial, pública ou privada, inclusive para pessoa física.

Em 1986, foi editada a Súmula n. 256 do TST, com o objetivo de proteger a relação bilateral entre empregado e empregador, reafirmando os limites da terceirização. Em 1993, essa súmula foi cancelada, e a de n. 331 foi editada, dando maior amplitude às hipóteses de terceirização. Tal fato ocorreu por conta da retração do mercado interno, da globalização e da necessidade de redução de custos. Foi ressalvada, porém, a inexistência de pessoalidade e subordinação direta com o tomador, bem como sendo as atividades ligadas à atividade-meio.[392]

A Resolução n. 96/2000 do TST incluiu de forma expressa a responsabilidade subsidiária da Administração Direta, Autárquica ou Fundacional, bem como as empresas públicas e as sociedades de economia mista, respondendo o tomador de serviços de forma subsidiária. Posteriormente, foi alterada, para adotar o critério subjetivo de responsabilização do Estado (item V), gerando grande insatisfação dos trabalhadores terceirizados, pois sabidamente quem mais terceiriza é o serviço público. Veja-se:

> Súmula n. 331 do TST CONTRATO DE PRESTAÇÃO DE SERVIÇOS. LEGALIDADE
>
> I — A contratação de trabalhadores por empresa interposta é ilegal, formando-se o vínculo diretamente com o tomador dos serviços, salvo no caso de trabalho temporário (Lei n. 6.019, de 3.1.1974).

---

(392) CASSAR. *Op. cit.,* p. 540.

II — A contratação irregular de trabalhador, mediante empresa interposta, não gera vínculo de emprego com os órgãos da Administração Pública direta, indireta ou fundacional (art. 37, II, da CF/1988).

III — Não forma vínculo de emprego com o tomador a contratação de serviços de vigilância (Lei n. 7.102, de 20.6.1983) e de conservação e limpeza, bem como a de serviços especializados ligados à atividade-meio do tomador, desde que inexistente a pessoalidade e a subordinação direta.

IV — O inadimplemento das obrigações trabalhistas, por parte do empregador, implica na responsabilidade subsidiária do tomador dos serviços quanto àquelas obrigações, aos órgãos da administração direta, das autarquias, das fundações públicas, das empresas públicas e das sociedades de economia mista, desde que hajam participado da relação processual e constem também do título executivo judicial (art. 71 da Lei n. 8.666, de 21.6.1993).

V — Os entes integrantes da Administração Pública direta e indireta respondem subsidiariamente, nas mesmas condições do item IV, caso evidenciada a sua conduta culposa no cumprimento das obrigações da Lei n. 8.666, de 21.6.1993, especialmente na fiscalização do cumprimento das obrigações contratuais e legais da prestadora de serviço como empregadora. A aludida responsabilidade não decorre de mero inadimplemento das obrigações trabalhistas assumidas pela empresa regularmente contratada.

VI — A responsabilidade subsidiária do tomador de serviços abrange todas as verbas decorrentes da condenação referentes ao período da prestação laboral.

Em decorrência das privatizações dos setores de telefonia e energia elétrica, surgiram leis regulamentadoras para tais serviços. Foram os casos da Lei n. 8.987/95, que tratava do regime de concessão e permissão de prestação de serviços públicos na área elétrica, e da Lei n. 9.472/97, que discorria sobre o regime de concessão e permissão de prestação de serviços públicos na área de telefonia. Elas abordavam a terceirização de forma aparentemente mais ampla do que a estabelecida pela Súmula n. 331 do TST, a teor dos arts. 25 e 94, respectivamente.

Em que pese a interpretação literal dos dispositivos das leis supramencionadas de amplitude da terceirização, os tribunais têm utilizado a interpretação sistemática, ou seja, entendem que a terceirização referida é de cunho meramente administrativo, prevalecendo os limites da Súmula n. 331 do TST. Não é demais relembrar, aqui, que essa súmula constituía instrumento de suma importância nos julgados da Justiça do Trabalho, razão pela qual tem sido alvo de muitas discussões ao longo dos anos.

Mauricio Delgado[393] adverte que outra marca importante da súmula foi buscar esclarecer o fundamental contraponto entre terceirização lícita *versus* terceirização ilícita, na última alteração feita por meio da Resolução n. 174, de maio de 2011. Nela, inseriu-se o item VI, a fim de "melhor clarear a ampla responsabilidade da entidade tomadora de serviços", pois, assim: "VI — A responsabilidade subsidiária do tomador de serviços abrange todas as verbas decorrentes da condenação referentes ao período da prestação laboral".[394] Sem dúvida, o trabalhador terceirizado adquiriu um maior amparo, em relação ao adimplemento das verbas provenientes da relação de trabalho depois da súmula, desde que não fosse órgão da administração pública o tomador de serviço.

Continua, porém, de extrema importância a identificação da atividade laboral como sendo meio ou fim dentro de uma empresa. Afinal, com base nessa identidade, poder-se-á avaliar se há uma terceirização lícita ou ilícita.

Encontra-se em fase julgamento, no Supremo Tribunal Federal (STF), o RE 713.211/MG, interposto pela Celulose Nipo Brasileira S/A — Cenibra, indústria de celulose, em face da decisão condenatória da Ação Civil Pública proposta pelo Ministério Público do Trabalho, a qual obriga a empresa a não terceirizar serviços próprios de sua atividade-fim. Esse recurso extraordinário fará com que o Supremo Tribunal Federal (STF) analise, pela primeira vez, se é constitucional o impedimento da terceirização desse tipo de atividade, fazendo um contraponto entre a Súmula n. 331 e o art. 5º, II, da Constituição Federal. Para tanto, o tema "Terceirização de serviços para a consecução da atividade-fim da empresa" ganhou repercussão geral, sob o n. 725.[395]

Foi criada, em 5 de julho de 2013, na Comissão de Conciliação e Justiça da Câmara dos Deputados, uma comissão quadripartida. Nela, pelo lado dos trabalhadores, participam CGTB, CTB, CUT, Força Sindical, NCST e UGT. Na bancada patronal, estão as principais confederações: CNA (agricultura e pecuária),

---

(393)   CASSAR. *Op. cit.*, p. 450.
(394)   DELGADO, Maurício Godinho. Debate do Projeto de Lei n. 4.330, de 2004, sobre a regulamentação de serviços terceirizados. In: Câmara dos Deputados, sessão: 281.3.54. Disponível em: <http://www.camara.gov.br/internet/sitaqweb/ TextoHTML.asp?etapa=3&nuSessao=281.3.54.O&nuQuarto=14&nuOrador=1&nuInsercao=0&dtHorarioQuarto=11:45&sgFaseSessao=CG%20%20%20%20%20%20%20 &Data=18/09/2013&txApelido=MAURICIO%20GODINHO%20DELGADO&txEtapa=- Com%20reda%C3%A7%C3%A3o%20final>. Acesso em: 3.11.2014.
(395)   MPT. *Terceirização de atividade-fim na iniciativa privada*. [S.l., s.n.], p. 6, 2014. [Dossiê].

CNI (indústria), CNS (saúde) e CNF (setor financeiro). Os deputados Assis Melo (PCdoB-RS), Sandro Mabel, Arthur Maia (PMDB-BA), Ricardo Berzoini (PT-SP) e Roberto Santiago (PSD-SP) representam o Legislativo.[396]

Após várias discussões, o Projeto de Lei n. 4.330/04 sofreu 121 emendas, dando origem a um substitutivo, apresentado pelo deputado Arthur Oliveira Maia (PMDB-BA). Ele continua sendo repudiado, pois, apesar das alterações sofridas, sua essência foi mantida, isto é, a terceirização exacerbada.[397] Numa análise mais apurada, entretanto, verifica-se que o projeto original possui temas relevantes, no que tange a: liberalidade para qualquer atividade econômica inclusive atividade-fim; a responsabilidade da tomadora e da prestadora; a desestrutura da representação sindical e a terceirização do serviço público. Tais aspectos serão analisados a seguir.[398]

No Boletim n. 13, do mês de agosto de 2013, a ABRAT trouxe o tema, com a seguinte informação: "Terceirização é polêmica na Câmara dos Deputados. Uma comissão geral para discutir em plenário que trata da terceirização no país, foi criada pela Câmara dos Deputados".[399]

Houve uma movimentação das Centrais Sindicais na Comissão de Constituição e Justiça da Câmara. O Tribunal Superior do Trabalho encaminhou documento ao presidente da CCJ, deputado Décio Lima (PT/SC), assinado por 19 dos 26 ministros, se posicionando contrário ao projeto, por entender que ele provocaria "gravíssima lesão social de direitos sociais, trabalhistas e previdenciários" contra os trabalhadores. A ABRAT esteve presente no debate, por meio da advogada Daniela Muradas, o qual contou com as presenças de representantes das centrais sindicais, de entidades patronais, Ministros do Tribunal Superior do Trabalho, OAB, MPT, acadêmicos, além de entidades associativas de magistrados, procuradores do trabalho, advogados trabalhistas e auditores do trabalho.

Já o presidente da Central Única dos Trabalhadores (CUT) Vagner Freitas pediu a retirada da pauta da Câmara do Projeto de Lei n. 4.330, pela falta de

---

(396) CLAUDINO, Viviane. Comissão define pontos para debate sobre regulamentação da terceirização. *Rede Brasil Atual*. Disponível em: <http://www.redebrasilatual.com.br/trabalho/2013/07/comissao-define-pontos-para-debate-sobre-terceirizacao-9454.html>. Acesso em: 1º.11;2014.
(397) BRASIL. Câmara dos Deputados. *Projeto de Lei n. 4.330/2004*. Disponível em: <http://www.camara.gov.br/proposicoesWeb/prop_mostrarintegra?codteor=1124964&filename=-Tramitacao-PL+4330/2004>. Acesso em: 1º.9.2014.
(398) Câmara dos Deputados. *Reportagem especial explica os pontos polêmicos do projeto de terceirização*. Disponível em: <http://www2.camara.leg.br/camaranoticias/noticias/TRABALHO-E-PREVIDENCIA/451064-REPORTAGEM-ESPECIAL-EXPLICA-OS-PONTOS-POLEMICOS-DO-PROJETO-DA-TERCEIRIZACAO.html>. Acesso em: 20.10.2014.
(399) *Boletim da ABRAT*, n. 13, Brasília, set. 2013.

necessidade de se chamar para a negociação, antes de a matéria ser votada, todos os envolvidos no assunto, ou seja, parlamentares, empresários, sindicalistas etc.

Resquício das políticas de desmontes da legislação trabalhistas e do neoliberalismo, a terceirização vem sendo enfrentada pela ABRAT, quando voltou ao cenário, requerendo atenção, diligência e empenho, unindo-se com outras instituições, para se evitar a aprovação do projeto, em que se corre um perigo maior, quanto ao pretendido alargamento do que seja atividade-fim pelo TST. Atualmente, no Senado PLC n. 30/2015, a ABRAT se mantém atenta e se aliando para esse e outros fins com a ANAMATRA.

6.11. As mudanças no país — grandes desafios para os advogados trabalhistas e o posicionamento da ABRAT nos anos de 2014 a 2016 — breve recorte

Em outubro de 2014, assume a direção da Instituição a terceira mulher, uma gaúcha abratiana de mais de duas décadas de trabalhos prestados e, portanto, legitimamente chega a direção da ABRAT, trata-se de Silvia Lopes Burmeister[400],

---

(400) Diretoria Executiva: Presidente Silvia Lopes Burmeister — RS. Vice-presidente Roberto Parahyba de Arruda Pinto — São Paulo: Secretário-geral Eliomar Pires Martins — GO. Diretora Financeira Araçari Baptista — RJ. Vice-presidente Região Norte Vitor Martins Noé — RO. Vice-presidente da Região Nordeste Luciano Almeida — AL. Vice-presidente da Região Centro Oeste. Pedro Mauro R. de Arruda — MS.
Vice-presidente da Região Sudeste Paulo Sérgio Marques dos Reis — RJ. Vice-presidente da Região Sul Gustavo Villar Mello Guimarães — SC. Vice-presidente do Distrito Federal Alessandra Camarano Martins — DF.
Diretoria Colegiada: Diretor de imprensa, divulgação e revista Olímpio Paulo Filho — PR. Diretor de assuntos legislativos Ronaldo Ferreira Tolentino — DF. Diretor de assuntos jurídico José Hildo Sarcinelli Garcia — ES. Diretor Social Marcondes Oliveira — PE. Diretor de informática Gustavo Juchem — RS.
Diretor de especialização Antonio Fabricio de Matos Gonçalves — MG. Diretor de temas estratégicos Jefferson de Lemos Calaça — PE.
Diretor de eventos Ivan Issac Ferreira Filho — BA. Diretor de relações Institucionais Nilton da Silva Correia — DF. Diretor de relações ABRAT/JUTRA Harley Ximenes — CE. Diretor de. Relações ABRAT/ALAL Manoel Frederico Vieira — MG. Diretor de Convênios Gil Luciano Domingues — RJ. Diretor da Revista da ABRAT Benizete Medeiros — RJ. Diretor de Relações entre Associações Luciana Barcelos Slosbergas — São Paulo: Diretor de jornal virtual Maria Cristina Carrion de Oliveira — RS. Diretor de assuntos jurisprudenciais Jocelino da Silva — São Paulo: Diretor Direito Coletivo/sindical Patricia Carvalho — PE. Diretor Escola Nacional de Advocacia Trabalhista Carlos Tourinho — BA. Diretor da ABRAT Jovem Moysés Fonseca M. Alves — MG. Coordenador do Colégio de Presidente Antonio Vicente Martins — RS. Comissão especial de Direito Desportivo Paulo Rubens Máximo — RJ e Afonso Celso

impondo-se se fazer um registro da presença na diretoria executiva de mais uma mulher, Araçari Baptista Santana, do Rio de Janeiro, também ombreando a causa social e seguindo o grupo por cerca de duas décadas. Incansável nas gestões anteriores, tendo sido, a única diretora que participou na gestão de Calaça de todas as caravanas avançando pelo Brasil.

Mas o que essa nova gestão não desconfiava, ao ser eleita em outubro de 2014, é que nos meses seguintes — longos e intermináveis meses — o Brasil iniciaria um processo de grandes mudanças, com grave crise na política, na economia e adoecimento completo do sistema e da ética pública com exposição de diversos partidos políticos, instituições, poderes constituídos, políticos e empresários, desafiando a Associação a buscar alianças e se posicionar sobre diversas situações, sendo as principais, o grave corte no orçamento da Justiça do Trabalho, cujo reflexo ainda não é inteiramente sentido nesse início do ano de 2016 (quando se (re)escreve este ponto do texto); o pedido de *impeachment* da Presidenta da República (PT) com divergências do posicionamento do Conselho Federal da OAB.

Como afirmado e reafirmado, os temas de interesse da advocacia trabalhista e dos direitos sociais, não são estanques e, portanto, não se encerram em dois anos — tempo de uma gestão na ABRAT — ao contrário, alguns deles chegam a durar mais de uma década, como os já estudados projeto sobre a ampla terceirização e o projeto dos honorários advocatícios, dentre outros e, nesse viés, também a insistência para a ampliação do período de recesso para os advogados no mês de janeiro de cada ano, popularizado como férias do advogado, se manteve em vigilância, buscando uma ampliação nos demais estados.

A aprovação do projeto dos honorários de sucumbência na Justiça do Trabalho e as dificuldades — já amenizadas — com o Pje continuaram desafiando a atenção dos advogados trabalhistas e, portanto da ABRAT. No entanto, outros de grande repercussão social e generalizada assomou-se, notadamente no ano de 2015 e início de 2016 (quando se finaliza esta pesquisa).

6.11.1. Breve retrospectiva da economia e política no ano de 2015 e início 2016

Para aferir a participação da ABRAT nesse período, optou-se por buscar fontes de mídia escrita, com o intuito de propor uma leitura leve e dinâmica dos fatos e das principais ocorrências na política e na economia causadores de refle-

---

Raso — MG. Comissão Especial do Processo Judicial eletrônico Roseline Moraes — SE e Cláudio Santos — PA.

xos nos direito sociais em razão da crise do desemprego já instalada; os cortes na verba da Justiça do Trabalho, os projetos de leis reducionistas de direitos e aceleração de outros já em tramitação.

Com o início das descobertas da corrupção na Petrobras denominada Operação Lava-Jato com sucessivas fases — atualmente na 28ª — marcada pelo estímulo às delações premiadas que chegaram aos presidentes do Senado, Renan Calheiros e da Câmara, Eduardo Cunha ambos do PMDB, culminando com um senador da república preso (Sen. Delcídio Amaral, do PT), além de diretores da Petrobras e diversos presidentes e diretores das maiores empreiteiras do país, foi reeleita em 2014, a presidente da República, pelo PT, Dilma Rousseff, na linha sucessória do ex-presidente, também do PT, Luiz Inácio Lula da Silva que permaneceu na presidência por dois mandatos seguidos.

Com as contas da gestão anterior rejeitadas pelo Tribunal de Contas da União em razão das chamadas pedaladas fiscais, a oposição reagiu. Três pedidos de impedimento da presidente foram aceitos pelo presidente da Câmara dos Deputado Eduardo Cunha, em dezembro de 2015, sendo oferecidos pelo procurador de justiça aposentado Hélio Bicudo e pelos advogados Miguel Reale Júnior e Janaina Paschoal, com isso, o Brasil vem vivendo momentos extremamente difíceis do ponto de vista político, social e econômico.

Além desse principal fato histórico em curso, assiste-se a uma progressiva recessão iniciada no primeiro semestre de 2014, com inflação rondando a casa dos 7% e crescimento abaixo de 1%; em 2014 grande aumento de gastos públicos; da dívida externa e defasagem de preço dos combustíveis; o desemprego já dava sinais fortes avançando progressivamente; queda nas vendas.

Avançando para o ano de 2015, houve acentuada alta do dólar; micro e pequenas empresas começaram a fechar; o Brasil foi rebaixado no grau de confiança da economia mundial com perda do grau de investimento pelas agências S&P e a Fitch; o dólar ultrapassa os quatro reais e inflação atinge 10%. Quanto ao desemprego, extrai-se da matéria publicada no caderno de economia do Jornal do Brasil os seguintes dados:

> O Cadastro Geral de Empregados e Desempregados (CAGED), divulgado pelo Ministério do Trabalho e Previdência Social, apontou redução de 130.629 empregos com carteira assinada no mês, com declínio de 0,32% em relação a outubro, quando o estoque havia caído 0,42% (-169.131 postos). O estoque de 40,26 milhões de empregos registrado em novembro ficou na terceira posição no ranking da série história, iniciada em 1992, inferior somente a novembro de 2014 (41,79 milhões) e de 2013 (41,29 milhões). No acumulado do ano, o nível de

emprego formal apresentou recuo de 945.363 postos de trabalho (-2,29%) e, nos últimos 12 meses, a variação negativa chegou 3,66% (-1.527.463 postos). Houve redução no nível de emprego em todas as Grandes Regiões do Brasil. Mas quatro delas tiveram desaceleração no ritmo de queda, no Sudeste, Sul, Nordeste e Norte. São Paulo (-32.291 postos), Minas Gerais (-18.734 postos) e Goiás (-11.905 postos) foram os estados que mais reduziram o contingente de trabalhadores formais celetistas.[401]

Sem se imiscuir em cada um desses aspectos que vem moldando uma mudança na sociedade brasileira nos últimos meses desaguando em divergências com espectros de ódio pairando na atmosfera, opta por analisar alguns temas que interferem diretamente nos direitos trabalhistas, na Justiça do Trabalho e, portanto, no interesse do grupo de advogados trabalhistas.

6.11.2. O pedido de *impeachment* da presidente Dilma Rousseff

Final do ano de 2015 e início de 2016, a crise política se agravou com o pedido de *impeachment* da presidente reeleita pelo PT e a retirada do PMDB — partido do vice-presidente Michel Temer — da base aliada do governo; o pedido de prisão do ex-presidente Lula e nomeação do mesmo para ministro da casa civil; o vazamento de escutas telefônicas na presidência da República, levando a uma grande divisão da sociedade brasileira entre os prós e os contra o *impeachment* e aqueles em defesa da democracia, independentemente do apoio ou não ao governo. O Supremo Tribunal Federal vem sendo provocado várias vezes dentre eles para dizer sobre o rito a ser adotado para o julgamento do impedimento na Câmara e sobre a posse ou não de Lula.

Os pedidos de *impeachment* foram vários, e, após tentativas de negociação com o governo sem êxito, o presidente da Câmara, também denunciado na operação Lava jato, aceita os pedidos elaborados pelos juristas Hélio Bicudo, Miguel Reale Júnior, que foi ministro da Justiça do governo FHC-PSDB), e a advogada Janaína Conceição Paschoal, tendo como fundamento, em suma, crime de responsabilidade.

---

(401) Disponível em: <http://www.jb.com.br/economia/noticias/2015/12/30/retrospectiva-2015-o-ano-do-capitalismo-na-berlinda/ 30/12/2015>. Acesso em 14.4.2016, às 9h00 — Atualizada em 30.12.2015 às 9h05. Retrospectiva, 2015, o ano do capitalismo na berlinda Jornal do Brasil.

Os advogados e as Instituições se dividiram nas opiniões, nos posicionamentos, levando, inclusive várias notas públicas, várias manifestações em redes sociais e grupos de Whatsapp. Desenvolveu-se, pelos defensores do governo e da democracia que o pedido a tese de trata-se de golpe à democracia com frases como "fora Cunha"; "Pela democracia" "Não vai ter Golpe"; Não à ditadura" e no sentido oposto "fora Dilma"; "fora PT"; "Apoio a Moro"; momentos marcados com manifestações nas ruas em diversas cidades do país — mas não dos caras pintadas como outrora e sim diversos integrantes da sociedade e de instituições com bandeiras, cartazes, lemas, sendo as mais intensas à favor do governo, contra o *impeachment*.

Quanto às instituições, o Conselho Federal da OAB — tendo como presidente recém-eleito, Cláudio Lamachia, RS — aprovou o pedido de *impeachment* sob fortes reações de grande parte dos advogados, criando-se com isso manifestos, inclusive nas redes sociais como o lema "A OAB não me representa" e mesmo no seio das seccionais, embora a maioria dos conselheiros estaduais aprovassem. O certo é que não há unanimidade entre os advogados brasileiros, muito menos no segmento trabalhista gerando debates e cisões. Mas, as críticas não ficaram ai, mesmo pelo presidente da Câmara. Veja a matéria abaixo que integra um grande número de outras semelhantes:

> BRASÍLIA — Sem esconder a ironia, o presidente da Câmara, Eduardo Cunha (PMDB-RJ), disse que o pedido de impeachment da presidente Dilma Rousseff apresentado, nesta segunda-feira, pela Ordem dos Advogados do Brasil (OAB), será tratado como os demais e não pode ser aditado ao pedido que já está na comissão especial. Antigo desafeto da instituição, Cunha afirmou que a OAB chegou "um pouquinho atrasada" e, diferentemente do que ocorreu no pedido do impedimento de Fernando Collor, não terá agora o protagonismo que teve no passado.[402]

O IAB em matéria publicada, no Jornal do Commércio, na coluna Direito e Justiça[403] além de outros veículos, aponta que assinou em 31 de março de 2016, nota conjunta com a Conferência Nacional dos Bispos do Brasil; Ministério da Justiça; Ministério Público Federal aparentemente em linha oposta do CFOAB, afirmando a necessidade de união para a pacificação do país, finalizando "Se

---

(402) Isabel Braga e Manoel Ventura. Disponível em: <http://oglobo.globo.com/brasil/cunha-ironiza-pedido-da-oab-de-impeachment-de-dilma-18971417#ixzz44lxvg4Mq>. Acesso em: 28.3.2016.
(403) *Direito e Justiça*. Disponível em: <www.jornaldocommercio.com.br>. Acesso em: 1º.4.2016.

assim o fizermos, a História celebrará a maturidade, o equilíbrio e a racionalidade de nossa geração que terá sabido evitar a conflagração que somente divide e não constrói, fazendo emergir dos presentes desafios ainda mais fortalecidas as instituições, a República e a Democracia".

Em seu discurso de posse de reeleição afirma Lins e Silva:

> Tenho a convicção de que o IAB, por força da sua bicentenária tradição jurídica, será chamado a assumir a gigantesca responsabilidade institucional de contribuir para a pacificação nacional neste momento extremamente difícil para o País, que passa por uma enorme turbulência política [...], o IAB irá atuar junto com a CNBB no propósito de ajudar a colocar o País nos trilhos da paz.[404]

Ainda apresenta nota publicada no *site* da Instituição, cujo conteúdo defende o Estado Democrático de Direito, sem adentrar especificamente no tema *impeachment*, manifesta as preocupações do Instituto com as interceptações telefônicas em escritórios de advocacia com o que chamou de " inadmissíveis violações às prerrogativas dos advogados e aos direitos e garantias dos cidadãos, que afrontam a Legalidade, a Constituição e o Estado Democrático de Direito", ressaltou que trata-se de o "Estado de Exceção dos novos tempos é construído de forma difusa" [...]. "Não podemos nos deixar capturar pelos discursos midiáticos que vêm impregnando até mesmo instituições".

Quanto ao aspecto da corrupção assegura que é uma bandeira do povo, mas que deve ser perseguida em estrita observância da legalidade.[405]

Especificamente sobre o *impeachment*, quem respondeu foi a primeira vice presidente do IAB, Rita Cortez, deixando claro tratar-se de posição pessoal, assim:

> sob o ponto de vista republicano, é que não pode haver a abertura deste procedimento constitucionalmente previsto, sem que haja a comprovação cabal, respeitado o devido processo legal, de condenação em prática de crime de responsabilidade por parte da presidente da república.

Do ponto de vista político, a eventual insatisfação com a administração e gestão presidencial, hoje medida por meio de dados estatísticos de natureza e

---

(404) SILVA. Técio Lins e. 30 de março de 2016. Disponível em: <http://www.iabnacional.org.br/>. Acesso em: 10.4.2016.
(405) SILVA, Técio Lins e (matéria), mar. 2016. Disponível em: <http://www.iabnacional.org.br/>. Acesso em: 11.4.2016.

conteúdo questionáveis, ou até mesmo a contraposição a um projeto econômico/social, comandado pelo poder executivo, não pode se sobrepor ao resultado obtido nas urnas, no sufrágio eleitoral válido e regular.[406]

A ABRAT, por sua vez, atenta ao momento político, reagiu ao posicionamento do CFOAB, fazendo uma nota pública, após submissão à diretoria e refazimento da redação, registrando-se que não houve unanimidade no grupo dos advogados trabalhistas, tampouco na própria diretoria, mais sim por maioria. Para melhor identificar as razões, opta por transcrever a integralidade do texto, publicado no site da Instituição:

> NOTA PUBLICA DA ABRAT EM DEFESA DO ESTADO DEMOCRÁTICO DE DIREITO. A ABRAT, ASSOCIAÇÃO BRASILEIRA DE ADVOGADOS TRABALHISTAS conclama os advogados e a cidadania brasileira à reflexão, diante da crise política que o país atravessa. A ABRAT foi das primeiras Entidades a manifestarem-se, em 4.12.2015, contra a admissibilidade do processo de impeachment, denunciando que a iniciativa do Presidente da Câmara dos Deputados estava contaminada por ressentimentos pessoais e pelo seu envolvimento em inúmeras situações que indicavam o cometimento de graves ilícitos, retirando-lhe a idoneidade e isenção, indispensáveis para condução de um processo que significará para o país a mudança nos trilhos e a ingerência no voto do povo, considerando que as pedaladas fiscais não constituem fundamento para a desconstituição da soberania popular, uma vez que as contas da Presidente não foram reprovadas pelo Congresso. Três meses após o primeiro posicionamento público, a ABRAT retorna para reiterá-lo, reforçando ainda mais a postura assumida, diante dos novos acontecimentos, que não estão contidas na peça recebida para o impedimento da Presidente. Ainda mais, quando se objetiva traficar para dentro do procedimento, questões de processos que nada tem haver com a suprema mandatária da nação. De qualquer sorte, cumpre referir que os últimos fatos, no âmbito da operação Lava Jato, não servem para sustentar em nenhuma hipótese, motivo para o impedimento da mandatária eleita, observando os fatos que foram denunciados por advogados criminalistas e setores comprometidos com a defesa do Estado Democrático de Direito, por estarem cobertos pelo manto da ilicitude e violações a direitos fundamentais previstos na Constituição brasileira. A legalidade democrática tem como princípio fundamental previsto na Constituição da República Federativa do Brasil, a inviolabili-

---

(406) CORTEZ, Rita. Entrevista escrita e encaminhada por e-mail em 5.4.2015.

dade e a dignidade da pessoa humana, pilares que também regem as relações de trabalho e que não podem ser afastadas sob a justificativa de se obter a ordem jurídica a qualquer preço e a qualquer custo. Há limites, previstos na legislação constitucional e infraconstitucional que precisam ser preservados, sob pena de se manchar a República Federativa com marcas do autoritarismo, combatido há muitos anos à custa de sangue e vida dos brasileiros. Medidas extremas como a ilegal condução coercitiva do ex-Presidente da República representa um retrocesso e traz à luz as confessas ilegalidades cometidas nas 117 conduções anteriores, revelando a formação de um verdadeiro e inaceitável Estado Policialesco. O Magistrado que conduz as ações, ao deixar de lado a observância irrestrita de regras constitucionais, sob a fundamentação de interesse público e de se ouvir a voz das ruas, despe-se da toga da imparcialidade, serenidade, prudência e discrição que devem acompanhar um magistrado e passa a agir como um justiceiro e não como um juiz que está a serviço do Estado para ajudar na solução de conflitos. A Constituição da República e as leis que regem o país não admitem investidas abusivas em relação a qualquer investigado, seja ele quem for com crimes praticados desde os de menor potencial ofensivo até os hediondos e abomináveis. A regra é geral. Ferir a regra das investigações torna as atitudes ainda mais abomináveis por ferirem o Estado Democrático de Direito. Os fins não justificam os meios. No afã de se encontrar o caminho para colocar em ordem o sistema, o que se observa é a inobservância de regras jurídicas na atuação do poder judiciário que deve ser positiva e atrelada a leis aprovadas pela Casa Legislativa, sendo inadmissível que, se margeie as normas a que estamos submetidos, pelo princípio da legalidade, desrespeitando o devido processo legal e a dignidade humana. O desrespeito à ordem jurídica, por parte dos condutores desse processo, chegou ao cume de se revelar seletivamente à grande mídia, conversas privadas entre integrantes do Poder Executivo, inclusive, da Presidência da República, na tentativa de se criar uma comoção e legitimação no movimento popular, que fere regras de não permissão da divulgação das conversas interceptadas (art. 8º da Lei n. 9.296/96), colocando em risco a soberania. Os grampos extrapolaram e atingiram advogados que pela regra constitucional do art. 133 da CF, "É indispensável à administração da justiça, sendo inviolável por seus atos e manifestações, no exercício da profissão, nos limites da lei". Em uma democracia consolidada, como se revela a do Estado Brasileiro, as atitudes perpetradas demandam a imediata responsabilização dos agentes públicos, inclusive do Poder Judiciário, responsáveis pela quebra de sigilo que se deu às margens do direito e das liberdades pessoais tão caros ao povo brasileiro. Todas estas razões, a ABRAT reitera o entendimento de que procedimentos construídos ao arrepio dos direitos e garantias fundamentais não podem servir de substrato para impedir o Chefe do Executivo. Acrescenta que, pela gravidade dos ilícitos cometidos, é imprescindível a pronta apuração dos fatos relacionados à quebra dos deveres funcionais dos agentes do Judiciário, Ministério Público e Polícia, retomando a ordem jurídica e legal na condução das investigações que deverão se dar no estrito cumprimento da legislação, impedindo desta forma que o Brasil permaneça nessa situação de impasse institucional, insegurança jurídica e crescimento do autoritarismo. A ABRAT, mais uma vez, conclama a cidadania e os advogados, trabalhistas ou não, a defenderem a Constituição Federal e o Estado Democrático de Direito.[407]

Os próprios juristas e sociólogos tem posições divergentes, veja-se a fala de Boaventura de Sousa Santos em texto sob o título Brasil: a democracia à beira do caos e os perigos da desordem jurídica. Veja alguns trechos:

No caso brasileiro, o impulso externo são as elites económicas e as forças políticas ao seu serviço que não se conformaram com a perda das eleições em 2014 e que, num contexto global de crise da acumulação do capital, se sentiram fortemente ameaçadas por mais quatro anos sem controlar a parte dos recursos do país diretamente vinculada ao Estado em que sempre assentou o seu poder. Essa ameaça atingiu o paroxismo com a perspectiva de Lula da Silva, considerado o melhor Presidente do Brasil desde 1988 e que saiu do governo com uma taxa de aprovação de 80%, vir a postular-se como candidato presidencial em 2018. A partir desse momento, a democracia brasileira deixou de ser funcional para este bloco político conservador e a desestabilização política começou. O sinal mais evidente da pulsão antidemocrática foi o movimento pelo impeachment da Presidente Dilma poucos meses depois da sua tomada de posse, algo, senão inédito, pelo menos muito invulgar na história democrática das três últimas décadas.[408]

---

(407) Disponível em: <http://abrat.adv.br/index.php/noticias/7010-em-defesa-do-estado-democratico-de-direito>. Acesso em: 24.3.2016.
(408) SANTOS, Boaventura Sousa. Coimbra. 21 de maço de 2016. Disponível em: <http://emporiododireito.com.br/wp-content/uploads/2016/03/Boaventura-Brasil-Democracia-a-beira-do-caos-20Mar%C3%A7o2016.pdf>. Acesso em: 13.4.2016.

No mesmo texto Boaventura faz uma análise, a partir dos fatos sociais e a implicação da Operação Lava Jato com a crise política sob o argumento de uso indevido, desvirtuamento dos objetivos e ameaça à democracia brasileira.

A Operação Lava Jato, em si mesma é uma operação extremamente meritória, foi o instrumento utilizado. Contando com a cultura jurídica conservadora dominante no sistema judicial, nas Faculdades de Direito e no país em geral, e com uma arma mediática de alta potência e precisão, o bloco conservador tudo fez para desvirtuar a Operação Lava Jata, desviando-a dos seus objetivos judiciais, em si mesmos fundamentais para o aprofundamento democrático, e convertendo-a numa operação de extermínio político.

Nesse mesmo artigo não poupo crítica à atuação do juiz Sérgio Moro; dos interesses da direita; dos interesses e interferência dos Estados Unidos e da ignorância do PT em achar que, ao cometer erros receberia a benevolência da oposição.

A AMB e ANAMATRA, por sua vez, defendem a magistratura e ameaças à ministros e respectiva famílias, mais especificamente ao ministro Teori Zavascki, do Supremo Tribunal Federal (STF), por ter sido ameaçado, reafirmando a defesa do devido processo penal, com a punição dos agentes públicos e privados mas realçando a autonomia do Poder Judiciário e a independência da magistratura, "obrigatoriamente comprometida com a legalidade, com a imparcialidade de seus membros e com o Estado Democrático de Direito".[409]

Essa diretoria foi marcada por várias divergências internas em razão das candidaturas de alguns diretores à presidência das seccionais da OAB, com cisão em alguns estados e tomadas de posição divergentes de alguns abratianos, porque obviamente que não há unanimidade nas escolhas políticas em outros segmentos. Não há nem nas decisões em matéria trabalhista quanto mais em eleições da OAB. Presidente da República, deputados, senadores, prefeitos etc.

As divergências seguiram no ano seguinte quando a Operação Java Jato chegou aos partidos políticos e aos próprios políticos, notadamente nas ultimas fases (atualmente já está na 28ª fase). Alguns diretores e muitos advogados trabalhistas são favoráveis à forma da investigação comandada pela Policia Federal e ao Juiz Sergio Moro, que comanda toda a investigação, juntamente como o Ministério Público Federal, como também ao próprio *impeachment*.

---

(409) *AMB e Anamatra condenam ameaças à magistratura*. 24.3.201. Disponível em: <http://www.amb.com.br/novo/?p=27166>. Acesso em: 14.4.2016.

O *impeachment* foi votado na Câmara dos deputados em sessões especiais de debates e votação nos dias 15, 17 e 17 de abril de 2016 cujo resultado final foi a aprovação com 367 votos favoráveis contra 137 contra, com 7 abstenções e duas ausências.

Acerca do tema, muito se poderia escrever e buscar confrontos em diversas instituições, autores e cientistas políticos e econômicos das diversas escolas já que muito fartas as fontes, no entanto, o objeto central da pesquisa não é esse, ficando, portanto, inacabado esse ponto, inclusive acreditando ser ponto das críticas ao texto no futuro diante do quadro de incertezas e dinamismo das mudanças. Não se sabe se, o senado seguirá a mesma linha da Câmara dos deputados.

Mas, uma coisa se pressente que é o fato de que a ABRAT guardará certa distância do CFOAB, como fizera em diversas épocas anteriores, embora a necessidade de apoio e aliança para diversos projetos de leis relacionados aos direitos sociais e aos interesses do grupo, principalmente aquele relacionado a implantação do Novo Código de Processo civil e o corte de verba da Justiça do Trabalho em andamento.

6.12. Corte no orçamento da Justiça do Trabalho

Novamente a Justiça do Trabalho é alvo de fortes ataques e tentativa de extinção, agora de forma indireta. No passado, como visto anteriormente, o projeto do pacote neoliberal tentou transferir a Justiça do Trabalho para a Justiça Federal comum.

Desta feita, no ano de 2016, pela Lei n. 13.255/2016 o governo efetuou grande e grave corte no orçamento destinado ao Poder Judiciário e, em especial à Justiça do Trabalho aniquilando o seu funcionamento. Segundo a ANAMATRA[410] à Justiça do Trabalho o relator reservou cortes médios de 90% (noventa por cento) nos investimentos e de 50% (cinquenta por cento) nas verbas de custeio, reduzidos para 29,4%, enquanto o restante do Poder Judiciário foi de 15% (quinze por cento).

Publica em seu *site*[411] em 4 de fevereiro de 2016 nota de repúdio, observando a represália do relator do projeto a " uma suposta atuação "protecionista"

---

(410)   Disponível em: <http://www.anamatra.org.br/index.php/noticias/anamatra-ingressa-no-stf-contra-cortes-no-orcamento-da-justica-do-trabalho>. Acesso em: 22.4.2016.
(411)   Disponível em: <http://www.anamatra.org.br/index.php/noticias/anamatra-ingressa-no-stf-contra-cortes-no-orcamento-da-justica-do-trabalho>. Acesso em: 11.4.2016.

dos juízes do Trabalho e pela necessidade de se alterar a legislação trabalhista brasileira, tida por ele como excessivamente condescendente para com os empregados", entende a ANAMATRA que o corte teve mais a ver com a represália do que propriamente por restrição orçamentária e acrescenta que se trata de um atentado à democracia do Brasil.

Em ato público, ocorrido em São Paulo, com cerca de 500 magistrados a Associação dos magistrados Brasileiros — AMB, em apoio à Justiça do Trabalho pronuncia-se, através de seu presidente, João Ricardo Costa confirmando a percepção da intenção da medida, qual seja:

> Essa política de restrições orçamentarias da Justiça do Trabalho indica muito mais um ato de represália do que um ato de economia. A Justiça trabalhista tem tido um importante papel de equilíbrio nas relações sociais e econômicas do país e esse fator de equilíbrio está sendo gravemente atingido por esse corte, quando outros setores menos prioritários não receberam o mesmo tratamento e até recebem incentivos através de exonerações fiscais e subsídios.[412]

A ABRAT, igualmente reage, pois os prejuízos à advocacia e aos jurisdicionados são imensuráveis, cuja nota oficial se transcreve parte:

> NOTA OFICIAL SOBRE A REDUÇÃO DO ORÇAMENTO DO PODER JUDICIÁRIO OFICIAL A advocacia trabalhista organizada nacionalmente em 26 entidades estaduais associadas à ABRAT, vem a público reiterar sua indignação com o corte orçamentário ocorrido pela aprovação da Lei n. 13.255/2016, que compromete sobremaneira o funcionamento do Judiciário Trabalhista. Em período de crise econômica, com aumento do desemprego e da violação dos direitos dos trabalhadores, a redução orçamentária acarretará uma série de alterações na condução administrativo-financeira dos tribunais do trabalho [...]. Cumpre ressaltar, por oportuno, que a Justiça do Trabalho é a que mais recolhe aos cofres públicos — INSS e Receita Federal, chegando à casa de centena de milhões anualmente, sendo uma justiça superavitária. A advocacia trabalhista se insurgiu contra a aprovação da lei orçamentária com o corte drástico de verbas destinadas ao Poder Judiciário, pois já vislumbrava os reflexos que o corte acarretaria às necessidades jurisdicionais

---

(412) *AMB se manifesta contra corte orçamentário na justiça do trabalho durante ato público em São Paulo*, 7.4.2016. Disponível em: <http://www.amb.com.br/novo/?p=27478. Acesso em: 15.4.2016.

da população. Nenhuma economia justifica a redução no horário de atendimento ao cidadão que necessita da Justiça funcionando em horário integral. Não concebemos que os gastos com iluminação sejam pretexto para reduzir o acesso á justiça, sacrificando os hipossuficientes e a advocacia, impondo a nós o custo social da medida, determinando aos mesmos de sempre uma justiça mais lenta e menos efetiva. As entidades de advogados vêm a público registrar seu protesto contra a redução descabida do orçamento do Poder Judiciário Trabalhista, e pugnar pela manutenção no horário de atendimento forense ao jurisdicionado e advogados [...].[413]

Além disso a ANAMATRA ingressou com Ação Direta de Inconstitucionalidade protocolada em 3 de fevereiro de 2016, no Supremo Tribunal Federal (STF), com pedido liminar, para que sejam tornados sem efeito os cortes discriminatórios que constam no orçamento da Justiça do Trabalho, aprovados na Lei Orçamentária Anual (Lei Federal n. 13.255/2016). Nessa linha de parceria, a ABRAT ingressou como *amicus curiae*.

Vários manifestos e notas repudiando o desmonte da Justiça do Trabalho a partir do corte orçamentário vem circulando nas diversas redes sociais, tanto de iniciativa de magistrados, como de advogados. O entendimento é de que é uma retaliação a discriminação em percentuais maiores, em razão das ações trabalhistas contra o capital e grandes grupos econômicos.

Observa-se, no conjunto dos estudos feitos até aqui para esta pesquisa que o Direito do Trabalho e a própria Justiça do Trabalho, de forma direta e indireta, ciclicamente são alvos de políticas reducionistas de direitos e de críticas cujo pano de fundo é sempre o mesmo: O desmonte da legislação protetora para atender aos ditames capitalista.

Com esse pensamento o presidente do TST eleito para o biênio 2016/2018, Ives Gandra Martins Filho, faz, em seu discurso de posse no dia 26 de fevereiro de 2016, complementado posteriormente em entrevista, severas críticas ao protecionismo da legislação trabalhista, realçando a valorização da busca do negociado sobre o legislado, à flexibilização como forma de superação da crise econômica do país, defendeu a ampla terceirização como forma moderna e produtiva.

Esse entendimento não passou incólume perante a ABRAT, tampouco à própria ANAMATRA , que reagiram através de manifestos e notas públicas.

---

(413) *Boletim da ABRAT,* Brasília, 31.1.2016, n. 41, p. 3.

6.13. Outros projetos atuais visando o Direito do Trabalho e o trabalhador

Outros importantes e perigosos projetos nesse período estão sendo foco das atenções dos advogados trabalhistas institucionalizados, como a Lei de Arbitragem n. 13.129/2015, em pauta de votação para acolhimento ou rejeição do veto da Presidência da República. A ABRAT subscreve, em julho de 2015, juntamente com a CNDS — COMISSÃO NACIONAL DE DIREITOS SOCIAIS, do Conselho Federal da OAB, importante nota crítica dirigida à Câmara dos Deputados, em cujo trecho inicial se extrai o seguinte fundamento para o ato de repúdio: "A ABRAT pede permissão de Vossas Excelências para trazer à reflexão alguns pontos, que entende importantes para a preservação do Direito do Trabalho e dos princípios que o mantém sólido".

Sem se imiscuir na análise de todos os projetos atuais que vem merecendo crítica e intensas reações, lista alguns deles com o intuito de deixar pistas para discussões futuras sobre o momento atual e a possível transformação social e legislativa que se ensaia, no viés do Direito do trabalho no Brasil. São eles: (i) A PEC n. 18/2011 acerca da Redução da idade para início da atividade laboral de 16 para 14 anos; (ii) O PL n. 427/2015 de autoria de Jorge Côrte Real — PTB/PE, para Instituição com homologação do Acordo extrajudicial de trabalho permitindo a negociação direta entre empregado e empregador cuja ementa é "Acrescenta dispositivos à CLT (Decreto-Lei n. 5.452, de 1º de maio de 1943), dispondo sobre o procedimento conjunto de jurisdição voluntária na Justiça do Trabalho, para possibilitar a homologação de acordo extrajudicial firmado pelos interessados"; (iii) O PL n. 7.549/2014 (Câmara), para alterar o art. 477 da CLT e restringir do empregado demitido de reclamar na Justiça do Trabalho e nesse mesmo sentido PL n. 948/2011, cuja ementa é a seguinte : Altera a Consolidação da Leis do Trabalho, a fim de alterar a redação do § 2º do art. 477 da CLT, que trata dos efeitos da quitação das verbas rescisórias; (iv) o PL n. 1.875/2015 (Câmara) — de autoria do senador Valdir Raupp — PMDB/RO, deixa claro na ementa a preocupação com o capital ao propor a suspensão de contrato de trabalho. É o que se extrai da ementa: "Altera o art. 476-A da Consolidação das Leis do Trabalho (CLT), aprovada pelo Decreto-Lei n. 5.452, de 1º de maio de 1943, para instituir a suspensão do contrato de trabalho em caso de crise econômico-financeira da empresa"; (v) O PL n. 7.341/2014 (Câmara) que propõe a prevalência das Convenções Coletivas do Trabalho sobre as Instruções Normativas do Ministério do Trabalho e Emprego — MTE; (vi) o PL n. 8.294/2014 (Câmara) Livre estimulação das relações trabalhistas entre trabalhador e empregador sem a participação do sindicato; (vii) PL n. 3.785/2012 (Câmara) Regulamentação do trabalho intermitente por dia ou hora; (viii) PL n. 450/2015 — Câmara. Estabelecimento do Simples Trabalhista para o trabalhador informal; (ix) PL n. 6.411/2013 —

(Câmara) Vedação da ultratividade das convenções ou acordos coletivos; (x) PL n. 2.820/2015 — (Câmara) e PL n. 726/2015 estabelecimento da jornada flexível de trabalho e alterando o art. 58-A da CLT; (xi) PL n. 3.342/2015 (Câmara) institui o do trabalho de curta duração; (xii) PEC n. 127/2015 — (Senado). Transferência da competência para julgar acidente de trabalho nas autarquias e empresas públicas para a Justiça Federal; (xiii) PL n. 3.871/2015 (Câmara) Aplicação do Processo do Trabalho, de forma subsidiária, as regras do Código de Processo Civil notadamente sobre a responsabilidade na sucessão. Veja:

> Art. 769. Aplicam-se ao Processo do Trabalho, de forma subsidiária, as regras do Código de Processo Civil. Parágrafo único. Aplica-se também ao Processo do Trabalho, de forma subsidiária, em especial nos casos de sucessão empresarial e ou de empregadores, bem como de sócio retirante, as disposições do Código Civil, Lei n. 10.406, de 2002 cria o art. 769-A para estabelecer a responsabilidade solidária da empresa sucedida, na hipótese de fraude.[414]

Também junto ao TST (xiv) a Súmula n. 363 do TST que fixava o entendimento de prescrição trintenária foi alterada pelo STF pela ação ARE 709212 em 13.11.2014, por maioria de votos para igualar à das demais verbas trabalhistas em cinco anos com cláusula de modulação *ex nunc*. Essa mudança gerou nota de reação da ABRAT, cujo trecho final se transcreve com o intuito de conferir e testar a hipótese de participação efetiva da Associação:

> Os prejuízos aos trabalhadores são incalculáveis, mas ao conjunto da sociedade, maior ainda, observando que a decisão incentivará o descumprimento da obrigação por parte de maus empregadores de recolher o FGTS, considerando o lapso temporal estreito de prescrição, o que determinará um maior cuidado dos empregados e Sindicatos na fiscalização regular dos depósitos, com necessidade de, em muitas oportunidades, cobrança judicial dos recolhimentos. A decisão pode ser um indicativo, que estamos a caminho de uma onda de retrocessos nos direitos dos trabalhadores, hoje é o FGTS que sofre o ataque, amanhã é a terceirização, depois quem sabe! A precarização dos direitos dos trabalhadores preocupa sobremaneira a advocacia trabalhista, sob o pretexto da segurança jurídica, estão sobrestados milhares de processos no TST, aguardando a decisão com repercussão geral, em um total de 40 matérias, já a muito pacificadas na corte Trabalhista. Por estas razões, a advocacia fica estarrecida com a decisão, e a ABRAT

---

(414) Disponível em: <http://www.camara.gov.br/proposicoesWeb/prop_mostrarintegra?-codteor=1421909&filename=PL+3871/2015>.

exterioriza o sua inconformidade com a posição do Supremo Tribunal Federal diante do alcance desastroso e incalculável a toda nação. A ABRAT ficará alerta, vigilante e mobilizada considerando que a próxima pauta da Suprema Corte é a terceirização.[415]

Segundo Burmeister[416] os maiores desafios do período "ocorrem junto as entidades de classe empresarial e no congresso nacional. Sindicato de trabalhadores, confederações e entidades de classe contra o empresariado e os políticos que defendem a visão empresarial".

Não faltou nesse conturbado período uma longa greve dos funcionários da Justiça do Trabalho no Brasil, com paralisação das atividades ou de forma parcial por cerca de três meses, trazendo graves prejuízos aos advogados trabalhistas, embora, sua grande maioria apoiasse o movimento grevista, desde que respeitasse o percentual de 30%, fato que motivou ofício da ABRAT (n. 59/2015) ao Conselho Superior da Justiça do Trabalho.

Como sentiu outros presentes anteriores, a atual diretoria se ressente da gravidade do momento que atravessa o país e busca alianças no interesse de preservação da Justiça do Trabalho e dos Direitos sociais, como deixa evidenciada a matéria no *site* da ANAMATRA com o título ABRAT visita ANAMATRA e reforça compromisso de união "[...] Entre os assuntos, juízes e advogados discutiram, durante a reunião, questões ligadas à regulamentação da terceirização no Congresso Nacional (PLC n. 30/2015), às tentativas de flexibilização dos direitos sociais e, sobretudo, às iniciativas legislativas de desmonte da estrutura da Justiça do Trabalho".[417]

No período de 8 a 9 de outubro de 2015, os advogados trabalhistas reunidos no XXXVII CONAT, que teve como tema central *O Direito Solidário e a Resistência da Advocacia deliberam a carta,* denominada CARTA DE MATO GROSSO DO SUL, que traz em seu bojo a reafirmação dos propósitos da instituição e o papel social exercido pela advocacia trabalhista, "exortam a sociedade ao conhecimento, debate e decantação das questões que afligem a profissão, agridem os direitos dos trabalhadores e da classe que compõe, bem como implicam retrocesso ou estagnação do processo de desenvolvimento social que constitui objetivo fundamental da República Federativa do Brasil"; rejeitam o projeto da Terceirização em tramitação no Senado Federal; repudiam os projetos do primado do negociado

---

(415) Nota pública. *Site* da ABRAT em 10 de novembro de 2014. Disponível em: <www.abrat.adv.br>. Acesso em: 4.4.2016.
(416) BURMEISTER. *Op. cit.*
(417) Disponível em: <http://www.anamatra.org.br/index.php/noticias?page=5.21>. Acesso em: 10.4.2016, fev. 2015.

sobre o legislado. Afirma ainda que "A ABRAT é veementemente contrária a toda e qualquer fraude na relação do trabalho e reconhece a importância do Ministério Público do Trabalho no combate a precarização nas relações trabalhistas, porém a sua atuação encontra limites, dentre os quais a inviolabilidade dos escritórios de advocacia constitucionalmente assegurada; realça a resistência em se reconhecer o direito aos honorários advocatícios de sucumbência na justiça do trabalho; bem como as chamadas férias para os advogados".[418]

Como se observa dos temas tratados em gestões anteriores como os honorários de sucumbência e terceirização continuam mobilizando os advogados trabalhistas. O projeto da terceirização, agora no senado federal sob o n. 30/2015, tendo como relator Paulo Paim e a seguinte tramitação: Último local: 16.3.2016 — Secretaria Legislativa do Senado Federal. Último estado: 16.3.2016 — aguardando leitura de requerimento.

Essa última gestão que se analisa de forma parcial ante a necessidade de encerrar a pesquisa, vem criando mais espaço pela valorização da mulher nos diversos segmentos. Assim assegurou a atual presidente:

> [...] encaminhamos ao TST o projeto Mulher Advogada Trabalhista — A ABRAT gera Direitos a quem gera vida! Solicitamos ao TST, alteração no regimento interno para proporcionar a advogada trabalhista mulher e grávida prioridade na sustentação oral. Também, vaga no estacionamento e sala de amamentação e aleitamento. O Ministro Levenhagem, respondeu nossa solicitação concedendo a vaga no TST, e informando que o regimento será alterado para priorizar a sustentação oral da advogada grávida, da mesma forma estudos serão realizados no âmbito do tribunal para adequar sala para aleitamento. Houve também a recomendação do TST para que os Tribunais tomassem as mesmas providências. Hoje temos quatro Tribunais já com estudo adiantado e um o TRT 20, com a sala de amamentação inaugurada no dia da mulher 8.3.2016. Uma vitória da advocacia trabalhista e da ABRAT.[419]

Veja-se que esta pesquisa ao tempo que se entrega para publicação (abril de 2016) permanece inconclusa em vários aspectos, na medida em que não se tem respostas e finalização de muitos projetos, muitas postulações, o *impeachment* da presidente da República, fato que não entende por negativo por instigar a curiosidade e ao desdobramento de futuros textos.

---

(418) *Boletim eletrônico*, n. 39, Brasília, 3º de novembro de 2015.
(419) BURMEISTE. Entrevista citada.

Mas, à guisa de fornecer impressões sobre o que se pesquisou nesse capítulo, é que, embora a ABRAT tenha avançado muito, sobretudo interiorizando, se fortalecendo nos diversos estados e sendo convidada a diversos debates com demais instituições, contribuindo decisivamente para a valorização do grupo o fato é que as disputas políticas de OAB em 2015 e os últimos episódios envolvendo o *impeachment* e a própria operação Lava Jato, criaram um cisão no seio dos advogados trabalhistas mesmo dentro do grupo de diretoria.

Capítulo 7

A VALORIZAÇÃO DOS TRABALHISTAS E A IMPORTÂNCIA DA ABRAT SE CONFIRMAM

"Embora ninguém possa voltar atrás e fazer um novo começo, qualquer um pode começar agora e fazer um novo fim."
(Chico Xavier)

Para finalizar o dimensionamento do resgate e valorização do grupo de advogados trabalhistas, bem como a movimentação e militância desse grupo em prol dos direitos sociais, contra qualquer tipo de retrocesso, pilares fundantes da ABRAT sobre os quais se erigiu essa pesquisa, escolhe inserir nesse capítulo final, antes mesmo da conclusão, outros depoimentos e alguns tópicos daqueles já mencionados, com mensagem de vários fundadores da Instituição e, parece-me oportuno que o registro permaneça nesse ponto da pesquisa, a fim de estimular o leitor a continuar desbravando os caminhos da Associação e do grupo dos advogados trabalhistas, sobretudo nos momentos atuais quando os desafios concitam a uma permanente vigilância.

São inseridos aqui também os temários dos Congressos nacionais em ordem cronológica de realização, embora alguns já tenham sido mencionados anteriormente, com o propósito, tanto lá quanto aqui, de se certificar que as discussões passaram pelos importantes e perigosos acontecimentos no país.

7.1. Os CONAT e sua importância

Para melhor compreensão do que representam os Congressos Nacionais, buscou-se, na matéria encontrada no *Jornal da ABRAT* do ano de 1985, já referido, p. 2, no editorial o seguinte conteúdo:

O que é o CONAT?

Os Congressos de Advogados Trabalhistas são oportunidades criadas pela ABRAT, para um debate livre democrático, sobre temas que dizem respeito ao Direito do Trabalho, à Justiça do Trabalho e à Advocacia Trabalhista. Os CONATs têm mantido uma característica através dos anos: a intensa participação dos advogados trabalhistas e o espírito democrático que norteiam as discussões. Congressos existem para os inscritos ouvirem as conferências, as palestras e as lições dos doutos; sem dúvida são importantes e necessários. Os Congressos da ABRAT, possuem como características, o estimulo à participação dos próprios advogados. Seja através de apresentação de teses e moções, seja pelo debate amplo, livre e democrático. O CONAT pretende ser — e tem sido ao longo de mais de uma década, em todos os quadrantes do Brasil, uma escola de democracia. A divergência não tem sido óbice ao cultivo do respeito mútuo e da cordialidade entre os advogados trabalhistas brasileiras que a ABRAT tem procurado estimular. [...].[420]

A apresentação das teses, editando-se os seus livros, não existe mais nos CONAT, o que impede a precisão de quando foi extinta essa forma de participação dos advogados, mas, do que se pesquisou, o último livro de tese encontrado data do ano de 1993, quando do XVI CONAT, sem saber se foram apenas dois ou três. Esse fato, inclusive é, atualmente, ponto de crítica dentro da Instituição por alguns membros do grupo, os quais entendem que deve haver maior participação dos inscritos e menos conferências e palestras. Ainda assim, resgatou-se, em parte, com os concursos universitários, atualmente com defesa oral.

Portanto, os temários tratados nos Encontros Nacionais são utilizados para identificar se a Associação se mantinha alinhada aos dois mais importantes princípios estruturantes, sob a égide dos quais foi fundada — a defesa das lutas sociais, contra o retrocesso e a valorização desse grupo de advogados trabalhistas. Para tanto, retornou-se a Celso Soares, para quem:

> Já se pensava que os temas dos encontros tinham que ser de temas políticos, de interesse político e social e, do trabalhador. Na verdade, a ACAT e a AGETRA travavam uma luta dos direitos dos trabalhadores sufocados pela ditadura. E, às vezes, os gaúchos mais radicais defendiam os trabalhadores.

Na época da ditadura, década de 1960, o cenário para a classe trabalhadora foi o primeiro alvo e o mais importante do golpe: intervenção em sindicatos,

---

(420) *Jornal da ABRAT,* já citado. Editorial, p. 2, 1985.

desmantelação e cassação de dirigentes sindicais; porque se dizia que havia a tentativa de se firmar uma república sindicalista. E os advogados não tinham nenhuma blindagem para ser preso, mas, a partir de certo momento onde os partidários do golpe eram a maioria, começaram a agir contra as perseguições, então já tinha surgido o sindicalismo no ABC. Quando o presidente da ABRAT — década de 1980 — volta ao movimento, o sindicalismo estava surgindo: "quando eu era presidente da ABRAT, foi quando puseram a bomba no Conselho Federal na OAB, matando dona Linda...". No nosso congresso de Belém, tinha um aviso que tinham colocado uma bomba e avisamos à polícia federal. E não tinha nada, era uma ameaça.[421]

Sendo assim, buscavam-se discussões contemporâneas e solidificação da força e das ideias. Os congressos nacionais assumiram, nos últimos anos, grandes proporções, em termos de quantidade de participantes, de conteúdo das discussões e da própria organização do evento, deixando de ser domésticos para serem realizados por empresa especializada. Confirma-se, no entanto, que a dificuldade financeira sempre foi a mesma, tanto para realização dos encontros anuais, quanto para a de alguns regionais — criados e estimulados em algumas gestões —, assim como para as despesas de deslocamento e estadia da diretoria, que, nesse ponto, nunca foi financiada por outra maneira que não suportada com recursos próprios de cada membro.

Há de se considerar que nenhuma limitação ou dificuldade material, por maior que fosse, impediram a realização de um congresso nacional, anual, nesses 37 anos de existência. A vontade firme e a ideologia sempre se mantiveram acima dos obstáculos materiais. Isso, apesar de evidente, se confirma pela vivência e pela fala dos que estiveram presentes nas primeiras ideias de criação da Associação, como Moema Baptista, que, vinte cinco anos após, apontou:

> Por sorte tínhamos no Rio de Janeiro uma ACAT forte e unida e realizamos nosso Congresso sem necessidade de contratar empresas e terceiros. Lembro-me de cada pessoa que colaborou para essa realização. Dentre as minhas lembranças, vejo a advogada Vólia Menezes Bomfim fazendo o cerimonial de abertura. Foi a forma de homenagear seu pai. Benedito Calheiros Bomfim.[422]

O período a que se refere Baptista era o ano de 1989, porque isso se modificou, uma vez que, sobretudo nos últimos anos, em vez de se utilizar da estrutura dos próprios escritórios, das seccionais da OAB ou associações anfitriãs,

---

(421) SOARES. Entrevista citada.
(422) BAPTISTA, Moema. E a ABRAT foi fundada. *Revista Comemorativa aos 25 anos da ABRAT*, 5. ed., p. 25-16, 2003.

passou a buscar patrocínios com instituições financeiras; Caixa de Assistência dos Advogados; escritórios de advocacia de maior porte, empresas e, nas três últimas gestões, contratar empresa de eventos para organização. Tudo isso facilitou por permitir à diretoria se preocupar com o aspecto científico e político dos CONAT, que cresceram ao ponto de aquele realizado em Belo Horizonte, no ano de 2014, computar 1700 inscritos. Contrariando essa assertiva, está a informação encontrada em documento pesquisado de que o X CONAT, realizado em 1987, contou com apoio de uma empresa de eventos.[423]

Os primeiros encontros tinham a denominação de Encontro Nacional de Advogados Trabalhistas. Todos eles traziam a expectativa do grupo de advogados especializados em tratar questões que estavam em pauta de discussão no cenário jurídico, político e social do momento e que traziam relevância para o Direito do Trabalho e os advogados trabalhistas.

O primeiro Encontro Nacional de Advogados Trabalhistas — I ENAT —, assim como eram chamados os CONAT, ocorreu em Porto Alegre, Rio Grande do Sul, no dia 7 de agosto de 1978, no auditório da Assembleia Legislativa, com tema livre e aberto. Esse primeiro encontro, coincidindo com o IV Encontro Estadual da AGETRA, resultou na primeira Carta Nacional.[424] A Associação, porém, não estava ainda regularmente constituída.

Livre era o título, mas, pode-se ver do documento de divulgação (panfleto) e chamada para o Encontro, os seguintes temários que foram tratados: "I — A Justiça do Trabalho, organização e funcionamento; II — As convenções internacionais do Trabalho: III — O processo trabalhista; IV — As profissões regulamentadas; V — O servidor público e a CLT".[425]

O II ENAT, em que se deu o processo de eleição da primeira diretoria, teve o tema central "O Direito do Trabalho no Brasil Democrático". Isso revelou a linha de atuação e os objetivos estruturantes da nascente Associação, destacando-se do documento final, ou seja, da Carta do Rio de Janeiro, o conteúdo já transcrito acima.

O III ENAT ocorreu em Salvador, BA, no ano de 1980. Mais uma vez, alinhado com os rumos do país, a teor do título: "Direito do Trabalho: Novas perspectivas", nesse encontro houve homenagem a um advogado, Eugenio Lyra, assassinado em razão da defesa das causas trabalhistas dos trabalhadores rurais e pequenos

---

(423) *Jornal do X CONAT*, 2. ed., Brasília, p. 2, 1987.
(424) *Revista Comemorativa aos 25 anos da ABRAT*, 5. ed., p. 3, 2003.
(425) I ENAT. *Revista ABRAT — Comemorativa aos 25 anos*, 5. ed., p. 16, 1978. [Panfleto de divulgação].

posseiros, naquele estado. Sabedores da realização de um encontro de advogados trabalhistas, os rurícolas se puseram em caravana para pedir ajuda, havendo, com isso, denúncia acerca da insegurança do trabalho dos advogados naquele Estado.

Segundo Felker, os temas e a tribuna eram para que os advogados pudessem ter voz, já que era plena época de regime ditatorial. Diante disso, os Congressos Trabalhistas eram feitos com policiamento na porta. Segundo Bernadete Kurtz, todos eram "fichados", sendo a ficha dela vista atualmente com dados sobre suas características pessoais. Talvez, por isso, nessa época, a estrutura e o modelo dos congressos eram diferentes, com conferência de abertura e, depois, com teses apresentadas pelos advogados. O relator se pronunciava a favor ou contra a tese, passando-se à votação. Entre os temas que foram discutidos nesse III ENAT, estavam a integração da gorjeta, o trabalho rural, o trabalho do menor, o que gerou, em alguns encontros, até se editarem livros de teses.[426]

O IV ENAT se fez realizar em Belém do Pará, no ano 1981, com tema livre, contando, com a presença do presidente do Conselho Federal da OAB à época Bernardo Cabral. Eram tempos de inflação avassaladora, graves crises de desemprego e uma economia instável, com sérias interferências no mercado de trabalho e na vida dos trabalhadores.

Houve o destaque da importância e a necessidade de um reordenamento constitucional, compatibilizando a ordem jurídica com um efetivo Estado Democrático de Direito e a modificação na legislação do trabalho que permitisse democratizar a vida sindical, libertando-o da tutela do Estado. Esses foram os temas amplamente discutidos.

O V CONAT, realizado em São Paulo, capital, no ano 1982, não se afastou dos principais interesses e objetivos da ABRAT, tratando de temas relevantes. Teve como assuntos centrais a negociação coletiva e liberdade sindical; crise dos tribunais; servidores públicos contratados pela CLT; crise social e o Direito do Trabalho; organização sindical democrática; greve como ação e direito. O título do congresso foi "A crise Social e o Direito do Trabalho".

O VI CONAT ocorreu em Olinda, Pernambuco, no ano 1983. Durante esta pesquisa, não foi localizado o temário desse congresso, tão somente a Carta expressando o que se passava no Brasil e os anseios dos advogados trabalhistas.

O VII CONAT, realizado em Vitória, Espírito Santo, no ano de 1984, foi marcado pelo fim da repressão política. Pelo início da era da globalização, entretanto, quando entrava em discussão as metas fixadas pelo FMI na economia brasileira

---

(426) FELKER; KURTZ. Entrevistas citadas.

e seus efeitos na política sindical e nos movimentos sociais. Esses fatos influenciaram o tema central, qual seja: "A democratização do Direito do Trabalho".

O VIII CONAT foi realizado no ano de 1985, na cidade de Florianópolis, SC, e teve como tema central "Direitos Sociais dos Trabalhadores". Durante quatro dias, 500 advogados discutiram temas como liberdade e autonomia sindical. Organização sindical; direito de greve; redução da jornada de trabalho; a crise da súmula 198 do TST; representação de empregados e empregadores nos órgãos Judiciários do Trabalho; Direito e filosofia; extinção do vocalato e quinto constitucional; direito ao emprego; proteção à maternidade; direitos sociais na Constituição.[427]

O IX CONAT, realizado em Maceió, AL, no ano de 1986, nas vésperas das eleições para deputados constituintes e com vários advogados trabalhistas concorrendo a uma vaga, como Luiz Lopes Burmeister, Tarso Genro, Erón Araújo e Edésio Passos. De sorte que as discussões, nesse Congresso Nacional, gravitaram em torno do eixo central "As perspectivas dos Direitos Sociais na nova Constituição", como meio inclusive de pressionar os futuros congressistas constituintes, tanto que a ABRAT, como já dito acima, foi convidada a opinar sobre o capítulo dos direitos sociais.

O X CONAT ocorreu no ano seguinte, ou seja, 1987, e a discussão da moda era a extinção do TST e, novamente, a ABRAT encabeçou movimento em defesa da manutenção desse órgão de cúpula da Justiça do Trabalho, discutindo o tema e, propositalmente por esse motivo, ocorreu na capital Federal, Brasília, com o título "Constituinte — compromissos Fundamentais".

Esse período foi marcado por discussões entre os magistrados, TST, com "fortes declarações do Ministro presidente do TST da época Dr. Marcelo Pimentel".[428]

O XI CONAT foi realizado em Natal, RN, no período de 8 a 11 de setembro de 1988, com o tema "Advocacia Trabalhista: Necessidades, Direitos e Prerrogativas".

Como se apura desse título, os advogados trabalhistas dirigiam seu olhar à classe. A indagação a que se chega é o que ter havido para que o foco principal de um Congresso Nacional fosse a própria classe, já organizada há dez anos. Possivelmente, o fato da pouca movimentação na gestão, conforme melhor esclarecido acima.

Discutia-se, nesse período, os rumos da Entidade, com fortes tendências e esperança de revigoramento, já que vinha de uma fase considerada insipiente.

---

(427) *Revista da ABRAT Comemorativa aos 25 anos*, 5. ed., 2003, p. 5.
(428) *Idem.*

Coincidência ou não, houve a primeira eleição direta para nova diretoria com a eleição, pela primeira vez, de uma mulher para assumir a presidência.

O XII CONAT foi realizado no ano de 1989, no Rio de Janeiro. Seu tema foi a "Codificação do Processo Trabalhista".

O XIII CONAT realizou-se em Salvador, BA, em agosto de 1990, com o tema central "Direito, Justiça e Povo".

O XIV CONAT foi feito em Foz do Iguaçu, PR, no período de 22 a 25 de outubro de 1991, com tema central "Direito do Trabalho e Processual do Trabalho na Revisão Constitucional". Foram debatidos temas como estabilidade e garantia de emprego; formas alternativas de solução de conflitos trabalhistas; organização sindical e substituição processual; regime jurídico único dos servidores; direito de greve; Código do Trabalho e do processo do trabalho; visão dos parlamentares e dos constitucionalistas sobre a revisão constitucional e regulamentação das medidas provisórias.

O XV CONAT, ocorrido em Gramado, RS, em outubro de 1992, teve tema livre. Orbitou, porém, em torno do Direito do Trabalho, Constituição e Relações Internacionais, com painéis cujos subtemas foram os seguintes: O compromisso do advogado com a nação; Poder Normativo e a Negociação coletiva; A flexibilização dos direitos sociais; Garantia de emprego: os servidores públicos: Competência da Justiça do Trabalho e negociação coletiva e controle externo da magistratura; O exercício da advocacia. O Novo estatuto da OAB; A função do Ministério Público no processo do Trabalho; A execução Trabalhista e a responsabilidade do Estado; A substituição processual trabalhista e o judiciário trabalhista: Organização e agilização e ainda os painéis relacionais ao Mercosul com os seguintes temas: Aspectos gerais da integração do Mercosul: histórico e perspectiva; A advocacia e o judiciário no Mercosul: a harmonização legislativa; Contrato individual do trabalho, proteção ao emprego e seguridade social; Organização sindical, negociação coletiva e contratação coletiva no Mercosul; Mercosul como expressão da integração latino-americana.

O XVI CONAT foi realizado em Caldas Novas, GO, no período 31 de outubro a 3 de novembro do ano de 1993, também com o tema livre.

O XVII CONAT ocorreu em Porto Seguro, BA, em 1994, também com tema livre.

No ano de 1995 não houve CONAT.

O XVIII CONAT aconteceu em Santos, SP, em outubro de 1996, com o tema "Os novos rumos do Direito do Trabalho". Foi quando se buscou a revitalização da ABRAT, gerando, inclusive, a opção de se extinguir a Associação.

O XIX CONAT realizou-se em Belém, PA, em outubro de 1997, com o tema "Globalização, Justiça e Trabalho".

O XX CONAT aconteceu em Belo Horizonte, BH, com o tema "Justiça e Direito do Trabalho, Crises e perspectivas", em setembro de 1998. Os painéis e as conferências tiveram como temas o declínio da Lei e a ascensão das novas fontes de Direito do Trabalho — Normas comunitárias, Mercosul, NAFTA, União Europeia e Normas Coletivas, acordos coletivos, convenções e contratos coletivos do trabalho, flexibilização dos direitos trabalhistas e reorganização empresarial; economia, globalização e direitos sociais; automação, privatizações; dispensas coletivas e os direitos trabalhistas, sindicatos e crise do sindicalismo brasileiro; Justiça do Trabalho e limites da jurisdição — novo atores, novos conflitos e competência do MPT.

O XXI CONAT ocorreu em Curitiba, PR, em outubro de 1999, com o tema "As propostas de reforma da estrutura do Judiciário e do processo do trabalho".

O XXII CONAT aconteceu em Recife, PE, em outubro de 2000, com o tema central "As transformações no Direito do Trabalho e suas repercussões para os advogados trabalhistas".

O XXIII CONAT ocorreu em Costa do Sauipe, BA, em 2001, com o tema central "Negociado sobre o Legislado". Nessa época foi uma das grandes bandeira dos advogados trabalhistas.

O XXIV CONAT, ocorrido em Guarujá, SP, em setembro de 2002, teve como tema central "O Direito do trabalho em chamas". A escolha foi inspirada no TRT da 1ª Região, que havia sido incendiado em fevereiro daquele ano, no período do Carnaval, estabelecendo graves problemas aos advogados e jurisdicionada do Estado.

O XXV CONAT foi a comemoração das bodas de prata da Associação e ocorreu, em grande estilo social e científico, em Aracaju, no período de 1º a 4 de outubro de 2003, cujo tema foi "O constitucionalismo Social", com cerca de mil participantes.

O XXVI CONAT ocorreu no período de 4 a 6 de novembro de 2004, Brasília, DF, com o tema central "O Direito que queremos".

O XXVII CONAT aconteceu no período de 10 a 12 de novembro de 2005 em Natal, Rio Grande do Norte, sob o tema central de "O Trabalho como Direito Fundamental".

O XXVIII CONAT, realizado no período de 16 a 19 de novembro de 2006, Rio de Janeiro, apresentou o tema "Direito do Trabalho — Uma visão otimista de cidadania".

O XXIX CONAT realizou-se no período de 31 de outubro a 3 de novembro de 2007, em Recife, PE, com o tema "O Direito do Trabalho como mecanismo de valorização da dignidade humana".

O XXX CONAT aconteceu em Goiânia, no ano de 2008, com o tema central "20 anos depois... E a efetividade dos Direitos fundamentais?".

O XXXI CONAT realizou-se no período de 3 a 5 de setembro de 2009 — Belo Horizonte, "Os desafios do Direito do Trabalho no contexto da crise financeira e a função social da propriedade".

O XXXII CONAT realizou-se no período de 2 a 4 de setembro de 2010, em Florianópolis, SC, com o tema "O mundo do trabalho numa sociedade planetária de inclusão social".

O XXXIII CONAT foi feito em Fortaleza, no período de 12 a 14 de outubro de 2011, com o tema central "Trabalho e Dignidade, Pilares da Democracia".

O XXXIV CONAT ocorreu no período de 6 a 8 de setembro de 2012, em Maceió, com tema central "O Trabalho como instrumento de dignidade da pessoa humana".

O XXXV CONAT aconteceu no Rio de Janeiro, no período de 9 a 12 outubro de 2013, com o tema central "No Brasil das Olimpíadas, O Direito do Trabalho está no Pódio", lembrando que o tema se deveu à realização da Copa do Mundo no Brasil nesse mesmo ano.

O XXXVI CONAT realizado em Belo Horizonte, MG, no período de 10 a 12 de setembro de 2014, cujo tema foi "A Centralidade do Trabalho e o Direito do Trabalho no Estado Democrático de Direito".

O XXXVII CONAT realizou-se em Campo Grande, MS no período 8 a 10 de outubro de 2015, com o tema central: "O Direito Solidário e a Resistência da Advocacia".

7.2. A valorização dos advogados trabalhistas — os depoimentos

7.2.1. Sobre a ABRAT

Retoma-se aqui algumas falas em entrevistas publicadas em revistas e aquelas feitas para esta pesquisa que tem por escopo identificar a impressão dos entrevistados e daqueles que participaram dos primeiros momentos de fundação da Associação.

Volta-se à palavra de Antonio F. M. Gonçalves, que entendeu, mais do que ninguém o significado da pesquisa, vibrando e colaborando com informações, matérias, lembranças, o que reflete em trecho de sua entrevista.

> É uma emoção estar participando desta pesquisa sobretudo porque vai estudar cientificamente o trabalho de uma associação que existe há 36 anos e que nós estamos de alguma maneira tentando colocar tijolo, até porque a obra de um presidente, a obra da associação é inacabável, todos os presidentes que passarem por ela, isto historicamente do primeiro aos que vão seguir, vão deixar um tijolo e nunca vão terminar o trabalho, então isto é alegria e emoção que tenho por estar aqui.[429]

Para Tarso Genro, um dos pioneiros:

> A organização da ABRAT, anos 1970, foi um marco político, nos meios jurídicos, que contribuiu enormemente para a luta democrática contra o regime militar. Estou orgulhoso de ter participado daqueles eventos que marcaram, até hoje minha militância.[430]

Salete Maccalóz:

> Primeiro foi a paixão pelo ser humano. Por isso nos transformamos em trabalhistas. Depois veio o desejo de ser melhor. Nasce a ABRAT: 25 anos de maioridade, a luta por ideais. É jubileu de prata. Queremos Ouro.[431]

Um dos construtores da política associativa Francisco Costa Neto, presente na fundação da ABRAT afirma:

> Ao completar um quarto de século a ABRAT concebida em Encontro da AGETRA, com a participação de expressiva delegação da ACAT, se consagra, pela força da solidariedade profissional, como a entidade máxima dos advogados trabalhistas brasileiros. Do permanente combate pelo Direito do Trabalho e pela necessária e urgente celeridade na prestação jurisdicional.[432]

---

(429) GONÇALVES, Antonio Fabricio M. Entrevista cit. (a entrevista foi gravada ainda quando presidente no ano de 2014).
(430) GENRO, Tarso. Nota publicada na *Revista Comemorativa dos 25 anos*. ref. p. 13.
(431) MACCALÓZ, Salete Polita. Revista citada, p. 12.
(432) COSTA NETO, Francisco. Revista citada, p. 12.

Nestor Malvezzi, igualmente pioneiro na ABRAT, depõe:

> Tenho para mim, que a ABRAT é uma grande família e que cada encontro representa não só o ver, o prazer, o sentir, a amizade, a solidariedade, mas acima de tudo, o viver, conviver, respirar e também muitas vezes o divergir, o conspirar, mas ainda assim... uma grande família.[433]

Castello[434], "ABRAT hoje é uma entidade fundamental e indispensável para que advocacia trabalhista continue sendo reconhecida como indispensável para a manutenção da Justiça Social no Brasil".

Revela Felker[435] que "nunca imaginou que a ABRAT chegasse ao ponto que chegou hoje e Bernadete afirma que era sim, um objetivo, um sonho que a ABRAT chegasse como chegou hoje, mas nunca imaginou, como também nunca imaginou que tivesse uma Juíza do Trabalho no Supremo, como é o caso da Rosa Weber".

Já Bomfim[436], afirma que "a ABRAT primeiramente, teve a sorte de ter presidentes realmente responsáveis, independentes e com uma visão social, uma ótica da vida muito boa, isso realmente foi extraordinário". Segue, na perspectiva da solidificação do grupo que "Isso realmente influenciou muito, sobretudo, arregimentação, organização, corporativa, reunindo advogados do país todo".

Ferraz dos Passos[437] firma um perfil da Associação ou seja "a ABRAT tem um viés mais humanista, socialista".

Quanto ao interesse na organização nacional do grupo, era mesmo de fortalecimento como pensa Baptista[438]. "Aí então, naquela época ninguém tinha interesses outros por trás, era pela associação, era pela categoria. Acho que ainda é. Não adianta. Vejo muito isso. Era pela Categoria, sabe? Era isso".

Entendendo como uma grande contribuição aos Direitos sociais, Edésio Passos, na apresentação do XXVII CONAT, no ano de 2005, ressaltou em discurso o seguinte:

> [...] a ABRAT foi constituída em 1978, a ABRAT teve participação incisiva, principalmente no tocante à discussão dos capítulos que tratavam

---

(433) MALVEZZI, Nestor. Revista citada, p 12.
(434) CASTELO. *Revista da Abrat*, n. 2, p. 7, set. 2012.
(435) FELKER. KURTZ, entrevistas citadas.
(436) BOMFIM. entrevista cit.
(437) PASSOS. entrevista cit.
(438) BAPTISTA. entrevista cit.

dos direitos sociais, brigando para incluir no texto constitucional o maior número possível de garantias aos trabalhadores brasileiros. A partir da promulgação da nova constituição.[439]

Tais depoimentos, revelam sentimentos profundos de reconhecimento, aos membros, aos princípios fundantes, ao segmento trabalhista, aos Direitos Sociais e, sobretudo ao interesse de organização do grupo em patamar nacional.

Isso foi sentido, também por Cezar Britto, quando se refere à ABRAT. Ele assegura que "eu falo como alguém que já viajou esse Brasil todo, a associação de advocacia mais sólida, mais organizada e mais combativa, de todos os setores".

A ABRAT percebia o que os estudiosos alertavam, como, por exemplo, Bonavides: "não resta dúvida que determinados círculos das elites vinculadas a lideranças reacionárias está sendo programada a destruição do estado social brasileiro [...] poderosas forças coligadas numa conspiração política contra o regime constitucional de 1988 intentam apoderar-se do aparelho estatal para introduzir retrocessos na lei maior e revogar importantes avanços sociais, fazendo, assim inevitável um antagonismo fatal entre o Estado e a sociedade.[440]

7.2.2. A contribuição para a valorização dos advogados trabalhistas

Especificamente com relação a contribuição da ABRAT para o resgate e valorização do grupo de advogados trabalhistas, selecionou das entrevistas feitas, os seguintes trechos dos depoimentos:

Inicialmente com Gonçalves e Reis, para quem, respectivamente:

> Com relação ao preconceito eu acredito que a minha gestão viveu um momento de uma reversão deste quadro, grande reversão deste quadro. Para contextualizar, há dois anos atrás nos tivemos as eleições da ordem dos advogados do Brasil, pelo Brasil nas seccionais, só para citar algumas, quase todas as seccionais, que nós temos conhecimento, têm um advogado trabalhista na direção da ordem dos advogados do Brasil, e muitos ligados a ABRAT [...]. Isto é, algumas diretorias da OAB, por anos não tinham nenhum advogado trabalhista, e a maioria dos conselhos, tinha um ou dois ou nenhum advogado trabalhista, ao longo da história dos 80 anos da Ordem dos Advogados do Brasil.

---

(439) PASSOS, Edésio. *Jornal O Estado do Paraná*, documento citado.
(440) BONAVIDES. *Op. cit.*, p. 371.

Este fenômeno ele se observa, e eu sou testemunha dele, porque estou ligado a Ordem desde 1997 e participando da escola nacional de advocacia como dirigente.[441]

Entendo que o quadro mudou sensivelmente e posso te garantir, que me desculpem os outros estados, com a eleição do primeiro advogado trabalhista na Presidência da OAB/RJ, justamente em 1977, Dr. Eugenio Roberto Haddock Lobo, a classe passou a ser respeitada e ser um divisor de águas nas eleições da classe. Com a fundação da ABRAT e o fortalecimento das Associações estaduais o quadro passou a mudar vindo agora, principalmente a partir da gestão de Jefferson Calaça a ABRAT se fortaleceu ainda mais em todo o BRASIL passando a ter lugar de destaque em todos os momentos que dizem respeito o Direito do Trabalho.[442]

Nessa esteira, Custodio Netto[443], afirma que a "a criação da ABRAT deu uma guinada fundamental nesta discriminação, fruto dos seus primeiros e atuantes Presidentes, aos quais rendo minhas homenagens".

O primeiro presidente Celso Soares, que durante toda a sua trajetória vem acompanhando os movimentos políticos e sociais do país, com a lente do advogado trabalhista militante e participativo das diversas instituições de classe.

> Para mim foi determinante, a ABRAT nasceu de uma disposição de luta, não nasceu pra ser uma associação a mais, não. Nasceu com objetivo de lutas para modificar coisas, reformar, assegurar garantia dos trabalhadores [...] era uma perspectiva de contribuir para a transformação da sociedade para que a sociedade brasileira um dia deixasse de ser casa grande e senzala [...]. Não foi logo logo com o nascimento da ABRAT que os advogados trabalhistas passaram a ser respeitados, mas, a partir daí, mas foi o primeiro segmento organizado e, a partir acho que no sentido de que a ABRAT soube trazer para si as lutas dos advogados em outros estados.[444]

Rotbande,[445] relembra quanto ao seu período de presidente que "Na verdade acho que naquela época de 2004 pra frente, a advocacia trabalhista também já estava vindo de uma organização de alguns anos e estava se valorizando mais, estava consolidada".

---

(441) GONÇALVES. Entrevista cit.
(442) REIS. Entrevista cit.
(443) PEREIRA NETO. Entrevista cit.
(444) SOARES. Entrevista cit.
(445) ROTBANDE. Entrevista cit.

Já Britto, reafirma:

> A ABRAT é sem dúvida, e eu falo como alguém que já viajou esse Brasil todo, a associação de advocacia mais sólida, mais organizada e mais combativa, de todos os setores você não tem paralelo, [...] e isso foi muito importante, não só por organização mas de afirmação de valor [...] a ABRAT quebrou esse preconceito que eu tenho falado.[446]

Voltando com Castello que tem importante e completa visão:

> que a ABRAT indiscutivelmente ela exerca dois papéis que agente tem que ser curvar, o primeiro foi a respeitabilidade aos advogados trabalhistas nos meios não só onde a entidade atua, mas entre colegas que atuam em outras áreas, mas a respeitabilidade entre a magistratura [...]. E o segundo ponto que a ABRAT teve um papel muito importante no desenvolvimento, no amadurecimento, na evolução do direito do trabalho, por posições tomadas em congressos, publicações, respeito de muitos de seus membros que escreveram livros e participam de conferências, tem muitos advogados trabalhistas que hoje são professores de grandes universidades.[447]

Desse depoimento desperta-se para um outro fato não tratado nesta pesquisa, qual seja que os advogados trabalhistas se inseriram no contexto de produção e contribuição intelectual. Isso é sentido por Correia, quando ressalta que:

> Agora com relação ao advogado, na minha gestão eu bati demais, com o que eu chamava de advogado da reclamação, que é aquele que eu chamava de reclamação antiga que vinha dizer: Que entrou dia tal, que trabalhou, que... que... não tem absolutamente nada, e na página seguinte... e eu passei dois anos falando que temos que acabar com a reclamação do que, nada, nada e hoje tem advogado que fica impressionado com uma inicial de 20 páginas, mas a necessidade de fundamentar de levar a construir tese, elaborar pensamentos e aí nós passamos a dizer, até a partir de um jutra, até com o Fabricio, o advogado não é operador de direito, operador é juiz, MP servidor, advogado é construtor. Então hoje os juízes reclamam, passaram a reclamar da advocacia trabalhista, porque as ações hoje, são mais complexas, densas, com mais dificuldades e julgar uma reclamação com base no que, era fácil, uma reclamação trabalhista de horas extras, hoje com

---

(446) BRITTO. Entrevista cit.
(447) CASTELLO. Entrevista cit.

base no pacto de San José de Costa Rica é difícil, o juiz vai ter que parar; uma ação com base no controle de convencionalidade, controle das convenções, a maioria dos juízes não sabem, os advogados não sabem. Então você tem que partir para construir isso. E importante o controle das convenções e o controle da constituição.[448]

Um outro aspecto sentido é o fato de que se formou uma família mais unida entre o grupo como asseverou Carlos A. Rocha[449] "ABRAT contribuiu muito para mudar esse quadro, sem dúvida, veja, são 37 congressos, não se faz de qualquer jeito. É uma família e não se criou de uma hora para outra [...]. Vejo a ABRAT hoje com muita alegria, é um caminho sem volta". Nesse mesmo sentir do retrogradar está Calaça[450] "Muita gente não conhecia a ABRAT, muitos desejaram se filiar individualmente, etc... hoje é uma gigante, um caminho sem volta".

Voltando a Ferraz dos Passos[451], para quem "a partir do momento em que a ABRAT começou a se posicionar, os advogados trabalhistas também começaram a se apresentar, então a partir do momento em que a ABRAT foi fortalecendo, os advogados trabalhistas, não só os da ABRAT, mas todos também foram se fortalecendo".

Salvador, numa outra perspectiva, entende pelo resgate da dignidade do grupo:

> Diante do alto grau de complexidade que decorre das ações entre trabalho e capital, a discriminação contra o advogado trabalhista parou de ocorrer e o advogado trabalhista assumiu um papel de grande interesse e repercussão social, pelo alto grau de complexidade que envolve toda essa relação de trabalho que não depende mais de se tratar de uma mera relação de emprego, mas sim, de uma relação de trabalho, não mais dependendo de uma relação que de um lado tenha um empregado e do outro um empregador.[452]

Moro[453], quanto no viés da contribuição da Associação, acentua que "a ABRAT teve uma participação enorme, indubitavelmente e notadamente no tempo do meu sucessor, que a época foi meu vice que tem um trabalho belíssimo, Dr. Nilton da Silva Correia, inclusive com modificação da jurisprudência do próprio TST".

---

(448) CORREIA. Entrevista cit.
(449) ROCHA. Entrevista cit.
(450) CALAÇA. Entrevista cit.
(451) PASSOS. *Idem.*
(452) SALVADOR. Entrevista cit.
(453) MORO. Entrevista cit.

Burmeister, última presidente da ABRAT — em exercício ao final desta pesquisa — portanto, com percepção extremamente atual, assegura que:

> Sem dúvida a ABRAT vem contribuído enormemente com o aumento do prestígio da advocacia trabalhista no país. A nossa entidade é a maior e a mais bem organizada entidade de advogados do Brasil, tal reconhecimento é público pelos grandes líderes da advocacia brasileira presidentes do CF OAB, IAB e entidades internacionais. A ABRAT está inserida no cenário nacional das discussões políticas e sociais, praticando o que preceitua seu estatuto na busca de defender o direito do trabalho, a advocacia trabalhista, o estado democrático de direito e a legalidade.[454]

Há, inelutavelmente constatação de que, em algumas épocas, as direções da Instituição tiveram interesses mais pessoais, mais político-pessoais, do que mesmo institucional, com ocupação de espaços e marcação de posição. Tais fatos, provavelmente, levaram ao seu enfraquecimento e desprestígio em certos períodos de sua história, como se viu.

Mas, a maior parte de sua história, esse trabalho pela valorização e ressignificação dos advogados trabalhistas, caminhou bem mais à frente do que propriamente o implemento de ações arrojadas contra políticas de retrocessos. Isso ocorreu mesmo no período neoliberal, quando tais políticas foram férteis, e havia muito material de trabalho, diversas frentes que precisavam de muita arregimentação.

Quanto à forma de movimentação política, comparando-se com a OAB e o IAB, a ABRAT nem sempre esteve aliada com a Ordem Profissional, por divergências políticas externas e internas. Outro motivo seria o fato de que os advogados trabalhistas seriam marginalizados por muitos advogados que pertenciam ao Conselho Federal da OAB e a seccionais. Essa circunstância se dava em função do próprio direito defendido e da Justiça do Trabalho, como se viu no capítulo dois.

No entanto, como sobressai dos depoimentos acima e da análise de documentos comparando-se com as demais associações de advogados identificados no patamar nacional, a ABRAT é a mais expressiva. Mesmo com as mazelas apontadas, se lançou na luta a favor de importantes questões de interesse dos direitos sociais; impediu os retrocessos de garantias trabalhistas conquistadas e, sobretudo, contribuiu, de forma decisiva e fundamental, na valorização do grupo de advogados trabalhistas. Tudo isso a tornou uma marca respeitada e conhecida no cenário sociojurídico-político nacional, os próprios CONAT, com seus temários e palestrantes confirmam essa assertiva.

---

(454)   BURMEISTER. Entrevista cit.

CONSIDERAÇÕES FINAIS

"O que faz andar o barco não é a vela enfunada, mas o vento que não se vê."
(Platão)

Após décadas de discriminação, os advogados trabalhistas atingem a valorização e ocupação de espaços com *status* de respeitabilidade e voz, para isso foi fundamental a organização em patamar nacional por meio da ABRAT. Pode-se afirmar que é o mais expressivo grupo de advogados depois da OAB e que se mantém ativo e atuante há 37 anos. Realiza congressos nacionais anuais; alguns, inclusive, com expressivo número de participantes atingindo os patamares de 1.700 congressistas como ocorreu em 2014. Caracteriza-se por ter membros com exclusiva ou predominante atuação no ramo especializado do Direito do Trabalho e com militância na Justiça do Trabalho, tanto os que defendem o segmento profissional quanto o capital.

Foram localizadas outras onze associações de advogados em patamar nacional, abrangendo os segmentos dos advogados civilistas, criminalistas, tributaristas, de família etc. Destaca-se como a mais antiga delas: a ABRAEC, fundada em 1987. Duas — ABRAP e ABA — não têm especialização, e uma delas — ADCIVE — com informação de baixa cadastral. A maioria apresenta objetivos do aperfeiçoamento da área de atuação e proteção do grupo; algumas permitem associação direta de seus membros.

Já a OAB — de filiação obrigatória para os advogados — foi criada por lei em 1930, com o intuito de reserva de mercado; autorregulação; fiscalização da profissão; filiação compulsória dos advogados e estagiários, além de ostentar os poderes de tributar e punir. É considerada, pelo autor paradigma Ivan Alemão, como uma das maiores instituições brasileiras, sem estar vinculada administrativa e politicamente ao estado. Não há, contudo, filiações por especialização ou área de atuação, diferentemente das demais.

Uma das principais razões da criação da ABRAT, verificada no decorrer da investigação, é o fato de que esse grupo de advogados trabalhistas sofria discriminação e desprestígio em relação aos militantes nos demais ramos do Direito, por razões como: Atuarem numa Justiça especial — Justiça do Trabalho — que pertenceu em seus primórdios ao Poder Executivo; que era uma Justiça precipuamente conciliadora e, portanto, imaginava-se que, para advogar nesse ramo, dispensavam-se conhecimentos técnicos mais aprofundados; que tinha, em sua composição juízes leigos, o que perdurou até o ano de 1999; uma justiça que permite o *jus postulandi*, ou por todos esses fatores em conjunto. Chegou mesmo a ser chamada por muitos, como se viu, de "Justicinha","Justiça de segunda categoria", "balcão de negócios", "justiça nobre & justiça pobre", "justiça do outro lado do viaduto do chá", "mercado persa" "rodoviária", "mercado do peixe", assim como os próprios advogados trabalhistas, com os mais diversos apelidos pejorativos e de desqualificação pelo suposto baixo conhecimento. Mas, era muito mais por lidarem com o direito do trabalhador.

O certo é que, nas primeiras décadas da Justiça do Trabalho, os advogados trabalhistas eram desvalorizados e desprestigiados. Esse mesmo fenômeno ocorria com a própria magistratura especializada. A criação da ABRAT, portanto, foi inspirada em tais fatos por um grupo de advogados trabalhistas de alguns estados, reunidos no ano de 1977. Ativou-se a primeira vez no ano de 1978 com o I Encontro Nacional. Com esse marco se instituiu a sua criação, sendo, no entanto, oficialmente regularizada e constituída com a primeira diretoria no ano de 1979.

É estruturada em âmbito nacional, formada pelas associações estaduais, então a ela filiadas. Apresenta identificação ideológica afinada quanto às questões de interesse nacional, relacionadas aos advogados trabalhistas, à Justiça do trabalho e aos direitos sociais, guardadas as peculiaridades locais, sempre contra retrocesso.

Não há na ABRAT filiação individual e direta dos advogados trabalhistas, tampouco de outro profissional que não seja advogado e estagiário de Direito. Esses, interessados, filiam-se às entidades estaduais e, com isso, estão automaticamente vinculados à ABRAT. As associações podem cobrar anuidades de seus associados. Atualmente, são em número de vinte e oito (28), sendo duas no Estado do Rio de Janeiro; três no Estado de São Paulo e duas no Rio Grande do Sul. O Estado do Acre não possui associação.

Diferentemente da Ordem Profissional obrigatória, que é uma autarquia especial para alguns, não foi, por óbvio, criada por lei. Também não tem a atribuição de poder fiscalizador da profissão, embora busque ampliação do mercado de trabalho do grupo, quando se movimenta em algumas vertentes. Uma comprovação disso foi quando se posicionou contra as formas alternativas de solução de conflitos trabalhistas que tinham propostas de funcionamento irrestrito; posicionamentos em relação ao *jus postulandi;* aos honorários de sucumbência na Justiça do trabalho e a extinção da Justiça do Trabalho.

Outra importante diferença encontrada é relacionada à contribuição obrigatória, anual e individual. Quanto à OAB, é devida a todos os advogados que se inscrevem nos quadros para o exercício da profissão, após o requisito da aprovação em exame criado para esse fim ou como estagiário. Na ABRAT, as contribuições obrigatórias vêm das associações estatuais, como forma de automanutenção, além dos resultados dos Congressos Nacionais e regionais, dos seminários, de doações, de patrocínios e de vendas dos livros e revistas que produz.

Quanto à forma de ingresso nas associações estaduais, não há um critério específico, como existe na OAB (aprovação em exame para advogados), e estagiário (o cumprimento de parte do *curriculum*) ou mesmo no IAB e sim o desejo de participação associativa.

Já o IAB, primeira associação de advogados no Brasil e que deu origem à OAB, tinha a missão de auxiliar ao governo no apoio técnico jurídico, contribuindo, inclusive, para a primeira Constituição republicana (1891) e grande parte do sistema normativo até metade do século XX. Era, por isso, considerada, no início, um grupo de elite. O ingresso em seus quadros possui requisitos, devendo seus membros se destacarem por seus méritos e qualificações profissionais, e portanto, era requisito: (i) ser advogado com grau acadêmico; (ii) ter cidadania brasileira; (iii) possuir probidade; (iv) ter conhecimentos profissionais; e (v) bons costumes; (vi) além de serem indicados mediante propostas, com assinatura de três membros do Conselho diretor, para aprovação em sessão; (vii) fazer juramento em assembleia, além de (viii) pagar a anuidade. Alguns desses, atualmente, foram alterados.

A ABRAT não aspira à condição de auxiliar do governo e da Justiça na criação da jurisprudência ou de leis de forma direta. É certo, todavia, que é provocativa e estimula a formação e alteração da jurisprudência com as teses jurídicas dos advogados, hoje em sua grande maioria altamente qualificados, além de se movimentar contra as legislações que comprometam o avanço dos direitos sociais. Ademais, teve participação na Assembleia Nacional Constituinte contribuindo para a criação da Carta Política de 1988, no particular da estruturação dos direitos sociais e da Justiça do Trabalho.

Nos últimos anos, passou-se a adotar uma denominação muito própria aos advogados trabalhistas que integram a ABRAT (direta ou indiretamente) ou aos partícipes e frequentadores dos encontros nacionais ou estaduais: a expressão "abratiano" aqui utilizada como forma de registro oficial pela primeira vez.

Os objetivos desse subgrupo pesquisado é, precipuamente, a (i) busca pela valorização profissional, afastando qualquer tipo de discriminação em relação aos que lidam com o Direito do Trabalho e na Justiça do Trabalho, além de (ii) aspirar à manutenção dos direitos sociais e lutar contra as medidas que violem ou importem em retrocessos legislativos e sociais.

Nessa linha de atuação, os advogados trabalhistas institucionalizados tiveram fases marcadas por atuação mais intensa em um objetivo do que em outro, na medida em que as circunstâncias sociopolíticas exigiam. Isso não somente por esse fator, mas também por se constatar que o perfil da diretoria ou o prestígio pessoal do presidente imprimia a linha e a forma de atuar da gestão, e por consequência, permitia o maior ou menor destaque da associação e empenho nas lutas.

Outro aspecto relevante para identificação do subgrupo é não haver distinção quanto ao fato de serem advogados que defendem o segmento do capital ou o segmento do trabalho ou os dois, tanto que em algumas épocas, teve na direção presidentes que eram advogados de grandes grupos empresariais do país. Portanto, o que faz com que um advogado trabalhista seja um abratiano é a identificação com o conjunto das ideologias defendidas, além de participar e contribuir no dia a dia na defesa dessas bandeiras.

Os advogados trabalhistas que divergem na essência, não estão na ABRAT, ou por ausência de identificação ideológica ou porque se vinculam a outras formas de políticas de grupo profissional; ou, ainda são indiferentes à política abratiana ou qualquer outra. Sempre atenta, entretanto, à construção de pensamento crítico, busca ouvir seus opositores ou os indiferentes, convidando-os a participarem das discussões dos principais temas em congressos nacionais, ou outros eventos sociais e técnicos, normalmente como conferencistas ou colaboradores nas revistas, mantendo, com alguns, estreito contato e permitindo o contraponto das teses.

Os advogados trabalhistas, compreendido como subgrupo profissional, avançou na ocupação de espaço no âmbito internacional com a ideia da criação de duas outras associações que são a Associação Latino-Americana de Advogados Laboralistas — ALAL — e a Associação Luso-Brasileira de Juristas do Trabalho — JUTRA. Com esta, visa albergar o segmento dos direitos sociais, para além da advocacia, como a magistratura, a academia, os membros do Ministério Público, tanto no Brasil quanto em Portugal.

Os advogados trabalhistas aproximaram-se da OAB em vários momentos, inclusive quando da elaboração do último estatuto (1994), mas, sobretudo, encontrando nela nos últimos anos uma grande aliada na perspectivas da defesa dos direitos sociais e da Justiça do Trabalho, mas também em outros, guardou severas divergências. A ABRAT aproximou-se, muitas vezes, da ANAMATRA e da ANPT, com quem mantém estreitos vínculos. Em poucas vezes, aproximou-se do TST, normalmente, para fazer críticas à jurisprudência ou a atos normativos prejudiciais ao exercício da profissão. Com o Estado, manteve-se, na maioria das vezes, em rota de colisão, mas quando necessário, procurando estabelecer e abrir o diálogo.

Consagrando a perspectiva da ocupação de espaço, se fez presente em duas oportunidades na Conferência Internacional da OIT nos anos de 2005 e 2014 como observadora. Nos últimos anos, passou a ter assento na CNDS do Conselho Federal da OAB, com pareceres, na maioria acolhidos, acerca dos principais projetos relacionados aos direitos sociais e à Justiça do Trabalho. Isso a fez conquistar o direito e a liberdade de organizar um painel nas duas últimas conferências da OAB, além de obter uma sede em prédio histórico do CFOAB, em Brasília, isenta de qualquer ônus. Atualmente, tem assento ainda no CONATRAE e no comitê gestor do PJe.

Na linha da produção científica, a ABRAT retomou, há quatro anos, a produção das revistas científicas, com artigos de juristas renomados (nos anos de 1986 e 1987, foram produzidos dois números). Além disso, publicou livros de artigos com o selo ABRAT.

A forma de comunicação com o grupo sempre foi (i) por meio dos encontros nacionais, que ocorrem uma vez ao ano em estados distintos; (ii) com os encontros estaduais, a critério de cada associação promover; (iii) com encontros regionais, feitos em algumas gestões; (iv) das chamadas caravanas nos últimos antos; (v) dos informativos eletrônicos, nos quais são postadas todas as notícias sociais dos grupos nacional e estadual, em relação à atuação, como as jurídicas e políticas de interesse geral além de pequenos artigos, acessíveis gratuitamente a todos advogados, estudantes ou outro interessado que seja inscrito no *site* e (vi) o *site*, existente nos últimos 10 anos.

Confirma-se, desse modo, a hipótese primária proposta para a pesquisa, que a ABRAT é um subgrupo profissional de advogados especializados no ramo do Direito do Trabalho e de militância na Justiça do Trabalho. Depois da OAB é a maior associação de advogados por especialização, tendo conquistado expressão perante algumas outras instituições, como também no judiciário trabalhista. Assim, consagrou-se, atingindo o objetivo da valorização do grupo de advogados trabalhistas, deixando para trás a discriminação.

Na perspectiva da contribuição, manutenção e avanço dos direitos sociais do Brasil considerando sobretudo em alguns períodos como o neoliberal, a comprovação se deu em parte. Na primeira carta de intenção, assumiu publicamente o compromisso de, entre outros, auxiliar a reorganização em Estado Democrático, afastadas as leis de exceção remanescentes, por meio da busca da implantação do caráter socializante do Direito do Trabalho de contribuir para o desenvolvimento público, social e econômico da sociedade brasileira e lutar para efetivar participação dos trabalhadores na vida, riqueza e poder nacional. Movimentou-se em algumas frentes com mais intensidade e, em outras, de forma incipiente.

O fato de ter sido ouvida na Assembleia Nacional Constituinte, na subcomissão de Direito e Justiça, com indicação de pontos de inclusão na reestruturação dos direitos sociais e da Justiça do Trabalho, forjou a responsabilidade de avançar nesse caminho. Nem sempre conseguiu o feito, mas arduamente convocada a tanto, sobretudo no período neoliberal e nesse três últimos anos estudos, porque marcados pelas tentativas de precarização e exclusão dos direitos sociais, invertendo-se a lógica das conquistas anteriores, não escapando nem Justiça do Trabalho dessa tentativa, ombreou nas lutas.

Os projetos mais agressivos no período neoliberal nos quais se constatou forte atuação foram (i) o denominado negociado *versus* Legislado; (ii) o projeto Vaccarezza; e (iii) a extinção da Justiça do Trabalho. O primeiro tinha por escopo estabelecer o primado da negociação direta entre os atores sociais (emprego e empregador), afastando o Estado e suprimindo direitos trabalhistas, tidos como o núcleo duro, obstaculizador do ingresso no país da economia globalizada e que retorna ao cenário, atualmente. O segundo trazia uma verdadeira proposta de emenda à CLT, mas não com aval de mera modernização, senão de uma grande reforma com supressão de direitos; isso, em clima de rapidez, sem a oitiva dos segmentos interessados.

Tanto um projeto quanto outro foram objetos de intensos enfretamentos pelo grupo de advogados trabalhistas. O primeiro, inclusive alvo de ação popular ajuizada contra o Ministro do Trabalho à época, Francisco Oswaldo Neves Dornelles, figurando como autores os presidentes da ANAMATRA e da ABRAT. A finalidade era de que o governo prestasse contas e restituísse, ao erário, os valores gastos com campanhas para a promoção do projeto, o que havia gerado amplo gasto, estimado, no ano 2001, em R$ 27.000.000,00. O segundo provocou a criação, pela ABRAT, de uma comissão de juristas para analisar o projeto original e apresentar um substituto dentro das propostas de avanços perpetradas. Isso ocorreu também com campanhas com ao governo, tendo, para tanto, entre outros, visitado o Ministro de Justiça à época, Tarso Genro, que assumiu compromissos no sentido contrário dos projetos.

Ante a ousadia e gravidade, a ABRAT além de aliar-se com diversas instituições, sobretudo a OAB, fez três congressos nacionais, em torno dos temas do momento, para tomadas de posição e dois regionais. Quanto à extinção da Justiça do Trabalho, reagiu, ombreando-se com outras instituições engrossando a voz. Com a crise atual estabelecida a partir do ano de 2014, volta ao cenário vários projetos nocivos à estabilidade social, sendo a Justiça do Trabalho novamente alvo de ataques com grave corte no orçamento, além do projeto da terceirização que retorna em 2013.

Percebendo que, sozinha, não teria condições, usou a estratégia de aliar-se com a OAB, ANPT, a ANAMATRA e outros, para, juntos, trabalharem e atuarem, política que adotou nas gestões posteriores.

Se em alguns momentos não foi mencionado a efetiva participação da associação deve se a algumas hipóteses: ou porque não se localizaram mais documentos comprovadores ou por não se ter obtido êxito na extração de tais informações nas entrevistas feitas, ou mesmo pela ausência de participação efetiva, o que não significou, contudo, total distanciamento. Embora deva-se considerar que não tenha deixado de reagir e manifestar-se publicamente em todas as oportunidades, sobretudo vindo fazê-lo quando os resultados traziam prejuízos e importavam em fraudes e desmandos, como ocorreu com as formas alternativas de solução de conflitos, com as CCP e a própria Lei de arbitragem e o atual corte no orçamento da Justiça do Trabalho.

O próprio PL n. 4.330/2004, sobre a ampla terceirização (não aprovado, ainda) não mereceu, à época, muita atenção da ABRAT. Ao menos, não foram localizadas cartas, ofícios ou outros registros de forma mais específica e incisiva, embora, se aprovado, o modelo de relação de trabalho sofreria profundas transformações e com futuros danos, notadamente no campo do direito coletivo, com o desmonte das organizações sindicais e a precarização em geral. Todavia, com o retorno do projeto e um substitutivo no ano de 2013, a associação, ao contrário daquela época, tem estado vigilante e mais agressiva no sentido de evitar a aprovação.

Quanto aos interesses do próprio grupo e o exercício da profissão, vem lutando com o projeto dos honorários de sucumbência; o processo judicial eletrônico; as chamadas férias do advogado e, atualmente, com o espaço da mulher, o corte no orçamento na Justiça do Trabalho e a greve.

Em síntese, os advogados trabalhistas atingiram a almejada valorização. Mas, há que caminhar ainda, sobretudo quanto à organização da ABRAT, pois faz-se necessária a ampliação do resgate da memória, da catalogação dos documentos e de alternativas de receitas fixas, pois se avançou bastante nas formas de comunicação nacional, na profissionalização dos encontros nacionais, nas aparições no ambiente sociopolítico e jurídico nacional, inclusive sendo consultada nas matérias de interesse do Direito do Trabalho. Perdeu-se, no entanto, preciosa oportunidade de documentar alguns importantes episódios.

Deixa anotado que, a despeito da consagração e valorização dos advogados trabalhistas, resulta em pouco planejamento administrativo, sobretudo quanto aos registros dos feitos e atuações, por ausência de maior organização interna, administrativa e burocrática. Isso prejudica a implementação das ações necessárias para mais avanço. Assim sendo, resta preparar a ABRAT para continuar a luta.

Por derradeiro, o resultado desta pesquisa deve ser considerado, na perspectiva do resgate histórico, um ponto de partida com pistas para outras anotações, desdobramentos e correção dos eventuais equívocos nos registros feitos e nas interpretações dadas aos documentos.

Esta conclusão é escrita numa tarde morna de domingo de outono em Cabo Frio, RJ, coincidentemente é dia 1º de maio de 2016. Viva o trabalhador brasileiro!!!

Referências Bibliográficas

Livros, capítulos de livros e artigos

ALEMÃO, Ivan A. *OAB e sindicatos*: importância da filiação corporativa no mercado. São Paulo: LTr, 2000.

AMORIM, Bruno M. F.; ARAUJO, Herton E. Economia solidária no Brasil: novas formas de relação de trabalho?. *Ipea mercado de trabalho*. Disponível em: <http://www.ipea.gov.br/portal/images/stories/PDFs/mercadodetrabalho/mt_24i.pdf>. Acesso em: 15.2.2015.

BETO, Frei. *O que é o neoliberalismo*. Disponível em: <http://www.adital.com.br/site/noticia.asp?long=pt&cod=15768/>. Acesso em: 16.8.2013.

BOITO JUNIOR, Armando. O neoliberalismo e o corporativismo do Estado no Brasil. In: ARAUJO, A. M. C. (coord.). *Do corporativismo ao neoliberalismo*: estado e trabalhadores no Brasil e na Inglaterra. Coleção Mundo do Trabalho. São Paulo: Boitempo, 2002.

BOMFIM, Benedito C. Gênese do direito do trabalho e a criação da justiça do trabalho no Brasil. In: MEDEIROS, B. R. de (org.). *Refletindo sobre a justiça do trabalho. Passado, presente e futuro*: estudos em homenagem aos 50 anos da ACAT. São Paulo: LTr, 2013.

_____ . Globalização, flexibilização e desregulamentação do direito do trabalho. In: *Globalização, neoliberalismo e direitos sociais*. Rio de Janeiro: Destaque, 1997.

BONAVIDES, Paulo. *Curso de direito constitucional*. 22. ed. São Paulo: Malheiros, 2008.

BONELLI, Maria da Gloria. O instituto da ordem dos advogados brasileiros e o estado: a profissionalização no Brasil e os limites dos modelos centrados no mercado. *RBCS*, v. 14, n. 39, [S.l., s.n.], fev. 1999.

CARVALHO, Cesar M. Lições deixados pelo incêndio do edifício sede do tribunal regional do trabalho da primeira região Rio de Janeiro. *Revista do TRT*, 1ª Região, Rio de Janeiro, n. 31, jan./ago. 2002.

CASSAR, Vólia B. *Direito do trabalho*. 9. ed. Rio de Janeiro: Grupo GEN, Forense, 2014.

COELHO, Edmundo C. *As profissões imperiais, medicina, engenharia e advocacia no Rio de Janeiro 1822-1930*. Rio de Janeiro: Record, 1999.

DALLEGRAVE NETTO, José Affonso. O estado neoliberal e seu impacto sociojurídico. In: *Globalização neoliberalismo e direitos sociais*. Rio de Janeiro: Destaque, 1997.

DELGADO, Mauricio Godinho; DELGADO, Gabriela Neves. Sete décadas da justiça do trabalho nos 70 anos da CLT. In: AASP — ASSOCIAÇÃO DOS ADVOGADOS DE SÃO PAULO. *Revista do Advogado,* ano XXXIII, n. 212, nov. 2013.

DELGADO, Mauricio G. *Curso de direito do trabalho.* 12. ed. São Paulo: LTr, 2013.

_____ . Debate do Projeto de Lei n. 4.330, de 2004 sobre a regulamentação de serviços terceirizados. *Câmara dos Deputados;* sessão: 281.3.54. Disponível em: <http://www. camara.gov.br/internet/sitaqweb/TextoHTML.asp?etapa=3&nuSessao=281.3.54.O&nuQuarto=14&nuOrador=1&nuInsercao=0&dtHorarioQuarto=11:45&sgFaseSessao=CG%20%20%20%20%20%20%20&Data=18/09/2013&txApelido=MAURICIO%20GODINHO%20DELGADO&txEtapa=Com%20reda%C3%A7%C3%A3o%20final>. Acesso em: 3.11.2014.

FREITAS JR., Antonio Rodrigues. Globalização e integração regional: Horizontes para o reencantamento do direito do trabalho num quadro de crise do estado-nação. *Revista LTr,* 61-01/205.

FORRESTER, Viviane. *O horror econômico.* São Paulo: Unesp, 1997. reimp. v. 6.

GUERRA, Sidney Cesar Silva. A globalização na sociedade de risco e o princípio da não indiferença em matéria ambiental. In: GUERRA, Sidnei Cesar Silva (org.). *Globalização, desafios e implicações para o direito internacional contemporâneo.* Rio Grande do Sul: Unijui, 2006.

GOMES, Dinaura. G. P. *Direito do trabalho e dignidade da pessoa humana no contexto da globalização econômica*: problemas e perspectivas. São Paulo: LTr, 2005.

GONÇALVES, Antonio. F. de M. Reestruturação produtiva, globalização e neoliberalismo: reflexos no modelo brasileiro e suas consequências na Legislação Trabalhista. In: PEREIRA, C. P. (coord.). *et al. Direito do trabalho* — evolução, crise, perspectiva. São Paulo: LTr, 2004.

GONZALEZ, Roberto *et al. Regulação das relações de trabalho no Brasil:* o marco constitucional e a dinâmica pós-constituinte. Disponível em: <http://www.ipea.gov.br/portal/images/stories/PDFs/politicas_sociais/bps_17_vol02_trabalho_renda.pdf>. Acesso em: 15.2.2015.

HOBSBAWM, Eric. *Era dos extremos* — o breve século XX — 1914—1991. 2. ed. São Paulo: Companhia das Letras, 1996.

KAPSTEIN, Ethan. B. Os trabalhadores e a economia mundial. In: *Foreign Affairs — Jornal Gazeta Mercantil*, [s.l., s.n.], n. 1, 11.10.1996.

LENZA, Pedro. Reforma do judiciário: Emenda Constitucional n. 45/2004. *Jus Navigandi,* Teresina, ano 10, n. 618. Disponível em: <http://jus.com.br/artigos/6463>. Acesso em: 15.9.2014.

MAIOR, Jorge. L. S. *A crise econômica reforça a necessidade e a relevância dos direitos sociais.* Disponível em: <http://www.sintrajud.org.br/clicks/cadastraComentario.php>. Acesso em 5.6.2013.

_____. *PL n. 4.330, o shopping center fabril:* Dogville mostra a sua cara e as possibilidades de redenção. Disponível em: <http://www.abrat.net/portal/textos/mostraConteudo.asp?codConteudo=3143>. Acesso em: 30.10.2014.

MEDEIROS, Benizete. R. O IAB e a questão da escravidão no Brasil imperial: o entrevero jurídico — breve histórico. *Revista LTr*, São Paulo: [s.n.], v. 74, jul. 2010.

MOREL, Regina. L. M.; PESSANHA, E. G. da F. A justiça do trabalho. *Revista Tempo Socia — Sociologia da USPI*, [s.l., s.n.], v. 19, n. 2, nov. 2007.

NASCIMENTO, Amauri M. *Curso de direito do trabalho.* 26. ed. São Paulo: Saraiva, 2011.

_____. *Curso de direito processual do trabalho.* 27. ed. São Paulo: Saraiva, 2012.

PASSOS, Edésio F. Justiça do trabalho: crise e alternativas. *Revista da ABRAT*, [s.l., s.n.], p. 4, 2º semestre de 1998.

ROBORTELLA, Luiz Carlos A. Prevalência da negociação coletiva sobre a lei. [S.l.]: *Revista LTr*, v. 64, n. 10, out. 2000.

ROTBANDE, Osvaldo; MEDEIROS, Benizete. R. (coord.). *A Emenda Constitucional n. 45/2004*: uma visão crítica pelos advogados trabalhistas. São Paulo: LTr, 2006.

ROMITA, Arion. S. *A septuagenária consolidação das leis do trabalho.* Disponível em: <http://www.trt1.jus.br/web/guest/clt-50-anos>. Acesso em: 28.12.2014.

SANTOS, Boaventura de Sousa. *Coimbra*, 21 de maço de 2016. <http://emporiododireito.com.br/wp-content/uploads/2016/03/Boaventura-Brasil-Democracia-a-beira-do-caos-20Mar%C3%A7o2016.pdf>. Acesso em 13.4.2016.

SILVA, Sayonara G. C. Leonardo da. PL n. 4.330: um ataque ao direito do trabalho. *Informativo mensal da Associação Brasileira de Advogados Trabalhistas*, n. 13, Brasília: [s.n.], p. 8-9, set. 2013.

SÜSSEKIND, Arnaldo L. História e perspectivas da justiça do trabalho. *Revista LTr*, São Paulo, v. 66-02, 2002.

_____. O futuro do direito do trabalho no Brasil. *Revista LTr*, São Paulo, v. 64, p. 1235, 10.10.2000.

_____. Reflexos da globalização da economia nas relações de trabalho. In: SOARES, Celso (coord.). *Direito do trabalho, reflexões críticas* — estudos em homenagem a dra. Moema Baptista. São Paulo: LTr, 2003.

_____. MEDEIROS, B. R. (coord.). *A Emenda Constitucional n. 45/2004:* uma visão crítica pelos advogados trabalhistas. São Paulo: LTr, 2006.

VENÂNCIO FILHO, Alberto. Notícias históricas da ordem dos advogados do Brasil — 1930-1980. *Oficina Folha Carioca*, Sessão comemorativa dos 50 anos da OAB. [S.l.], p. 14, 1982.

Entrevistas feitas para a pesquisa

BAPTISTA, Moema. [28 de agosto, 2014]. Rio de Janeiro. Entrevista concedida à pesquisadora.

BOMFIM, Benedito Calheiros. [26 de setembro, 2013]. Rio de Janeiro. Entrevista concedida à pesquisadora.

BRITTO, Raymundo Cezar. [10 de abril, 2014]. Coimbra. Entrevista concedida à pesquisadora.

BURMEISTER, Silvia Lopes. [17.3.2016]. Lisboa. Entrevista concedida à pesquisadora.

CALAÇA, Jefferson. [24 de março, 2015]. Recife. Entrevista concedida à pesquisadora.

CASTELO, Ary Montenegro. [21 de maio, 2014]. São Paulo. Entrevista concedida à pesquisadora.

CORREIA, Nilton da Silva. [7 de abril, 2014]. Brasília. Entrevista concedida à pesquisadora.

CORTEZ, Rita. Entrevista escrita e encaminhada por e-mail em 5.4.2016.

FELKER, Reginaldo. [10 de outubro, 2013]. Rio de Janeiro. Entrevista concedida à pesquisadora.

GONÇALVES, Antônio Fabricio de Mattos. [16 de agosto, 2014]. Canela. Entrevista concedida à pesquisadora.

KURTZ, Bernadete. [10 de outubro, 2013]. Rio de Janeiro. Entrevista concedida à pesquisadora.

MARTINS, Clair da Flora. [25 de maio, 2013]. Curitiba. Entrevista concedida à pesquisadora.

MORO, Luiz Carlos. [21 de maio, 2014]. São Paulo. Entrevista concedida à pesquisadora.

PASSOS, João Pedro Ferraz. [9 de julho, 2015]. Rio de janeiro. Entrevista concedida à pesquisadora.

PEREIRA NETO, Custodio. [16.4.2016]. Entrevista digitada enviada por e-mail à esta pesquisadora.

REIS, Paulo Sergio dos. [17.4.2016]. Entrevista digitada enviada por e-mail à esta pesquisadora.

ROTBANDE, Osvaldo S. [10 de outubro, 2014]. Rio de Janeiro. Entrevista concedida à pesquisadora.

SALVADOR, Luiz. [24 de agosto, 2013]. Curitiba. Entrevista concedida à pesquisadora.

SOARES, Celso da Silva. [17 de abril, 2013]. Rio de Janeiro. Entrevista concedida à pesquisadora.

Legislação e documentos

ABRAT. Ato da ABRAT, n. 001/2002 [S.l., s.n.], 3.10.2002.

_____ . Carta de Vitória, Espírito Santo, maio de 2003.

_____. Carta de Belo Horizonte de 2008.

_____. Carta de intenções firmada por ocasião da fundação da ABRAT de 1979. *Revista Comemorativa dos 25 anos da ABRAT*, 5. ed., Aracaju, 2003.

_____. Estatutos da ABRAT dos anos de 1979, 1996 e 2008.

BRASIL. Diário da Assembleia Nacional Constituinte. Suplemento. [S.l., s.n.] maio de 1987.

_____. Câmara dos Deputados. *Projeto de Lei n. 4.330, de 2004*. Disponível em: <http://www.camara.gov.br/proposicoesWeb/prop_mostrarintegra;jsessionid=EFB9B67CD96905C-44CD9A637566488D4.proposicoesWeb2?codteor=246979&filename=PL+4330/2004>. Acesso em: 20.10.2014.

_____. Câmara dos Deputados. *Projeto de Lei n. 4.330, 2004*. Disponível em: <http://www.camara.gov.br/proposicoesWeb/prop_mostrarintegra?codteor=1124964&filename=Tramitacao-PL+4330/2004>. Acesso em: 1º.11.2014.

_____. Câmara dos Deputados. *Substitutivo ao Projeto de Lei n. 4.330, de 2004*. Disponível em: <http://www.camara.gov.br/proposicoesWeb/prop_mostrarintegra?codteor=1124964&filename=Tramitacao-PL+4330/2004>. Acesso em: 31.10.2014.

_____. Comissão Nacional de Direitos Sociais do Conselho Federal da OAB. Nomeação como presidente da Comissão Nilton da Silva Correia. Portaria n. 005-A/2013, de 7.1.2013.

_____. Comissão Nacional de Direitos Sociais do Conselho Federal da OAB. Nomeação de Reginaldo Felker. Portaria n. 28, de 6.1.1993.

_____. Comissão Nacional de Direitos Sociais do Conselho Federal da OAB. Nomeação de Clair da Flora Martin. Portaria n. 14, de 31 de junho de 2000.

_____. Comissão Nacional de Direitos Sociais do Conselho Federal da OAB. Primeira nomeação de Nilton da Silva Correia. Portaria n. 28, de 13.8.2002.

_____. Consolidação das Leis do Trabalho — CLT. *Decreto-Lei n. 5.452, de 1º.5.1943*. Disponível em: <http://www.planalto.gov.br/ccivil_03/decreto-lei/Del5452.htm>. Acesso em: 12.1.2015.

_____. Constituição Federal de 1988. Disponível em: http://www.planalto.gov.br/ccivil_03/constituicao/ConstituicaoCompilado.htm>. Acesso em: 3.11.2014.

_____. Cópia da ata da Assembleia Geral de Constituição da Associação Brasileira de Advogados Trabalhistas. [S.l.], 29.8.1981.

_____. Ordem ao Mérito do Trabalho. [S.l.] *Diário Oficial da União*, 25 de novembro de 1985.

_____. Lei n. 5.889, de 8 de junho de 1973. Disponível em: <http://www.planalto.gov.br/ccivil_03/Leis/L8949.htm>. Acesso em: 30.10.2014.

_____. Lei n. 7.783/1989. Disponível em: <http://www.planalto.gov.br/CCivil_03/LEIS/L7783.htm>. Acesso em: 11.10.2014.

_____. Supremo Tribunal Federal. Recurso de *Habeas Corpus* n. 0003941-89.2001.0.01. Pacientes: Nilton Correia; Luís Carlos Moro; Osvaldo Rotbande; Cezar Britto; Carmem Soares Martins e Luiz Salvador. Costa de Sauípe, BA, 27 de novembro de 2001.

_____. Tribunal Superior do Trabalho. Livro de sumulas. Disponível em: <http://www.tst.jus.br/documents/10157/63003/Livro-internet.pdf>. Acesso em: 20.4.2014.

BUFALO, P. Moção n. 76/05. Campinas, São Paulo: [s.n.], 4 de maio de 2005.

CALAÇA, Jefferson. Nota na rede ABRAT. Em 14.9.2012.

CARTA de Armação dos Búzios, Rio de Janeiro, 22 de maio de 2004.

CARTA de Belo Horizonte, XX CONAT, Belo Horizonte, 29.9.1998.

CLAUDINO, Viviane: Comissão define pontos para debate sobre regulamentação da terceirização. *Rede Brasil Atual*. Disponível em: <http://www.redebrasilatual.com.br/trabalho/2013/07/comissao-define-pontos-para-debate-sobre-terceirizacao-9454.html>. Acesso em: 1º.11.2014.

FELKER, R. Mensagens ao Advogado. *Jornal da ABRAT*, [S.l.] ano I, n. 1, dez. 1985.

_____. Relatório parcial da gestão — gestão 91/93, ano I, n. 2, Porto Alegre, out. 1991.

GARCIA, José Hildo. S. *Preconceito com a advocacia trabalhista*. Espírito Santo: Palestra proferida. [resumo enviado por e-mail], 3.8.2012.

GONCALVES, R. de O. [*mensagem pessoal*] 11.9.2013, Porto Alegre [*para*] BURMEISTER, S. [S.l.]. 7 f. Prestação de contas do mandato de Renato de Oliveira Gonçalves.

I ENAT. *Revista ABRAT — Comemorativa aos 25 anos*, 5. ed., p. 16, 1978. [Panfleto de divulgação].

IAB. Discurso de Montezuma. *IAB*. [S.l.], 1977. [reedição].

JUTRA. Carta do Rio de Janeiro de fundação da JUTRA. [S.l.], 3.4.2004.

MPT. Terceirização de atividade fim na iniciativa privada. [S.l., s.n.], p. 6, 2014. [Dossiê]

PFL/BA. Relatório do Senador Paulo Souto. *Proposta de EC n. 96 — A*. Disponível em: <http://www.camara.gov.br/proposicoesWeb/fichadetramitacao?idProposicao=14373->. Acesso em: 10.10.2014.

SALVADOR, L. Projeto de Reforma da CLT. [S.l., s.n.], 2013.

TRT. Relatório Anual de atividades do ano de 2002. 1ª Região. Rio de Janeiro: Setor de documentos do Rio de Janeiro, [2002].

Publicações em revistas, boletins e jornais

Revistas

BAPTISTA, Moema. E a ABRAT foi fundada. *Revista Comemorativa aos 25 anos da ABRAT*, 5. ed. 2003.

BURMEISTER, Luiz L. Os gaúchos e a ABRAT. *Revista Comemorativa aos 25 anos da ABRAT,* 5. ed. 2003.

CALAÇA, Jefferson. A ABRAT conheceu o Brasil. *Revista da ABRAT,* Montes Claros, n. 2, p. 3, set. 2012.

CALAÇA, Jefferson. É a ABRAT que queremos é a ABRAT que estamos construindo. *Revista da ABRAT,* Montes Claros, n. 7, out. 2011.

CARDOSO, Fernando Henrique. O que é a globalização que provoca tantos medos e o que se esperar dela. *Revista Veja.* [S.l.], caderno Economia e Negócios, p. 82, 3.4.1996.

CORREIA, Nilton da Silva. *Boletim da ABRAT,* n. 12, jun. 2013.

COSTA NETO, Francisco. *Revista Comemorativa aos 25 anos da ABRAT,* 5. ed., 2003.

FELKER, Reginaldo. O desafio de uma gestão em meio a uma grande agitação cívica *Revista Comemorativa aos 25 anos da ABRAT,* 5. ed., 2003.

GARCIA, José H. S. *Revista Comemorativa aos 25 anos da ABRAT,* 5. ed., 2003.

GENRO, Tarso. Jornal Comemorativo dos 25 anos da ABRAT. *Folha de S. Paulo,* São Paulo, caderno Mercado, terça-feira, 30.9.2003.

_____ . Nota publicada na *Revista Comemorativa aos 25 anos da ABRAT,* 5. ed., 2003.

GONÇALVES, Renato. A ABRAT e o Mercosul. *Revista Comemorativa aos 25 anos da ABRAT,* 5. ed., 2003.

MACCALÓZ, Salete Polita. *Revista Comemorativa aos 25 anos da ABRAT,* 5. ed., 2003.

MALVEZZI, Nestor. *Revista Comemorativa aos 25 anos da ABRAT,* 5. ed., 2003.

MARTINS, Clair da F. *Revista Comemorativa aos 25 anos da ABRAT,* 5. ed., 2003.

MENDES, Fredi; MENDES, Melissa. Entrevista com Francisco A. M. Castelo. *Revista da ABRAT,* Montes Claros, n. 7, out. 2011.

MORAIS, Roseline. Nota explicativa sobre o PJE. *Boletim da ABRAT,* n. 11, jul. 2013.

MORO, Luiz Carlos. Vigilância e militância diárias, um mérito coletivo. *Revista Comemorativa aos 25 anos da ABRAT,* 5. ed., 2003.

PASSOS, Edésio F. Justiça do trabalho: crise e alternativas. *Revista da ABRAT,* Curitiba, 2º semestre de 1998.

_____ . Justiça do trabalho: crise e alternativas. *Revista da ABRAT,* Paraná, 2º semestre de 1999.

ROCHA, Carlos Alberto. Carinho pela família ABRAT. *Revista Comemorativa aos 25 anos da ABRAT,* 5. ed., 2003.

ROTBANDE, Osvaldo S. A ABRAT está unida nas lutas sociais dos trabalhadores brasileiros. *Revista da ABRAT,* Brasília, 6. ed., nov. 2004.

SILVA, Técio Lins e. (matéria), março/2016. Disponível em: <http://www.iabnacional.org.br/>. Acesso em: 11.4.2016.

_____ . 30.3.2016. Disponível em: <http://www.iabnacional.org.br/>. Acesso em: 10.4.2016.

SOARES, Celso da Silva. Memória da ABRAT. *Revista Comemorativa aos 25 anos da ABRAT,* 5. ed., 2003.

Jornais e anais

ANAIS do XIV Congresso Nacional dos Advogados Trabalhistas. 1997. Belém. Grafisa.

BRAGA, Isabel; VENTURA, Manoel. Disponível em: <http://oglobo.globo.com/brasil/cunha-ironiza-pedido-da-oab-de-impeachment-de-dilma-18971417#ixzz44lxvg4Mq>. Acesso em: 28.3.2016.

JORNAL DO COMÉRCIO. Disponível em: <www.jornaldocommercio.com.br. Direito e Justiça>.

JORNAL DO X CONAT, 2. ed., Brasília.

ÓRGÃO de divulgação da associação brasileira de advogados trabalhistas. *Jornal da ABRAT,* [s.l.], ano 1, n. 1, p. 1, dez. 1985.

PASSOS, Édésio. *Jornal O Estado do Paraná,* Paraná. Disponível em: <http://www.fetraconspar.org.br/informativos/264_17_10_05.htm>. Acesso em: out. 2013.

_____ . XXVII Conat: O trabalho como direito fundamental. *Jornal O Estado do Paraná*, Paraná, 16.10.2005.

Informativos e boletins

REVISTA DA ABRAT, n. 2, set. 2012.

REVISTA DA ABRAT, 6. ed., nov. 2004.

BOLETIM DA ABRAT, nov. 2012.

BOLETIM DA ABRAT n. 5, jan. 2013.

BOLETIM DA ABRAT n. 6, fev. 2013.

BOLETIM DA ABRAT n. 7, mar. 2013.

BOLETIM DA ABRAT n. 10, jun. 2013.

BOLETIM DA ABRAT n. 11, jul. 2013.

BOLETIM DA ABRAT n. 12, ago. 2013.

BOLETIM DA ABRAT n. 13, set. 2013.

BOLETIM DA ABRAT n. 16, dez. 2013.

BOLETIM DA ABRAT n. 17, jan. 2014.

BOLETIM DA ABRAT n. 18, fev. 2014.

BOLETIM DA ABRAT n. 39, nov. 2015.

Sites visitados

AAFIT-MG. Disponível em: <http://aafitmg.org.br/pages/1_news_old/2005/05_30_05.html>. Acesso em: 10.10.2014.

ABA. Disponível em: <http://www.aba.adv.br/>. Acesso em: 20.4.2015.

ABAA. Disponível em: <http://www.cadetu.com.br/abaa.org.br>. Acesso em: 20.4.2015.

ABAEC. Disponível em: <http://www.abaec.com.br/>. Acesso em: 20.4.2015.

ABAMI. Disponível em: <http://abami.org.br/>. Acesso em: 20.4.2015.

ABAT. Disponível em: <http://www.abat.adv.br>. Acesso em: 20.4.2015.

ABRACRIM. Disponível em: <http://www.abracrim.adv.br/>. Acesso em: 20.4.2015.

ABRAFAM. Disponível em: <http://abrafam.com.br/blog/>. Acesso em: 20.4.2015.

ABRAP. Disponível em: <http://abrap.org.br/>. Acesso em: 20.4.2015.

ABRAPO. Disponível em: <http://abrapo.org.br/>. Acesso em: 20.4.2015.

ABRAR. Disponível em: <http://abraeadv.blogspot.com.br/>. Acesso em: 20.4.2015.

ABRAT. Disponível em: <www.abrat.adv.br>. Acesso em: 20.4.2015.

_____ . Disponível em: <http://www.abrat.adv.br/>. Acesso em: [anos] 2012; 2013; 2014 e 2015.

ACAT. Disponível em: <http://acat.mikonos.uni5.net/index.php?option=com_content&task=view&id=23&Itemid=2>. Acesso em: 26.9.2014.

_____ . Disponível em: <http://abrat.adv.br/index.php/noticias/7010-em-defesa-do-estado-democratico-de-direito>. Acesso em: 24.3.2016.

AMB se manifesta contra corte orçamentário na Justiça do Trabalho durante ato público em SP 7.4.2016. Disponível em: <http://www.amb.com.br/novo/?p=27478>. Acesso em: 15.4.2016.

ANAMATRA. Disponível em: <http://www.anamatra.org.br/index.php/noticias/anamatra-ingressa-no-stf-contra-cortes-no-orcamento-da-justica-do-trabalho>. Acesso em: 22.4.2016 e <http://www.anamatra.org.br/index.php/noticias/anamatra-ingressa-no-stf-contra-cortes-no-orcamento-da-justica-do-trabalho>. Acesso em: 11.4.2016.

CÂMARA dos Deputados. Disponível em: <http://www2.camara.gov.br/comissoes/temporarias53/grupos/gtcl>. Acesso em: 20.10.2014.

_____ . Ficha de tramitação. Disponível em: <http://www.camara.gov.br/proposicoes-Web/fichadetramitacao?idProposicao=33868>. Acesso em: 20.8.2014.

_____ . Henrique Alves discute projeto sobre terceirização com entidade patronais. Disponível em: <http://www2.camara.leg.br/camaranoticias/noticias/TRABALHO- E-PREVIDENCIA/478700-HENRIQUE-ALVES-DISCUTE-PROJETO-SOBRE-TERCEIRIZACAO-COM-ENTIDADES-PATRONAIS.html>. Acesso em: 11.10.2014.

_____ . Reportagem especial explica os pontos polêmicos do projeto de terceirização. Disponível em: <http://www2.camara.leg.br/camaranoticias/noticias/TRABALHO-E-PREVIDENCIA/451064-REPORTAGEM-ESPECIAL-EXPLICA-OS-PONTOS-POLEMICOS-DO-PROJETO-DA-TERCEIRIZACAO.html>. Acesso em: 20.10.2014.

CONSULTOR Jurídico. Disponível em: <http://conjur.estadao.com.br/static/text/60663,1>. Acesso em: 20.2.2015.

_____ . *Luiz Salvador é eleito novo presidente da ABRAT*. Disponível em: <http://www.conjur.com.br/2006-nov-23/luiz_salvador_eleito_presidente_abrat>. Acesso em: 28 de julho de 2012.

DEFESA do trabalhador. Disponível em: <www.defesadotrabalhador.com.br>. Acesso em: 30.9.2013.

DIAP. Negociado X legislado. Disponível em: <http://www.diap.org.br/index.php?option=com_content&view=article&id=5998:negociado-x-legislado&catid=46&Itemid=207>. Acesso em: 12.1.2013.

DICIONÁRIO Online Michaelis. Disponível em: <http://michaelis.uol.com.br/>. Acesso em: 28.7.2015.

EMPRESAS do Brasil. Disponível em: <http://empresasdobrasil.com/empresa/adcivel-31606023000178>. Acesso em: 20.4.2015.

FETRACONSPAR *Online*. *Conselho instaura hoje processos contra deputados*. Disponível em: <http://www.fetraconspar.org.br/informativos/264_17_10_05.htm>. Acesso em: out. 2013.

G1. *Impeachment de Collor faz 20 anos:* relembre fatos que levaram à queda. Disponível em: <http://g1.globo.com/politica/noticia/2012/09/impeachment-de-collor-faz-20-anos-relembre-fatos-que-levaram-queda.html>. Acesso em: 13.2.2014.

JUS Vigilantibus. *Parecer da CNDS em abril de 2004*. Disponível em: <http//jusvi.com/doutrinas-e-pecas/ver/29502>. Acesso em: 20.10.2013.

MIGALHAS. *OAB pede que recomendação contra férias dos advogados seja suspensa*. Disponível em: <http://www.migalhas.com.br/Quentes/17,MI210848,21048.OAB+pede+que+recomendacao+contra+ferias+dos+advogados+seja+suspensa>. Acesso em: 20.12.2014.

OAB. Conselho Federal. ABRAT: Neoliberalismo destruiu dois séculos de conquistas. Disponível em: <http://www.oab.org.br/noticia/3053/abrat-neoliberalismo-destruiu-dois-seculos-de-conquistas?argumentoPesquisa=formsof(inflectional,%20%22oab%22)%20and%20formsof(inflectional,%20%22ABRAT%22>. Acesso em: mar. 2015.

_____. *A Constituinte de 1823 e os cursos jurídicos*. Disponível em: <http://www.oab.org.br/historiaoab/antecedentes.htm#cursos_juridicos>. Acesso em: 5.1.2015.

_____. Disponível em: <http://www.oab.org.br/>. Acesso em: 10.10.2014.

_____. *OAB diz a Tarso:* PL que muda CLT é grave agressão a trabalhador. Disponível em: <http://www.oab.org.br/noticia.asp?id=13093>. Acesso em: 26.9.2014.

_____. *Tarso diz à OAB que CLT não está caduca e precisa ser mantida*. Disponível em: <http://www.oab.org.br/noticia/13094/tarso-diz-a-oab-que-clt-nao-esta-caduca-e-precisa-ser-mantida>. Acesso em: 26.9.2014.

OAB-PA. *OAB parabeniza ABRAT pela criação do dia do advogado trabalhista*. Disponível em: <http://www.oabpa.org.br/index.php?option=com_content&view=article&id=3236:oab-parabeniza-abrat-pela-criacao-do-dia-do-advogado-trabalhista&catid=-30:noticias&Itemid=110>. Acesso em: 21.6.2013.

PSTU. *Congresso prepara Nova CLT e Ministério resgata reforma trabalhista*. Disponível em: <http://www.pstu.org.br/node/12966>. Acesso em: 25.9.2014.

SALVADOR, Luiz. *Quem paga mal, paga duas vezes*. Disponível em: <http://avancosocial.blogspot.com.br/2009/04/quem-paga-mal-paga-duas-vezes.html>. Acesso em: 20.10.2013.

SENADO FEDERAL. *Relatório do Senador Paulo Souto (PFL/BA)*. Disponível em: <http://www.senado.gov.br/>. Acesso em: 20.7.2014.

SENADO. *Em defesa da Justiça do Trabalho*. Disponível em: <http://www.senado.gov.br/noticias/OpiniaoPublica/inc/senamidia/historico/1999/3/zn032552.htm>. Acesso em: 30.10.2014.

VACCAREZZA. *Esclarecimentos pontuais:* reforma da CLT ainda pode receber sugestões. Disponível em: <http://vaccarezza.com.br/esclarecimentos-pontuais-reforma-da-clt-ainda-pode-receber-sugestoes>. Acesso em: 25.9.2014.

WIKIPÉDIA. *Neoliberalismo*. Disponível em: <http://pt.wikipedia.org/wiki/Neoliberalismo>. Acesso em: 5.1.2015.